中国外資導入の政治過程
対外開放のキーストーン

下野寿子

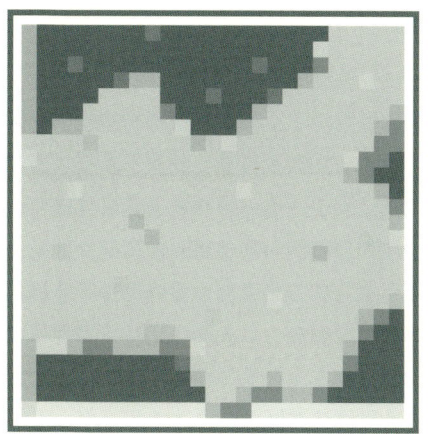

法律文化社

期こそ毛沢東時代の中国から鄧小平時代の中国、あるいは階級闘争の中国から経済成長の中国へ移行する接点となったからである。また、この期間は、共産党政権が資本主義との長期共存という展望を公認し、そのための手段としてグローバル経済への参加を決断した画期的な時期でもあった。旧来の思想的・体制的しがらみにどのように対処して対外開放を進めたのか。本書は、直接投資導入を対外開放の要石と位置づけ、経済的成功を勝ち取るまでの政治過程について考察する。

2008年1月

下野　寿子

目　次

はしがき
図表一覧

序　章 ……………………………………………………………… I
　第1節　中国の経済発展と外国直接投資　I
　第2節　本書の構成　7

第1章　対外開放と直接投資の導入 ……………………… II
　第1節　対外開放の開始に関する先行研究　12
　　1　経済的観点からの議論(12)　2　国内政治の観点からの議論(15)
　　3　国際政治経済的観点からの議論(20)
　第2節　対外開放およびその関連政策の定着に関する先行研究　22
　第3節　直接投資導入に関する先行研究　26
　第4節　本章のまとめ　29

第2章　直接投資導入政策理解のための3要諦 ………… 33
　第1節　対外開放派と計画経済主導派の役割　34
　　1　対外開放派の役割(35)　2　計画経済主導派の役割(40)　3　直接投資導入政策の位置づけ(44)
　第2節　中央・地方関係の変化——広東省を事例として　45
　第3節　中国の外国企業観　48
　　1　資本主義および外国企業の否定(48)　2　外資導入の正当化と外国企業観の見直し(50)　3　多国籍企業誘致の時代へ(53)

第3章　対外開放の開始——直接投資導入政策開始の政治過程 ………… 59
　第1節　国民経済発展十カ年計画の挫折と財政危機　60

　　　　1　華国鋒政権の経済失策 (62)　　2　華国鋒政権から鄧小平体制へ (66)
　第2節　経済発展モデルに関する政治学術論争　68
　　　　1　諸外国の経済成長の経験に関する検討 (69)
　　　　2　対外開放の正当化——資本主義観と自力更生の概念 (80)　3　まとめ
　　　　(84)
　第3節　直接投資導入政策の決定過程　85
　　　　1　合弁法 (86)　2　広東省経済特区条例 (97)
　第4節　対外開放初期における直接投資導入実績　113
　第5節　本章のまとめ　116

第4章　14沿海都市開放の政治過程　……………………… 127
　第1節　対外開放の争点と計画経済主導派・対外開放派の攻防　128
　　　　1　経済政策をめぐる計画経済主導派と対外開放派との対立 (128)
　　　　2　対外開放をめぐる計画経済主導派と対外開放派との論争 (132)
　　　　3　対外開放派の論拠 (138)　4　対外開放推進への追い風と障害 (140)
　第2節　14沿海都市の開放とその狙い　145
　　　　1　合弁に関する法整備の進展状況 (145)　2　対外開放地域の拡大 (148)
　第3節　外国企業の反応　156
　第4節　本章のまとめ　159

第5章　深圳経済特区発展の功罪——開発発展戦略の見直し … 169
　第1節　深圳の経済発展　170
　　　　1　経済実績 (170)　2　繁栄の要因 (178)　3　対中進出拠点としての
　　　　深圳経済特区 (182)
　第2節　ヒト・モノ・カネの管理の試み　186
　　　　1　管理線の設置 (186)　2　特区通貨の構想 (189)
　第3節　外向型経済への転換　194
　　　　1　特区への批判と輸出振興の要求 (194)　2　外向型経済の定義と深圳市
　　　　の対応 (199)
　第4節　本章のまとめ　205

目次

第6章　投資環境整備の政治過程——直接投資誘致競争の勝者を目指して … 213
　第1節　対外開放の弊害——対日貿易赤字の拡大　214
　第2節　投資環境法整備——政策決定過程とその成果　218
　　1　合弁期間の延長 (219)　　2　外貨バランス (220)　　3　100％外資の承認 (224)　　4　外商投資奨励規定 (226)　　5　地方政府の対応 (232)　　6　1986年の投資環境法整備に対する評価 (235)
　第3節　本章のまとめ　237

終　章　直接投資導入政策を成功に導いた政治的要因 … 243
　第1節　直接投資導入政策開始の政治経済学　243
　第2節　直接投資導入政策定着の政治経済学　246
　第3節　計画経済主導派の退場　249

参考文献一覧　257
あとがき　267
事項・人名索引　271

図表一覧

図

序-1	GDP成長率の推移——全国平均と広東省	2
序-2	中国の輸出入総額の推移	2
序-3	中国の外国直接投資導入額の推移	3
序-4	1人当たりGDPの推移——全国平均と広東省	4
序-5	直接投資導入状況（実行ベース）——全国と広東省	4
4-1	1984年の直接投資導入額に占める経済特区と沿海都市の比率	157
5-1	深圳市のGDP（1979～1987年）とGDPに占める産業の比率	171
5-2	深圳市の全社会固定資産投資額と基本建設費	172
5-3	深圳市の工業生産総額（1979～1987年）	172
5-4	深圳市の財政収支（1979～1987年）	174
5-5	深圳市の直接投資導入額（1979～1990年）	174
5-6	深圳市における工業と不動産・商業プロジェクトの1件当たり平均投資額の推移（契約ベース）	176
5-7	深圳市の輸出入額（1979～1989年）	176
5-8	深圳市と経済特区	188
5-9	中国の輸出入額と外貨準備高	198
6-1	直接投資導入実績（実行額ベース）	238

表

3-1	中国の原油生産量の推移	65
3-2	深圳市の直接投資導入状況（1979～1982年）	115
3-3	広東省の外国投資実行額に占める深圳の比率	116

序　章

　中国が米国を抜いて世界最大の直接投資受入国となったのは2002年のことであった。当時、中国は契約ベースで827.68億ドル（前年比19.6%増）、実行ベースで527.43億ドル（同12.5%増）の直接投資を受け入れ、実行ベースで440億ドルの投資を受け入れていた米国を軽々と抜き去った[1]。2003年には再び米国に首位を譲ったものの、対中投資は既に先進国企業のグローバル戦略として定着している。世界貿易機関（WTO）加盟を果たした現在、外国企業による投資分野も製造業から金融・流通を含む幅広い分野に及んでいる。投資の対中一極集中を警戒する外国企業がインドやベトナムといった新たな選択肢を検討し始めたとはいえ、これまでの投資蓄積から考えて、中国は世界中の企業が最も注目する地域であることに変わりはなく、今後も長期的にそうあり続けると考えられる。

　しかし、直接投資導入政策が始まった1970年代末、中国と外国企業との経済関係がこれほどまでに発展するとどれだけの人が予測できたであろうか。当時、直接投資の導入・拡大に腐心していた対外開放派でさえ、両者がこれほど密接な経済相互依存関係を築くとは思いもよらなかったのではあるまいか。

第1節　中国の経済発展と外国直接投資

　中国共産党政権が建国後30年に及ぶ社会主義計画経済と政治的変動を経て、遂に改革開放への転換を決定したのは1978年12月の第11期中央委員会第3回全体会議（第11期3中全会）であった。以来、共産党政権は硬直した経済の各部門に段階的な分権化と市場原理の導入を実現し、停滞していた経済の活性化と近代化に努めてきた。急速な市場経済化が様々な問題を引き起こしたとはいえ、

1980年代以降の経済実績をふり返れば、改革開放が正しい選択であったことは間違いない。1978年には3624億元余りでしかなかった国内総生産（GDP）は、2006年末にその58倍に相当する20兆9407億元に達した。1978年の１人当たりGDPは379元にすぎなかったが、2002年には8184元にまで上昇した[2]。最も早く対外開放された広東省はいまやインドネシアに匹敵する規模の地域経済を有している[3]。対外貿易も、毛沢東時代とは比較にならないほど飛躍的に拡大した。WTOによると、2005年の中国の貿易総額は１兆4219億ドルで世界第３位であ

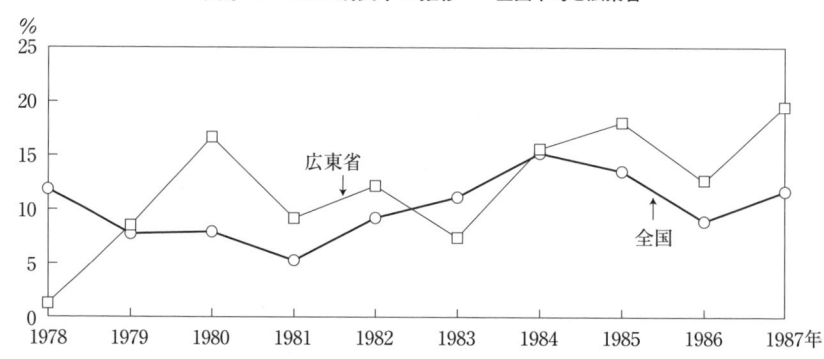

図序-1　GDP成長率の推移——全国平均と広東省

（出所）国家統計局国民経済綜合統計司編『新中国五十年統計資料匯編』、中国統計出版社、1999年、5頁および594頁から作成。

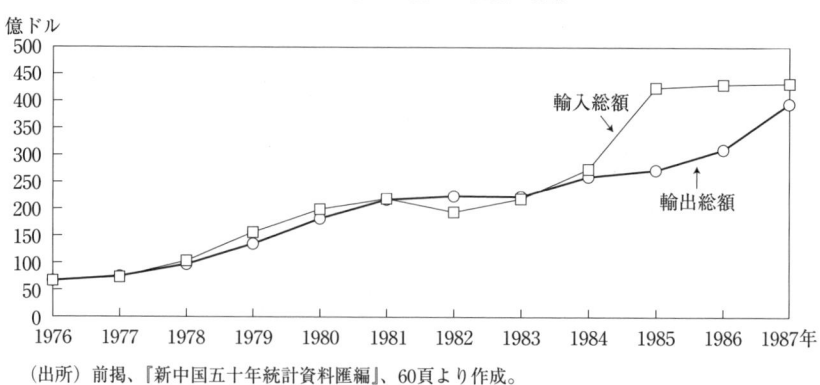

図序-2　中国の輸出入総額の推移

（出所）前掲、『新中国五十年統計資料匯編』、60頁より作成。

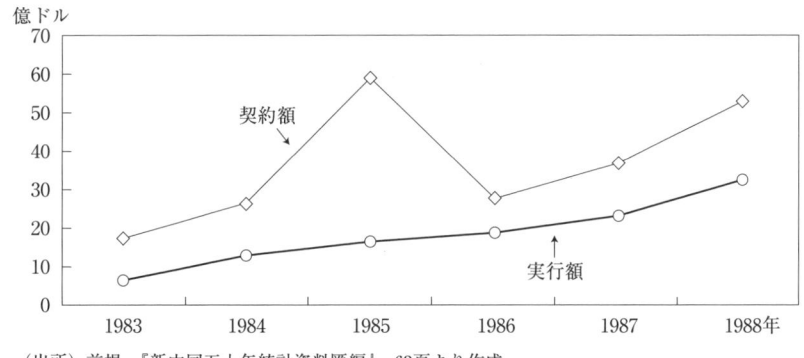

図序-3　中国の外国直接投資導入額の推移

（出所）前掲、『新中国五十年統計資料匯編』、63頁より作成。

り、日本（1兆1098億ドルで世界第4位）をやすやすと追い越した。[4)]

　こうした飛躍的な経済成長と対外経済関係の拡大をもたらした主因のひとつは、対外開放とともに受入を開始した外国直接投資であった。直接投資・貿易・経済成長の3者の間に高い相関関係が存在することは、中国経済研究者の中兼和津次も指摘した通りである[5)]。その指摘を裏づけるかのように、**図序-1～序-3**は、対外開放後の中国におけるGDPの成長率、対外貿易、直接投資実行額がすべて増加傾向にあったことを示している。

　対外開放と経済成長率との関係を一層際立たせるのは、最大の直接投資受入地域となった広東省である。**図序-5**に示したように、1984年以降は対外開放地域の拡大によって直接投資実行総額に占める広東の比率は低下したが、その後も同省は中国で最大の直接投資受入地域であり続けた。対外開放後、広東省の1人当たりGDPは全国平均を上回り（**図序-4**）、省のGDP成長率は1983年を除いて全国平均を上回っていた（**図序-1**）。

　また、直接投資受入額の増加にともない、中国経済における外資系企業の影響力も高まった。例えば、2002年の工業生産額に占める外資系企業の比率は29％まで高まり、輸出に占める同比率は63％を超えた[6)]。本書の主たる舞台となる深圳市では、2004年上半期に製品輸出額に占める外資企業比率が64％を超えたという報告もある[7)]。馬成三が指摘したように、1980年代前半から対外開放の

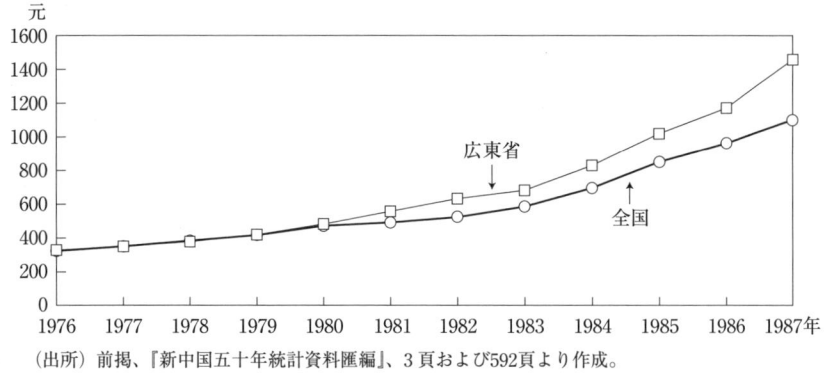

図序-4　1人当たりGDPの推移──全国平均と広東省

（出所）前掲、『新中国五十年統計資料匯編』、3頁および592頁より作成。

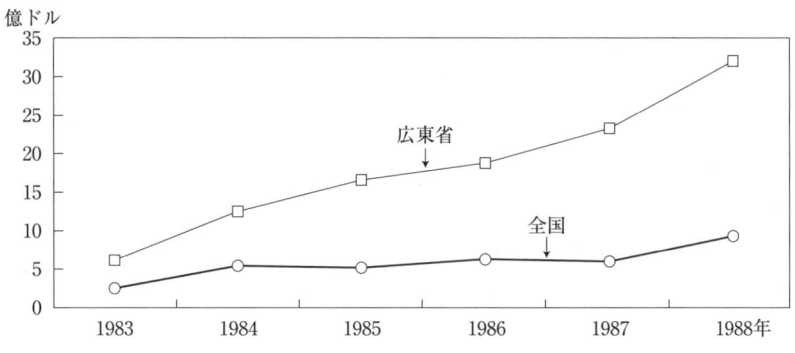

図序-5　直接投資導入状況（実行ベース）──全国と広東省

（出所）前掲、『新中国五十年統計資料匯編』、63頁および610頁より作成。

舞台となった沿海都市部では、地域経済における外資系企業の比重は全国平均よりもさらに高かったといえよう[8]。

　しかし、直接投資導入政策は、改革開放後、決して順調なスタートを切ったわけではなかった。この政策が始まった1970年代末は、10年に及ぶ文化大革命（文革）が終わり、中国の社会も経済も荒廃を極めていた時期であった。文革期には、近代化路線を模索していた周恩来や鄧小平ら実務派が「洋奴哲学（外

国を盲目的に崇拝すること）」、「売国主義」と批判され、対外貿易は停滞していた。改革開放路線への転換点となった第11期 3 中全会が開催された1978年12月には、文革期に猛威を奮った排外主義が依然として社会に根強く残っていたことに加え、経済再建のために計画経済を強化しようとする人々が中央指導部で重要な地位を占めていた。そのような時期に、なぜ中国政府は対外開放へと劇的な転換を遂げ、外国企業の受け入れを決定することができたのであろうか。

また、対外開放が始まってからも、列強による侵略の経験やイデオロギー的制約により、人々は先進資本主義国の外国企業に対して漠然とした不信感と警戒感を抱いていた。中国共産党の設立や長征に参加した古参幹部の多くは、外国企業の参入を許すことになる直接投資導入はあまりに資本主義的であり、社会主義イデオロギーとは相容れないと考えていた。また、反右派闘争や文革など中央指導部の権力闘争にたびたび翻弄されてきた大衆は、急激な経済路線の転換に対して非常に慎重であった。こうした状況の中で、直接投資導入政策はどのように進展し、なぜ中国で定着することができたのであろうか。直接投資導入政策を推進した対外開放派は、マルクス・レーニン主義や計画経済にしがみついていた人々をどのように説得し、この事業に巻き込んできたのであろうか。中国が対外開放を決定し実現させた時代性を考えれば、このような疑問を抱かざるを得ないのである。

過去、多くの発展途上国が、様々な事情から開放的経済への転換を迫られ、先進国との貿易・投資関係を利用して経済成長を遂げようと試みてきたが、実際に発展できた途上国は少ない。こうした経験は、直接投資導入の経済合理性を理解することと、導入を実現することとは別問題であることを示している。多国籍企業論が示唆したように、外資導入による経済発展の鍵は企業ではなく、投資受け入れ国側にある。発展途上国は、多国籍企業に投資先として選ばれるための努力を外部からも評価される程度まではしなくてはならない。また、従属論が提示した低開発の状態に陥らないようにするために、政府は外国企業の経済活動が国家の経済発展を損なわないように配慮しなくてはならない。しかしながら、市場原理に逆らって外国企業を統制しようとすれば外資は流入してこない。途上国政府の抱えるこうしたジレンマの根源は、国内政治、すなわち、

革新的な政策変更に消極的な既得権益層の抵抗にある。では、中国はなぜ政治体制を変えることなく直接投資導入を成功させることができたのか。

中国の場合、途上国であると同時に社会主義国であり、しかも国内の権力闘争のために長らく国際社会との接触をほとんど絶ってきたという条件からの出発であった。これほど市場経済から遠ざかっていた国が、なぜ自由主義経済に着目し、どのようにこれを受容し、外国企業との関係を構築していったのか。本書は、中国の経済発展のキーストーン（要石）となった直接投資導入政策について検討し、なぜこの政策を開始することが可能となったのか、なぜ直接投資導入を長期的な政策として拡大・定着させることができたのかという問いに答えようとする試みである。中国の直接投資導入政策を議論するには、直接投資に内在する経済合理性を理解するだけではなく、政策実現までの政治過程を検証し、いかにして本政策が政治的に実行可能となっていったのかについても吟味しなくてはなるまい。その意味で、本書は政策の経済合理性と政治的実行可能性の双方から成功要因を検討する、言わば対外開放の政治経済学的研究でもある。

ここで、本書で扱う直接投資の形態と分析の対象とする時期について簡潔に定義する。中国では、外国資本といえば、2国間借款や国際金融機関の借款といった対外借款の他、直接投資、補償貿易、委託加工、国際リース、輸出信用、銀行融資などを指す[9]。そのうち、直接投資には、合弁企業、合作企業、100％外国資本企業（以上を中国では三資企業と総称する）、資源の共同開発、BOTが含まれる[10]。本書では、こうした直接投資の諸形態のうち、今日の経済発展との関連で最も重要性が高い三資企業を中心に議論を進める。ただし、対外開放初期には、とりわけ広東省で委託加工や補償貿易が普及して外資導入の主要形態となっていたため、これらについても必要に応じて議論に含める。

本書が分析の対象とする時期は、中外合資経営企業法（合弁法）が制定された1979年から外商投資奨励規定が制定された1986年までである。金額や件数でみれば、1980年代の対中直接投資は1990年代以降のそれとは比較にならないほど少ない。しかし、1970年代までは排外主義に凝り固まっていた中国が、いつの間に外国企業歓迎の旗を大きく振るようになったのか。1990年代の爆発的な

対中投資ブームではなく、敢えて政策の開始から1980年代半ばまでを取り上げる理由は、この時期が毛沢東時代から鄧小平時代への過渡期と重なっていることに注目したからである。換言すれば、この時期は、強い排外主義にとらわれていた社会主義中国と、今日の対外開放の中国とを結ぶ接点（転換期）であった。社会主義統制経済の中国は、対外開放の決定後も、一夜にして開放経済へと転換したわけではなかった。直接投資導入を実現・定着させるためには、計画経済体制との間に生じる様々な矛盾や政治的対立など多くの障害を乗り越えねばならなかった。そうした作業に大きな区切りをつけたのは、1986年に制定された外商投資奨励規定であった。第6章で論じるように、外商投資奨励規定の制定とそこに至るまでの道程は、中国の外国企業観と外資導入政策に関する政治構造の変化を如実に反映している。

直接投資導入の政治的実行可能性に関する疑問を解く鍵は、以上のように1979年から1986年までの期間にあったと考えられるため、本書ではこの時期を分析の対象とする。

第2節　本書の構成

本書の構成は以下の通りである。

第1章では、対外開放と直接投資の開始と定着という視点から、幾つかの先行研究を吟味し、中国研究者たちがこの問題をどのように分析・解釈してきたのかについて検討する。そうした作業を通じて、第1章では、先行研究の問題意識と本書で提示する設問との違いを指摘する。

第2章では、直接投資導入政策をめぐる政治過程において重要な役割を果たした3つの関係、すなわち、対外開放派と計画経済主導派（第1節でそれぞれ定義する）、中央・地方関係、中国と外国企業の関係（中国の外国企業観）を取り上げ、それぞれの関係の歴史的な背景、構図、および対外開放がもたらした影響について紹介する。

第3章から第6章までは、直接投資の開始と定着の過程に関する検証である。

第3章では、なぜ中国は1970年代末に対外開放を選択したのか、直接投資導入政策の開始はなぜ実現可能となったのかについて考察する。最初に、1970年代末の政治経済状況を紹介し、次に、直接投資導入や輸出加工区について当時の中国ではどの程度理解されていたのか、また、社会主義イデオロギーとの矛盾に対外開放派がどのように対処したのかについて検討する。その後、合弁法と広東省の蛇口工業区および深圳経済特区の成立過程をふり返り、3つの制度の内容を比較検討する。こうした作業を通じて、第3章では、直接投資導入政策の開始を実現させる上で鍵となった要因を明らかにする。

　第4章では、14沿海都市の対外開放について論じる。前半では、経済特区設立後、なぜ14沿海都市の対外開放決定までに4年近い歳月を要したのかについて、当時の政治経済状況をふり返り検討する。後半では、14沿海都市の対外開放に至るまでの政治過程を考察し、本政策がどれほど画期的あるいは限定的な政策であったのかについて検討する。

　第5章では、いま一度深圳経済特区に立ち返り、設立後の特区がどのように発展し、いかなる問題点を抱えていたのか、また、なぜ中央は深圳経済特区に外向型経済への転換を迫り、どのようにそれを実現しようとしたのかについて検証する。ここでは、対外開放の先端を走ってきた広東省と中央対外開放派との関係の変化についても論じる。

　第6章では、1986年に中央政府が投資環境整備の充実に本格的に着手することになった経緯について紹介し、主要な法整備の進展過程とその成果について論じる。とりわけ、外商投資奨励規定に込められた中央対外開放派の狙いを読み解き、なぜ本規定が中国の直接投資導入政策の転換点といえるのかについて説明する。

　終章では、本政策に関する中国の政治構造および外国企業観における変化を概観して、直接投資導入政策の開始と定着を実現へと導いた要因をまとめる。

1)「対外投資先中国トップ、昨年527億ドル、米国を抜く」、『日本経済新聞』2003年1月15日。なお、2003年には、中国は570億ドルの直接投資を受け入れた。
2)「中国経済の質的向上を望む(社説)」、『日本経済新聞』2004年1月21日、中華人民共和国国家統計局編『中国統計年鑑』、中国統計出版社、2003年版、55頁。2006年のGDP

については、日本貿易振興機構（JETRO）（http://www.jetro.go.jp/biz/world/asia/cn/basic_03/）から得た。
3）在広州日本国総領事館によると、2005年の広東省のGDPは2兆1701.3億元（http://www.guangzhou.cn.emb-japan.go.jp/basicinfo/gd_data.htm）で、これは2689億ドルに相当する（為替レートは2005年末の1ドル＝8.07人民元を使用）。JETROによると、同年のインドネシアのGDPは約2813億ドル（http://www.jetro.go.jp/ biz/world/asia/idn/stat_01/）であった。
4）世界貿易機関（WTO）のInternational Trade Statistics 2006（http://www.wto.org/english/res_3/statis_e/its2006_e/section1_e/i05.xls）、および『中国統計年鑑』2006年版を参照。
5）中兼和津次『シリーズ現代中国経済I　経済発展と体制移行』、名古屋大学出版会、2002年、91-92頁。
6）馬成三「WTO加盟で中国の外資政策はこうなる」、海老名誠・伊藤信悟・馬成三『WTO加盟で中国経済が変わる』、東洋経済新報社、2002年（第2刷）、第5章、194頁。2002年の数値については、前掲、『中国統計年鑑』、461-463、653、670各頁より算出。
7）JETRO（上海）によると、2004年上半期の輸出額に占める外資企業比率は深圳で64％、上海や大連では67％をそれぞれ越えていたという（http://minyou.com/special_report/050114/050114.html）。
8）馬成三、前掲書。
9）石原享一編『中国経済と外資』、アジア経済研究所、1998年の表序-1を参照。
10）Build, Operate, and Transferの略。民間企業が建設・運営し、一定期間経過後に相手国側に設備を譲渡する形態をいう。

第1章　対外開放と直接投資の導入

　中国共産党政権が1978年末に対外開放の方針を決定して以来、30年が過ぎた。対外開放とは、中国が閉鎖的な社会主義統制経済を30年近く経験した後に訪れた国際化の一形態であり、外国資本の導入および西側諸国との貿易拡大を通じて国際市場への参加を図る試みであった。これは、社会主義国としての視点からみれば計画経済から市場経済への体制移行を、また、発展途上国としての視点からみれば輸出振興と外資導入による東アジアNIEs（新興工業経済地域）型経済発展戦略への転換を意味した。中でも直接投資は、政治性の強い借款と異なり、不特定多数の投資主体による国境を越えた経済行為である。その意味では、最も深く市場メカニズムと結びついているため、国家による経済の管理とは相容れない性質を持つといえよう。外国企業による直接投資を容認することにより、中国共産党政権は、建国以来制度化してきた経済の国家独占をあきらめ、新たに国家と市場との関係を構築し直す必要に直面した。直接投資が既存の経済体制と大きく矛盾する経済的行為であった以上、その導入に際しては、政策を正当化するため経済合理的な根拠が必要であったと同時に、政治的決断が不可欠であった。

　こうした観点から直接投資導入政策をふり返ると、本政策の開始とその後の定着が政治的に可能となった理由について改めて問わざるを得ない。直接投資導入はなぜ1970年代末でなくてはならなかったのか、いかなる経済的必要性が直接投資の導入を選択させたのか、なぜ本政策の開始が政治的に可能となったのであろうか。また、この政策を遂行する上で直面した政治的経済的障害を政府はいかに克服し、政策を継続させていったのであろうか。政策の開始と定着については、関連性を意識しながらも別の問題として議論する必要があろう。さらに、直接投資導入政策が対外開放という大きな枠組みの中でどのように位

置づけられるのかについても、常に意識する必要があろう。

　こうした問題意識を念頭に、本章では、先行研究が対外開放や直接投資導入政策をどのように説明してきたのかについて整理し、それらとの関連において本書が探究しようとする研究テーマの意義と独自性を明らかにする。最初に、対外開放全般を対象とする先行研究を取り上げ、その開始と定着の要因に注目して整理する。対外開放については経済学・中国地域研究・政治学といった学問領域ごとに多くの研究が行われており、それらをすべて網羅することは事実上不可能である。むしろ本章の狙いは、代表的な見解の幾つかを取り上げ、対外開放の開始と定着に関してどのような解釈が存在するのかを探ることにある。次に、直接投資導入政策に対象を絞った経済学者による先行研究を紹介し、これらの研究の成果とその限界について指摘する。最後に、これまでの議論をまとめ、本政策の開始と定着の問題を議論する上で、今後どのような研究が必要とされるのかについて検討する。

　なお、現代中国の政治・経済に関する優れた研究書は少なくないが、本書の趣旨により、ここでは、対外開放、とりわけ直接投資導入という観点から幾つかの先行研究を取り上げて議論するにとどめたい。[1]

第1節　対外開放の開始に関する先行研究

　なぜ中国は1970年代末に対外開放の方針を選択し、これを実現することができたのであろうか。この問いに関して、先行研究の見解は3つに大別することができる。第1は経済に原因を求めた見解、第2は国内政治に要因を求めた説明、第3は国際環境の変化を重視した見方である。

1　経済的観点からの議論

　まず、経済に理由を求めた説であるが、中国経済研究者の中兼和津次は、計画経済システムに内在する制度的欠陥と、社会主義経済が本質的に内向きの経済であることに注目した。[2] 中兼によると、計画経済システムはその理論が示す

第 1 章　対外開放と直接投資の導入

ほど理想的には機能せず、計画目標達成の水増しや過小報告、技術の停滞、労働意欲の低下、資本効率の低下といった欠陥を修正するメカニズムが働かないまま、不正確な報告を基に計画が策定されていった。こうした悪循環の下で実施された重工業優先政策は、次第に計画と現実との乖離を深め、やがて国民生活を過度に圧迫するようになった。また、社会主義計画経済は本質的に自己完結的で対外経済活動を最小限に抑制していたため、体制が維持されている限りは外からの衝撃によって計画に内在する欠陥があらわになる可能性は低かった。中国の場合、このような経済体制上の問題に加えて、経済効率を無視した毛沢東の思想や方針が大躍進などの危機を招いた。中兼は、中央集権的なスターリン型にせよ、行政面で一部分権を取り入れた毛沢東型にせよ、計画経済体制に共通する制度的欠陥を中国が乗り越えることは不可能であったと指摘し、毛沢東の後継者が誰であれ経済発展戦略の転換は不可避であったと論じた。対外開放政策に関しては、中兼は、中国が発展途上国として後発の利益を享受できる立場にあったことや、貿易は経済発展に資するという新古典派経済学の理論に照らして、対外開放の選択は経済合理的な判断であったと主張した[3]。また、直接投資導入に関しては、技術移転上の問題や国内経済格差の拡大といった問題点にもかかわらず、輸出振興とともに経済成長を促進する重要な役割を担ったと指摘した。

　中兼の議論は現代の中国経済を理解する上で重要な2つの視点を提供した。ひとつは中国経済に対する歴史的な視点であり、いまひとつは、現代の中国経済を構成する要素として個別の経済政策や経済問題をとらえる視点であった。それは、現代の中国経済にとって対外開放がどれほど重要であるのか、また、経済成長の原動力はどこにあったのかを明らかにしようとする試みでもあった。中兼は改革開放政策の経済的合理性について明快に説明したが、他方で、政策の政治的実行可能性については立ち入らなかった。改革開放を経済発展戦略の転換点として考える時、毛沢東の死が決定的に重要であったことは間違いないが、なぜ鄧小平でなくては実現できなかったのかについてはさらに議論を重ね、その理由を明らかにする必要があるのではなかろうか。

　経済を軸に中国を研究してきたカリフォルニア大学サンディエゴ校のノート

ン (Barry Naughton) によれば、政府は経済的な問題を改革ではなく、計画の再建と強化によって解決しようと試みたが失敗し、その結果、当初は意図せざるも改革に流れていったと主張した[4]。1970年代後半には、共産党指導部の間で、農業生産の停滞、工業部門における計画システムの劣化、国民の生活水準の停滞が慢性的な問題となっているという認識が広まっていた。最大の課題は国民の生活水準の向上であったが、ノートンは、それを達成する手段は市場原理の導入以外にも選択肢があったのではないかと推察した。では、なぜ改革開放を通じて市場メカニズムを導入することになったのか。ノートンによれば、指導部の権力闘争説だけでは、特定の指導者が改革を選択した理由および老幹部の間で改革への支持を取りつけることができた理由を十分には説明できない。また、改革開放への転換理由を中ソ対立・米中関係の改善・東アジアNIEsの経済発展といった国際的要因に求める学説に対して、ノートンは、東欧諸国を真似て計画経済の枠組みの中で西側技術を導入するという可能性もあり得たことから、国際的要因を以て改革開放しか選択肢がなかったと断定する説に対しては批判的であった[5]。ノートンによれば、改革開放を引き起こした原因は計画にあったが、計画経済に内在する制度的欠陥というよりも、むしろ文革後の再集権化の過程で国民経済発展十カ年計画に失敗したこと（洋躍進）が急激な開発戦略の転換を余儀なくしたのである。しかしながら、文革で疲弊した経済を再建するために、中国政府が最初に実施したのは改革ではなく、経済再調整であった。再調整を指導した陳雲は、重工業投資の削減、農業と消費部門の活性化、軽工業など資本節約型産業の振興に着手した。再調整は経済を安定させる役割を果たしただけではなく、引き続く改革のコストを削減し、改革継続の基盤を提供した。ひとつの改革は別の改革に着手するためのコストを引き下げ、改革は連鎖的に進展していった。

　ノートンの議論は1970年代当時のマクロ経済状況を中心とした説明であり、政治の場でどのような交渉が行われたのかについては詳しく論じていない。しかしながら、再調整の過程で、党内に一定の権威を持つ陳雲や李先念といった経済専門家が直接携わっていたことを明らかにしており、鄧小平と華国鋒の権力闘争とは別のレベルで経済政策を策定する場が存在していたことを示唆した

点は興味深い。他方、長期的にみれば、経済改革が市場メカニズムの導入という点で一貫性を保ってきたことについて、政府の役割よりもむしろ経済（市場）の役割が重要であったと指摘した。ノートンによれば、政府の関与が重要な局面も存在したが、基本的には経済政策と実体経済における予測不可能な変化との相互作用が改革の構図を規定したのである。しかしながら、市場の動向を読み取りながら、政府が既存の制度の変更を決定・実施することがなければ、改革開放の道程はより多くの困難に見舞われたであろうことは想像に難くない。改革開放における政府および政治が果たした役割は、経済学者ノートンの主張する市場の役割に劣らず重要であったといえるのではなかろうか。

2　国内政治の観点からの議論

次に、現代中国政治の代表的な論者の見解を幾つか紹介する。米国の著名な中国専門家であるフュースミス（Joseph Fewsmith）は、中国政治を解明する鍵として「非公式な政治（informal politics）」の重要性を強調した。彼がpersonal politicsとも言い換えた「非公式な政治」とは、要約すれば人脈重視の政治である。フュースミスは、経済改革の発端となった農村改革を指導部に提案したのは北京の農業部ではなく、独自の情報や斬新な政策案を持った中・下級レベルの官僚であったこと、また官僚組織の中では周辺に位置する彼らが独自の人脈（例えば文革時代に知り合った者同士や血縁・親友などのネットワーク）を通じて政策を指導部に直接届けることができたことを指摘した。この解釈によれば、政策提案者の公的な地位にかかわらず、誰が誰を知っているのかという「非公式な政治（ルート）」が急速な改革を可能にしたのだといえる。上層部では、非公式な政治ルートによって改革を立案する政策シンクタンクと鄧小平を筆頭とする改革派指導部とが直結し、他方、計画経済を重視した陳雲は国家計画委員会と密接な関係を築いて改革派を牽制した。経済政策は、鄧小平と陳雲という傑出した領袖が各々率いる派閥間の権力闘争のあおりを受けて政治的妥協を繰り返したため、一貫性を欠く流動的なものにならざるを得なかった。フュースミスは権力闘争が経済政策の不安定性をもたらす仕組みを明示したが、残念ながら彼の議論では対外開放を一貫して継続できたという事実を論証することは

できない。対外開放の開始と継続の理由を解明するには、人脈政治による説明だけでは不十分なのである。

現代中国の政治・外交・思想に関する研究を専門とする岡部達味は、外交思想の面から対外開放を考察し、国内の経済建設と近代化を追求するために毛沢東時代の主要敵論から鄧小平時代の全方位外交（独立自主外交）への転換が起こったと論じた[7]。対外開放初期の中国の外交思想は依然として反ソ統一戦線が支配的であり、西側先進国との協力関係もその延長線上に位置づけられていた。やがて米国の軍備拡張による米ソ間の軍事バランスの変化や対台湾政策は中国の対米警戒感を高めたが、国内経済建設を実現するためには西側の経済的・技術的援助が不可欠であった。全方位外交への転換は、こうした矛盾を解決するための有効な方策であった。岡部は、外交政策の転換をもたらした経済建設優先の背景には、列強への従属という歴史的経験があったと指摘した。この説によると、経済建設の強化による国家の独立と安全の確保こそ、中国が最優先すべき国家目標であり、改革開放もこの文脈で理解され得る。対外開放後、中国は経済発展と近代化の達成が当初の予想以上に困難であることを知り、自らを発展途上国であると認識するとともに、貿易を通じて経済発展をするという経済思想の転換も受け入れたのである。

岡部は、中国政府の国際政治観の変化と対外開放への転換を関連づけ、また、対外開放がもたらした外部世界との交流による学習効果について説明しようと試みた。岡部は改革開放の理由を列強への従属拒否という歴史的経験に求めたが、租界の再来や従属の歴史を繰り返さないという意味においては、下級機関への権限委譲をともなう対外開放をしないことも当時の選択肢のひとつとしてあり得たのではあるまいか。中央政府が貿易や投資を一元管理しようとはせず、権限委譲を軸に対外開放を進めた事実に留意すれば、地方政府の経済的インセンティブについて考えざるを得ない。対外開放への転換を説明するためには、外交思想の変化に関する分析に加えて、経済的な側面についての議論も必要であろう。

比較的早い段階から経済体制と改革開放との関連性に注目した政治学者もいた。社会主義体制の側面から中国政治を研究してきた毛里和子は、中国の経済

体制改革とハンガリーの1968年経済体制改革を比較検討し、中国における改革への圧力およびその背景的要因について考察した。毛里によると、ハンガリーでは、1960年代前半に工業労働力が不足し、経済の対外依存度が高まり、農業から工業へと就業構造が変化するという現象が起こり、これらが改革への圧力となっていった[8]。ところが、中国ではこうした条件は全く当てはまらず、むしろ1人当たり生活水準の絶対的な低さとそれに対する強い不満が経済戦略転換への巨大な社会的圧力を生み出した。計画経済に固有の制度的欠陥が長期的に増幅した結果、計画システムが行き詰まったと指摘した中兼と異なり、毛里は、政策路線の頻繁な変更をもたらした政治的不安定性、安全保障を重視した重工業化戦略、政府の能力不足による計画の不整合、ゆるい集権性といった要因を中国固有の特徴であると理解し、計画経済自体を全面否定することはなかった[9]。例えば、計画の不整合性の問題については、経済学者は計画経済に共通する現象のひとつとみなしたが、毛里はこれを中国独自の問題、非経済的・非制度的問題と位置づけたのである。毛里の研究は、旧ソ連・東欧の計画経済システムの崩壊が明らかになる前に公表されたものであったことから、問題の本質を社会主義システムそのものよりも中国の独自性に求める傾向が強かったといえよう。

　対外開放における中央政府の主導権を強調する仮説に対して、啓元の『中国対外開放20年』は、対外開放の最初の実験場となった広東・福建の省政府の役割に着目した議論を展開している。啓元によれば、新中国建国後も対外経済関係は細々と続いてきたが、第11期3中全会以後、中国政府は対外開放を近代化建設のための方策として大きく見直した。その背景には、中央指導部から地方幹部に至るまで、先進資本主義国および一部の発展途上国が急速な経済発展を遂げ、中国がこれに乗り遅れたという認識を共有していたという事情があった[10]。対外開放の主要政策である経済特区の設置は、鄧小平の強い支持を受けた谷牧国務院副総理（当時）の主導により、中央レベルでの承認を得ることができた。この点について、啓元は、広東省の指導者であった習仲勲が鄧小平に輸出加工区の設置と経済自主権の委譲を直接求めたことを指摘し、省レベルから中央政府に対する積極的な働きかけが存在したことを示唆した[11]。また、その後の

特区設立の過程について、国務院が地方政府を強力に支援したことや両者が頻繁に協議を重ねたことに触れ、特区政策が中央政府の一方的な指導の下に進められたのではなく、地方政府も積極的に関与していた事実を紹介した。経済特区政策の進展を詳細に調べたこの研究は、政策の実施過程における地方政府の関与の大きさを指摘した。しかしながら、啓元の議論は、当時の政治・社会動向には言及することなく、経済政策だけを切り取って論じたため、特区政策が改革開放において、あるいは当時の中国社会においてどのように位置づけられていたのかといった大きな視点を欠くことになった。

経済特区から直接投資・対外貿易・関税および為替に至るまで対外開放の諸政策を包括的に議論したのは、董輔礽主編『中華人民共和国経済史』であった。董輔礽は中国を代表する経済学者の1人であり、この書は、題目からも察せられるように、中国共産党政権成立後の包括的な経済史である。この文献によれば、1979年に始まった対外開放とは、経済体制の抜本的な改革を通じてそれ以前の閉鎖的な経済制度とは一線を画するものであり、それ故に経済体制の変更なく行われた洋躍進（外国プラントの大量導入）とは本質的に異なっていた[12]。同書は、対外開放とは広義の改革の一部であると明確に位置づけた。中国における対外開放は経済特区の設置を以て具体化したのであるが、この点に関して、同書は外資導入や輸出促進といった特区の経済的機能だけではなく、その管理体制についても詳述した[13]。しかし一方、中国の出版事情における一定の制約のためか、あるいは編者の関心が希薄なためかは不明であるが、この文献は、誰が対外開放を推進してきたのかについて詳述した反面、誰が反対していたのかについてはほとんど触れなかった。対外開放に抵抗を示した人々や組織についても取り上げ、どのような理由に基づいて反対したのか、また対外開放の推進派と反対派の間でいかなる妥協が成立したのかについての議論を欠いたままでは、公平な議論とはいい難いのではなかろうか。

大躍進後の中国（山東省）に生まれ育ったシカゴ大学の中国政治学者ヤン(Dali L. Yang) は、対外開放については直接言及しなかったが、改革開放が農村から始まった要因を大躍進時の大飢饉に求める斬新な議論を展開した。ヤンは改革が文革で深刻な打撃を受けた都市からではなく農村から始まったことに

注目し、文革が経済改革の起源となったと主張する説や、鄧小平の指導力に過度に依存した指導者中心の説明に対して批判的な立場をとった[14]。彼の立論によると、大躍進後の一時的な農業の非集団化による生産力回復の経験、北京の統制の及び難い周辺地域における地方幹部の指導力、農業非集団化を求めた農村からの社会的な圧力という3つの要素が組み合わさった結果、農村改革が始まったのである。ヤンは、農民側が毛沢東の死とそれに続く後継者争いという中央指導部内の政治的混乱を利用して、農業の非集団化を政治の場に持ち込むことが可能になったと論じた。ここでは国家と農民が対峙する構図が浮かんでくるが、その駆け引きにおいて大きな危険を冒してまで国家に農業非集団化を迫るほど農民は死活的な状況に追い込まれていた。他方、国家の側においては毛沢東の後継者争いの中で政治的な麻痺状態が生じており、そこに地方や農村からの要求を受け入れる余地が生じていた[15]。換言すれば、中国の改革は外からの衝撃ではなく、システム内部から生じた混乱によって引き起こされたのである。

　ヤンの仮説の妥当性については、都市改革は農村改革よりも困難であったために政府は農業部門の改革を優先させたという可能性も考えられないわけではないが、彼の分析は国家と社会との関係から改革をとらえ直す独自の試みとして評価されよう。しかし、改革と同時に始まった対外開放については、ヤンはどこに起源を求めるであろうか。農業集団化が失敗であったとの認識が農村からの改革を可能にしたとすれば、国家あるいは社会が閉鎖的な経済システムは失敗であったと認識したのは具体的にいつなのか、また何がその契機となったのかについても明確にしなくてはなるまい。ヤンの研究では分析対象となっていない対外開放について、彼の見解を問うことは適切ではないかもしれない。しかしながら、ヤンの研究は、改革開放の源泉が内的要因によるものか外的要因によるものかという重要な視点を提示しており、少なくとも農村改革に関しては明確な論調で内的要因の重要性を指摘したのである。対外開放についてもこうした視点から検討してみたいという関心を、中国研究者ならば持たざるを得ないであろう。

3 国際政治経済的観点からの議論

　最後に、国際政治経済環境の変化を重視する説について検討したい。地域研究者として中国の政治・社会を研究してきた天児慧は、改革開放への路線転換の理由として、ナショナリズム、対ソ戦略、近代化への願望という3つの要因に注目した。中国は共産党政権樹立後、いかなる形であれ常にソ連から大きな影響を受けてきた。天児によると、改革開放とは、指導部の間で中ソ対立、ベトナム戦争、周辺諸国との関係悪化といった国際危機意識が高まる中、国内体制を立て直してこれらの危機に対処する必要性から生まれた路線であった。林彪事件後、実務に関する権限を掌握した周恩来は、経済停滞の問題を解決すべく近代化と経済建設路線によって国家再建を試み、対外的には、中ソ対立激化によって増大したソ連の脅威に対抗するため、米中接近を実現させた。天児は、改革開放の引き金となったのは華国鋒と鄧小平による権力闘争であったが、対外開放路線は周恩来の国家再建と対ソ戦略の中に既に萌芽がみられたと論じた[16]。また、天児は、改革開放の進展と共産党一党独裁との両立という矛盾は、共産党が近代化実現に必要な政治的安定を保障する一種の開発独裁型政党へと党内部から変容を遂げることによって解決の可能性があると論じた[17]。

　天児の議論は政治学からの改革開放開始の説明であり、国内政治と国際政治との関連を意識した興味深い研究である。天児は、農村部の改革は地方政府が主導したのに対し、沿海部の対外開放は中央政府主導で進展したと論じた。とりわけ、財政および地方立法権に関する地方政府への権限委譲が沿海部に経済活性化をもたらし、後には中央政府に対する政治的な発言力を高める原因となった[18]。天児は、国際情勢の変化、それに対する中国共産党政権の認識、中央指導部内の政治という3つの要因から対外開放を説明したが、対外開放の主役となった経済特区など地方政府の動向については『中華人民共和国史』(1999年)ではほとんど触れなかった。特区設置の過程で中央と地方との間にいかなる交渉や取引が存在したのかについては触れなかったが、天児の議論は対外開放において政府あるいは政治が少なからず重要な役割を果たしたことを示唆した。

　カリフォルニア大学サンディエゴ校の中国政治専門家、シャーク(Susan L. Shirk)は、国際経済環境の変化に注目し、世界経済の国際化が中国の自力更生

路線のコストを高めたと主張した。シャークの議論の基盤は、重工業偏重型の計画経済体制下における勝者（原文ではcommunist coalitionと呼ばれた「共産主義者連合」を構成する重工業部門、内陸諸省、軍、中央主管部門）と、敗者（国民の8割を占めた農民、軽工業部門、沿海部および消費者）とを対峙させた平易な構図にあった。[19] 鄧小平は華国鋒との権力闘争に勝利するため、中国にとって比較的国際競争力のある軽工業部門の発展を促進する対外開放政策を打ち出し、その経済的恩恵を計画経済体制下における敗者に与えて彼らの政治的支持を獲得した。他方、改革開放に抵抗を示した「共産主義者連合」に対しては、補助金や市場保護を個別に与えることによって改革開放促進との取引を成立させたと論じた。やがて計画経済下の敗者が国際化時代の新たな受益者となり、その経済実績が改革開放を正当化する根拠となって、勝者と敗者の政治力の比重は変わっていった。国際競争力を有する軽工業や輸出振興に有利な条件を備えた沿海部が経済的繁栄を享受する様を目の当たりにして、やがて「共産主義者連合」も改革派に経済的保護を要求し、特別な計らいを受けることによって自らも時流に乗ろうとした。[20] 改革派が「共産主義者連合」の構成員に対し、個別に政治的な対応をすることができた理由として、シャークは、中国の集権化の程度が旧ソ連よりも緩やかであったことを指摘した。このように「共産主義者連合」の構成員が次第に改革を支持する側に取り込まれた結果、改革開放への歩みは引き返せないものとなったのである。

　対外開放の開始から定着までをひとつの論理で説明したシャークは、比較優位論を国内政治力学の変遷と関連づけることによって政治経済学的分析の実証例を提示した。しかしながら、議論の力点は改革開放の推進力にあるため、反対勢力に関する分析は弱いといわざるを得ない。例えば、社会主義統制経済下で大きな経済的恩恵と政治力を保持してきたかつての「勝者」たちの抵抗を退け、軽工業部門や沿海諸省を対外開放時代の主役に仕立て上げる過程は、果たしてシャークが論じたように順調に事が運んだのであろうかという疑問が残る。また、シャークの仮説によれば、改革派指導部は国際経済環境の変化を的確に把握する経済合理的な感覚を身につけていたはずである。この点については、具体的に誰がそのような国際感覚・経済感覚を持っていたのか、彼らはな

ぜ対外開放が中国にとって最も経済合理的な選択であると判断したのか、より慎重に検討する必要があろう。なお、「共産主義者連合」(communist coalition) の名称は、改革の先頭を切った鄧小平自身も政治的には共産党一党独裁を支持していたことを考えれば、計画経済体制下の経済的受益者を指す呼称としては混乱を招くかもしれない。ここでいう「共産主義者連合」の実態は、むしろ計画経済体制下における既得権益層と呼ぶ方が適切であろう。

対外開放開始の要因について先行研究をふり返ると、実に多様な視点が提示されてきたことがわかる。しかし、何れの先行研究も、なぜ対外開放に転換しなくてはならなかったのかについて説明しようとした点では共通していた。他方で、なぜ対外開放を開始することができたのかという点を追究した研究はほとんど見当たらない。シャークはこの点を疎かにはしなかったが、改革開放が、シャークのいう「共産主義者連合」を呑み込んでいく過程の議論については、抽象的であるという印象を否めない。改革派が指導部内を説得して対外開放への支持を取りつけた政治過程は、依然ブラックボックスの中にあるといえよう。

第2節　対外開放およびその関連政策の定着に関する先行研究

対外開放は一時的措置に終わることはなかった。かつて中国共産党が帝国主義の手先と糾弾した多国籍企業を含め、直接投資の導入は、対外開放当初には細々とした営みから出発したが、1980年代後半には外資優遇措置が拡大し、1992年の鄧小平による南巡講話を契機に一挙に急増した。このような急速な展開の背景には、どのような政治的・経済的事情が存在したのであろうか。

アジア経済研究所のエコノミスト（1991年当時）であった丸山伸郎は、対外開放を促進した要因として、プラザ合意と国際金融機関の権威という外部要因を指摘した。プラザ合意は日本および東アジアNIEsの企業が生産拠点を中国や東南アジア諸国連合（ASEAN）へ急速に移転させる契機となった。中国指導部内の改革派は、この機会をとらえて急速な経済発展を達成しようともくろんだ。この時期に、趙紫陽と彼のブレーンは、世界銀行が最も効率的な経済発展

第1章　対外開放と直接投資の導入

戦略と認めた東アジアNIEsの外向型経済発展戦略に注目し、後に国際大循環論と呼ばれることになった開発戦略の青写真を作成した[22]。丸山の議論は、国際金融機関を通じて西側の経済思想が改革派の経済政策決定に影響したことを示唆する興味深い説であったが、この点についてはさらに詳細な検証が期待される[23]。

国際政治経済学の立場から対外開放を検証した米国の中国研究者ピアソン（Margaret M. Pearson）は、多国籍企業に対する中国政府の交渉能力と管理能力について分析した。この分析の基本となる構図は国家（中央政府）と外国企業との対峙であり、さらに国家内部には改革派―保守派と中央―地方という2つの構図が存在した。直接投資受入に際して、中国政府は資本の吸収と外資がもたらす負の影響の排除という2つの目的を同時に達成する必要があったが、ピアソンは「社会主義大国」という特殊な条件がこれらの目的を果たす上で中国を有利な立場に導いたと主張した[24]。ピアソンは、中国は社会主義国家であるがゆえに外国企業の経済活動を管理しやすく、またその巨大な国内市場が多国籍企業に対する中国側の交渉の切り札となった結果、中国は自国に有利な投資契約内容を獲得することができたと論じた。さらに合弁企業という形態も、企業内における中国側の発言力を確保し、外資の管理を容易に行うための一手段であったという。

国内政治のレベルでは、列強の侵略を受けた歴史的経験に端を発する強いナショナリズムを改革派と保守派が共有していたため、両派は、主権保護と外資導入による中国側の利潤の最大化に関して合意に達することができた[25]。他方、改革派は具体的な経済構想と外資への規制措置を打ち出すことによって保守派を抱き込み、対外開放を制度化していった。ピアソンによれば、外資導入政策の拡大は外資側の要望によって促進されたものではなく、外国資本に対する警戒感が次第に薄らいでいった改革派がさらに投資を呼び込もうとした結果であった[26]。ピアソンは、中国政府による外資の管理は一定の効果があったと認めながらも、政策実施上の問題点もまた中国側にあったこと（例えば、貧困な管理メカニズム、政府内部における政策目的の対立、地方主義の台頭、中国の経済構造など）を指摘した。

国家と市場との関係という極めて国際政治経済学的な観点から中国の直接投資導入を分析しようとしたピアソンの研究は、地域研究と理論との接点を探る意欲的な試みである。しかし、その議論は中国の外資に対する強い警戒感を重視し過ぎた結果、社会主義国家と外国企業とは本質的に対立関係にあるという観念から離れることはできなかった。また、「社会主義大国は資本主義の発展途上国や社会主義小国よりも多国籍企業に対して大きな交渉能力を持つ」というピアソンの前提は、旧ソ連消滅後の世界では一般性を失った。冷戦後も生きのびた社会主義国家は国内で政治統制を継続しようとも、一般的趨勢として計画経済は市場経済に呑み込まれようとしている。外資に対する中国政府の交渉能力と管理能力を評価する際に忘れてならないことは、中国自身も市場経済化の進行によって変化を遂げてきたことである。外資導入を拡大する過程において、中央政府の外資管理能力が弱まることは避けられない。投資環境整備は外資への規制緩和につながり、市場の段階的創出は管理手段としての計画の効力を弱め、地方への権限委譲は外資導入における地方政府の裁量を増大した。こうした事情を踏まえると、中国の外資に対する管理能力を問題とするよりも、中国と外資との関係の変化や双方の認識の変化について考察を深めた方が、外資との共存共栄の時代に入った中国を的確にとらえることができるのではなかろうか。

　最後に、対外開放の視点からはやや逸れるが、米国の代表的な中国政治研究者であるリーバソール＝オクセンバーグ（Lieberthal & Oksenberg）による、エネルギー計画の政策決定過程を官僚政治の視点から検証した研究を紹介する。リーバソール＝オクセンバーグは、中国の政策決定過程において、部・委員会など公的な政府組織の存在と非公式な協議レベルの重要性を指摘した。同書によると、中央の権限は、一握り（25～35名）の中核的存在である指導部レベル、政府官僚と中核グループとの間を取り持ち緩衝役ともなる研究センターやその職員、国務院の各委員会や各部、政策実施の段階で重要となる各部の末端組織という４つのレベルに分散していた。最高権力レベルでは各指導者の個人的な関心が決定的に重要であったが、それ以外の下部機関では組織としての任務や利害が政策決定に影響を及ぼした。[27] 重要政策に関しては単一の組織が決定を下

すことはできなかったため、政策案件は国家計画委員会や国務院常務会議など強力な調整機能を持つ上級レベルの協議の場へ持ち込まれた。中国政治においては各協議機関における合意形成が決定的に重要であるが、政策推進のために必要な合意を得るには各協議段階において多大な労力を費やさなくてはならなかった。その際、指導部レベルに属する個人が当該政策を支持していることが明らかな場合は、下級レベルの協議段階で官僚の抵抗を抑える効果があり、比較的円滑に合意を形成することができた。また、実際の政策は官僚レベルで策定されたため、政策決定過程における組織間の競合関係や交渉が政策案を左右する可能性も高かった。

　リーバソール=オクセンバーグは、中央の政策決定だけではなく、地方における政策執行段階についても考察した[28]。地方の行政組織は中央のそれとほぼ対応しており、省長など地方における重要人物の任命権や経済資源の配分に関して中央政府は絶大な権限を有していた。しかしながら、一定の経済自主権を獲得した地方政府は、自省の利益を最大化できるように行動したため、常に中央政府の思惑通りに事が進むとは限らなかった。その現象を説明するためのキーパーソンとして、リーバソールらは省長に注目した。省長は、中央政府の代理人と地方利益の擁護者という利害の対立しがちな2つの職責を担っていたが、一政治家としての利益を最大化したいという個人的願望も追求する存在であった。省長の関心と行動パターンは政策執行に大きな影響を及ぼしたといえる。

　リーバソール=オクセンバーグの研究は、3件の大規模なエネルギー計画の事例を取り上げ、指導部内の政治だけではなく、下級組織による政策決定過程への関与・交渉・取引を解明しようとした。政策立案から実施に至るまで、経済政策の実現には様々な部・委員会・地方政府が関与していたことは明らかであり、同書が提示した研究手法は他の経済政策の分析にも応用する価値がある。しかし、残念ながら、こうした事例研究に費やされる膨大な時間と資料的制約とが、この研究手法の適用範囲を狭めざるを得ないことも事実であろう。

　対外開放開始の問題に比べてその定着に関する先行研究は比較的少なく、しかも十分に議論し尽くされたとはいい難い。また、丸山やピアソンのように定着の問題だけに注目した場合、中国（国家）対国際市場との対峙という構図の

中で対外開放の進展を検証することに重点が移るため、中国政府と政府内の改革派とを無条件に重ねてしまう議論も少なくない。これに対して、リーバソール＝オクセンバーグの研究は、政策決定に関わる指導部以外のアクター（中央政府官僚や地方政府）を分析対象に加えることにより、政策決定の複雑さや、経済的合理性が度重なる政治的協議の中で歪められていく過程を解明し、政策決定過程の実態を理解する上で1つの指針を示したといえる。このように、先行研究は各々興味深い議論を展開しながらも、対外開放がなぜ定着できたのかという設問に対しては、答えを満足に提供できていないといわざるを得ない。

第3節 直接投資導入に関する先行研究

　最後に、直接投資導入政策に焦点を絞った先行研究を取り上げる。中国の直接投資導入をテーマとする先行研究は数多いが、その大半は経済学者の功績であった。ここではその中から幾つかの代表的な見解について紹介する。
　台湾の国立政治大学国際関係研究所の李瓊莉（Chyungly Lee）は、対外開放地域の地理的拡大、産業部門別の規制と優遇、外国投資関連の法律制定の状況を基準として、1979年から1990年代半ばまでを3期に区分し、各期の特徴をまとめて直接投資導入政策が段階的に発展してきた様子を論じた。第1期（1979～1980年代半ば）には、対外開放地域は沿海部に集中し、外資による投資規模は比較的小さく、産業別の優先順位は不明確で、合弁企業が主体であった。第2期（1980年代半ば～1990年代初め）になると、対外開放地域は沿海部全体から内陸へと拡大し、外資への優遇措置は輸出振興と先進技術企業に限って拡大された。また合弁企業の自主権拡大や100％外国資本企業に関する法律も制定された。第3期（1990年代初め～1990年代半ば）に入ると対外開放は全国規模に拡大し、投資先も金融・サービス・インフラ部門などこれまで政府が独占していた産業部門にも及んだ。[29]
　こうした時期区分は、中国の直接投資導入を語る上で比較的よく用いられており、各時期の政策上の特徴を把握し易いという利点がある。一方で、こうし

第 1 章　対外開放と直接投資の導入

た時期区分だけに頼ると、あたかも中国では実に順調に外国直接投資が受け入れられてきたような錯覚に陥りかねない。時系列的にみれば確かに直接投資導入政策は地理的に拡大し、投資形態も多様化し、産業政策的な意図も法令に表れるようになった。しかし、それらを概観して、政府は直接投資導入政策を効果的に利用して経済発展を達成したと結論づけることは、やや楽観的にすぎるのではなかろうか。投資環境法整備は後退することなく進展したが、それは様々な障害を乗り越えた上でようやく達成されたものであり、常に順風満帆の道程ではなかった。そのような政策の起伏が、経済学者の議論からは感じられないのである。また、直接投資優遇策が沿海部に集中した結果、沿海部と内陸部との所得格差が拡大したことなど、直接投資導入政策に一定の成果を収めた反面、中国政府は自ら推進した政策が引き起こした新たな問題への対応に今日追われていることも忘れてはなるまい。

　外資関連法整備の過程と投資パターンの分析に加えて、経済特区の役割についても論じたのは、OECDの深作喜一郎らのグループであった。直接投資導入において、政府は、税制優遇やインフラ整備といった投資誘因を創出した一方、外貨留保制度などの規制を設けるという2つの役割を果たしてきたが、総体的にみれば、政府の干渉は投資を促進する方向に働いてきた[30]。また、中国政府が改革開放の壮大な実験場として設置した経済特区は、外国人投資家にとっては中国の経済状況を知り、投資機会を探る窓口として機能したと同時に、中国企業にとっては必要な技術を獲得し国際市場で求められている品質の水準について学ぶ窓口となった。フカサク=ウォール=ウーの議論は、経済特区では税制を中心に様々な優遇措置を用いて直接投資の誘致を促進し、外国投資家と国内企業とを結びつける場を提供したと論じた[31]。彼らの議論は、直接投資導入政策における政府の関与を取り上げたが、経済特区についてはその機能的な側面を議論するにとどまっており、果たして特区の発展状況が中央政府の政策決定者を満足させるものであったのか、政策の意図と経済特区の実態とが合致していたのかについては論じなかった。経済特区の成否を議論するには、特区の機能だけではなく、政策の意図と実態とを比較して、中央政府の目的がどの程度達成されたのかについて一定の評価を下す必要がある。そのためには、やはり特区

導入の政治過程を検討する作業が不可欠であろう。

　中国経済専門家のラーディ（Nicholas R. Lardy）は、対外開放以来、中国が受け入れてきた外国資本の種類別に外資導入の実態を考察した。対外開放の初期においては、主要な外資供給源は国際金融機関からの長期・低利の融資と2国間援助であり、どちらも1989年の第2次天安門事件を契機に一時的に流入量が減少した時期を除き、年々増大する傾向にあった。ラーディは、中国への2国間援助の中で最大の割合を占める日本の政府開発援助（ODA）を取り上げ、中国のインフラ整備に貢献したと評価した。一方で、ODAは日本の首相が訪中する際の「手土産」であったことを指摘し、2国間援助の政治性を強調した。[32]ラーディによれば、対中直接投資が外国資本導入額の大半を占めるようになったのは1992年以後のことであり、これは投資分野拡大をはじめとする規制緩和措置にともなう現象であった。[33]その背景に鄧小平の南巡講話とそれによる改革開放の加速という国内情勢の変化があったことは今日容易に推察できるところである。

　対外開放初期、日本の円借款や世界銀行の融資が中国における外国資本の主役であったことを考慮すれば、外資の主要供給源が借款から直接投資へと比重を移していったことに注目したラーディの研究は重要である。しかしながら、こうした議論は、外資の構成が借款から投資へと比重を移した理由が政策転換によるものか、あるいは国際資本側の都合によるものかについて考察を加えることがなければ、外資の種類別に導入額の推移を追うだけに終わってしまう。同様に、対中投資が急増した1990年代と改革開放以前の閉鎖的な経済システムがどのように結びついていたのか、その間の事情を抜きにして導入額の増加と導入形態の多様化という現象だけで直接投資導入政策を語ることには限界があろう。

　以上の議論から、直接投資の導入をテーマとする先行研究の特徴として、議論の重点が投資環境整備の機能的側面や投資額の推移を追う量的議論にあったこと、政策決定過程や経済的必要性についてはほとんど関心を払っていなかったことが指摘されよう。また、研究者の多くは自由主義経済の視点に立脚していたため、対外開放に対する肯定的見解が暗黙の前提として存在し、開放の度

合いが深まるほど中央政府の政策に対する評価が高くなる傾向も見受けられる。仮に政策に評価を下すことが目的であるとしても、当初の政策目的と実施結果との因果関係を的確に把握するためには、両者の間に位置する政策決定過程およびそれに関わる政治を観察する作業が必要である。しかし、残念ながら、直接投資導入政策については、これまでのところそうした視点からの研究は行われてこなかったのである。

　なお、ここで取り上げた学術研究の他、中国の直接投資に関連する文献としては、実際に対中進出した企業の担当者やコンサルタントが執筆した体験談的報告が後を絶たない。[34]それらの多くは、実務者の視点から、中国進出の決定から生産・経営活動の開始に至る過程と、その間に起こった諸問題やその解決方法について事細かに報告しており、読み物として面白いだけではなく、対中投資の現実を語る報告として貴重な価値がある。当然、当事者の話であるから、多少の主観や著者の中国観も随所に表れており、客観的な事実を見分ける作業はこれらを活用する者の冷静な判断に委ねられる。こうした点を踏まえた上で、研究者としては、これらの体験談を参考資料として有効に活用することが求められよう。

第4節　本章のまとめ

　本章では、先行研究が直接投資の導入や対外開放をどのようにとらえ、あるいは研究してきたのかについて議論してきた。1970年代末に中国が対外開放を開始したことについて、先行研究は、経済に原因を求める説、国内政治に要因を求める説、国際環境の変化に注目する説をそれぞれ提示してきた。いずれも興味深い議論ではあるが、これらの先行研究に共通していたのは、「なぜ中国は1970年代末に対外開放に転換しなければならなかったのか」について説明してきたことであり、「なぜ対外開放することができたのか」という問題については問うことがなかった。また、対外開放とその関連政策の定着という問題については、改革派の思想、外資への認識の変化など、改革派中心の分析に偏り

がちであった。対外開放と関連政策が中国に定着していった要因を説明するためには、どのようなアクターがどのような意図を持って政策に関与してきたのか、アクター同士はどのような関係にあったのか、対外開放の進展は、中央政府の狙いをどこまで反映していたのかといったことについても、さらに詳しく分析する必要があろう。こうした議論を進める際に、アクターの具体化やグループによる分類（各派）の定義についても明確にする必要があることはいうまでもない。また、直接投資導入政策に焦点を絞った先行研究は、中国における外国直接投資の状況を概観する上では優れた指針を提供したが、その議論は外国企業優遇策の進展状況と投資額の推移との関連づけにとどまっており、なぜ本政策が開始・定着できたのかという設問に答えるものではなかった。

　こうした先行研究の成果と限界を踏まえて、本書の議論を始めるにあたり、以下の点を確認しておきたい。

　直接投資導入政策の開始と定着の問題を議論する際には、指導部に限らず政策に関与した複数の主要アクターを分析の対象に含め、本政策の政治的実行可能性について問う必要がある。直接投資の導入が経済合理的であるとわかっていても、既存の体制と著しく矛盾する政策を実行するためには、政治的決断や調整が不可欠であったことは想像に難くない。また、直接投資導入は比較的専門性の高い政策であったため、テクノクラートの関与が大きかったと推察される。さらに、中央で政策を決定したところで、政策を執行する地方政府の協力がなければ、本政策は実施段階で空回りしたまま、中国に定着することはなかったはずである。従って、本政策の開始と定着を語るには、中央指導部、中央の経済官僚、地方政府、外国企業（投資主体）を含めた複数のアクターを取り上げ、各々のアクターと政策との関連、アクター間の相互関係を踏まえた上で、本政策に関わる政治過程を分析する必要がある。現代中国研究に立ちはだかる資料的制約を考えれば、これは壮大な試みともいえるが、本書は敢えてこの課題に挑戦し、第3章以下の実証分析を通じて直接投資導入政策の開始と定着を実現可能に導いた要因を探り出したい。

第 1 章　対外開放と直接投資の導入

1) 本章で取り上げることのできなかった現代中国政治に関する優れた先行研究の幾つかを紹介すると、例えば1980年代の権力闘争を描いた文献では矢吹晋『保守派VS.改革派——中国の権力闘争』、蒼蒼社、1991年や、同『鄧小平』、講談社現代新書、1993年がある。国分良成『現代中国の政治と官僚制』、慶應義塾大学出版会、2004年は、国家計画委員会の役割や機能を基軸として、毛沢東時代から鄧小平の改革開放時代への転換を検証した興味深い研究である。中国経済に関する優れた研究書としては、上原一慶『中国の経済改革と開放政策——開放体制下の社会主義』、青木書店、1987年や、中国経済を地方の観点から検討する加藤弘之『シリーズ現代中国経済 6 地域の発展』、名古屋大学出版会、2003年などがある。Ezra Vogelの*One Step Ahead in China: Guangdong under Reform*, Harvard University Press 1989（中嶋嶺雄監訳『中国の実験——改革下の広東』、日本経済新聞社、1991年）は政治社会学の観点から改革開放の現場を詳細に観察した大著で、質量とも他の追随を許さない優れた研究である。
2) 中兼和津次『中国経済発展論』、有斐閣、1999年、第 2 章。
3) 同上、第 8 章を参照。
4) Barry Naughton, *Growing out of the Plan: Chinese Economic Reform 1978-1993*. Cambridge: Cambridge University Press 1995.
5) Ibid., pp.13-16, 63. ノートンは反ソを唱えることで国内経済システムを変えることなく西側からの経済的技術的援助を得る可能性があったと指摘した。
6) フュースミスのいうinformal politics あるいはpersonal politicsは、中国語の「関係（guanxi）」に非常に近い概念と考えられる。Joseph Fewsmith, "Institutions, Informal Politics, and Political Transition in China." *Asian Survey*, Vol.36, No.3, 1996, pp.230-245.
7) 岡部達味「改革と中国の外交思想」、岡部達味・毛里和子編『改革・開放時代の中国』、日本国際問題研究所、1991年。
8) 毛里和子「中国の経済体制改革——経済的および政治的評価——ハンガリーとの比較から」、岡部達味・佐藤経明・毛里和子編『中国社会主義の再検討』、日本国際問題研究所、1986年、81-83頁。
9) 同上、87-96および108頁。
10) 啓元『中国対外開放20年』、中州古籍出版社、1998年、7 頁。
11) 同上、8 - 10頁。
12) 董輔礽主編『中華人民共和国経済史』（下巻）、経済科学出版社、1999年、77頁。
13) 同上、第 4 章に詳しい。
14) Dali L. Yang, *Calamity and Reform in China: State, Rural Society, and Institutional Change Since the Great Leap Famine*. Stanford: Stanford University Press, 1996, pp.1-7.
15) Ibid., pp.244-245.
16) 天児慧『中華人民共和国史』、岩波新書、1999年、第 4 章参照。
17) 同上、198-199頁。
18) 同上、133-135頁。
19) Susan L. Shirk, "Internationalization and China's Economic Reform," in Keohane and

Milner (eds.), *Internationalization and Domestic Politics*. Cambridge: Cambridge University Press, 1996, p.188.
20) Ibid., pp.202-203.
21) 丸山伸郎「対外開放の経済メカニズム――内向型から外向型への移行形態――」、岡部達味・毛里和子編『改革・開放時代の中国』、日本国際問題研究所、1991年、260-261頁。
22) 同上、261-262頁。
23) こうした議論の関連として、Harold Karan Jacobson and Michel Oksenberg, *China's Participation in the IMF, the World Bank, and GATT: Toward a Global Economic Order*. Ann Arbor: University of Michigan Press, 1990 がある。それによると、国際金融機関は開発プロジェクト、訓練プログラム、研究・報告書、コンサルタント業務を通じて、中国の経済政策決定過程や改革開放に一定の影響力を与えてきたという。
24) Margaret M. Pearson, *Joint Ventures in the People's Republic of China*. Princeton: Princeton University Press, 1991, pp.8-9, 16-18.
25) Ibid., pp.22-23および第2章。
26) Ibid., p.67.
27) Kenneth Lieberthal & Michel Oksenberg, *Policy Making in China: Leaders, Structures, and Processes*. Princeton: Princeton University Press, 1988, p.22.
28) Ibid., pp.340-347.
29) Chyungly Lee（李瓊莉）, "Foreign Direct Investment in China: Do State Policies Matter?" *Issues and Studies*, 33(7), 1997, p.57.
30) Kiichiro Fukasaku, David Wall, and Mingyuan Wu, *China's Long March to an Open Economy*. Paris: Development Centre, OECD, 1994, pp.36-42.
31) Ibid., p.43. 同様の経済特区論は、例えば、劉書林編『強国之路20年』、中国青年出版社、1998年にも見受けられる。
32) Nicholas R. Lardy, *China in the World Economy*. Washington, D.C.: Institute for International Economics, 1994, p.56.
33) Ibid., pp.60-69.
34) 例えば、Carolyn Blackman, *Negotiating China: Case Studies and Strategies*. NSW, Australia: Allen & Unwin, 1997. 稲垣清『中国の投資環境――NICsを越えられるか？』、蒼蒼社、1988年。橋本嘉文『中国・経済特区　深圳の挑戦』、にっかん書房、1990年。ジム・マン著、田畑光永訳『北京ジープ』、ジャパンタイムズ、1990年。古賀圭三『中国ビジネスの実際と進出の手引き』、日本実業出版社、1994年。筧武雄編・赤松弥太郎著『日中合弁企業奮闘記――中国進出と撤退のドラマ』、蒼蒼社、1999年。ジョー・スタッドウェル著、鬼澤忍・伊東奈美子訳『チャイナ・ドリーム』（上・下）、早川書房、2003年。青樹明子『日中ビジネス摩擦』、新潮新書、2003年など多数。

第2章　直接投資導入政策理解のための3要諦

　中国の直接投資導入政策は、党中央指導部を舞台とする権力闘争ゲームの中で始まった。政策が実現に至るまでには、中央レベルでの政治的議論や、広東省と中央政府との交渉・駆け引き・妥協を幾つも積み重ねなければならなかった。次章以下で紹介するように、政策の形成は比較的円滑に進んだ場合もあったが、慎重さや大胆さを必要とする局面も多かった。また、経済特区の設置は新たな権益を生み出したため、当事者らはその管轄や特権をめぐって激しく争った。対外開放の利権をめぐる国内政治が活発に行われた一方、資本や技術の提供者である外国企業や投資家の存在感は比較的小さかった。中国側には、直接投資導入の賛否の立場にかかわらず、潜在的に巨大な国内市場を持つ中国が対外開放すれば外資は必ず殺到するという強い思い込みがあった。こうした事情から、1980年代初めの直接投資導入政策は緩慢とした進展しかみせず、また、中国側の予想に反して外国企業の進出もはかばかしくなかった。
　しかし、対外開放の進展にともない、本政策における主要アクターは大きく入れ替わっていった。直接投資導入政策の開始と定着において最も重要な役割を果たしてきたのは中央の対外開放派であった。中でも中央の経済官僚が果たした役割は重要であり、彼らの継続的な政策への貢献なくしては直接投資導入政策の定着はあり得なかった。他方、対外開放の進展とともに計画経済主導派の役割は次第に縮小し、代わって本政策における地方政府と外国企業の存在感が次第に高まっていった。こうした経緯を考慮すれば、1980年代の直接投資導入政策の政治過程における主要アクターとは、対外開放を積極的に支持した中央指導部と対外開放政策の策定・実施に邁進した中央の経済官僚、市場経済化の流れに逆らうことは叶わなかったが計画経済の枠組み維持を主張し続けた中央指導部と計画部門の経済官僚、政策の実施現場となった沿海部の地方政府、

対中進出を目指した外国企業であったといえよう。

　本章では、対外開放の開始から1980年代前半までの直接投資導入政策の政治過程を分析する上で重要と考えられる対外開放派・計画経済主導派の関係、中央・地方関係、中国の外国企業観について概説する。第1節では、対外開放派と計画経済主導派がどのような人々や組織を指すのかについて明らかにし、直接投資導入政策に両派がどのように関与していたのかについて論じる。第2節では、中央と地方（広東省）との関係に注目し、対外開放の進展にともなう関係の変化について概観する。第3節では、対外認識の変化にともなう中国の外国企業観の変化について整理する。以上をもって直接投資導入政策理解のための要諦とする。

第1節　対外開放派と計画経済主導派の役割

　直接投資導入政策の開始と定着を実現させた政治過程について分析する場合、まず指摘されなければならないのは、党から行政部門まで広範にわたって外資導入を推進した人々と外資導入をできる限り限定的に抑えようとした人々が存在したことであった。前者は、直接投資という資本主義的な要素の導入を支持し推進しようとした人々であり、対外開放政策全般についてほぼ賛成の立場にあったため、本書では対外開放派と称する。後者は、対外開放にやむを得ず賛成したものの、計画経済の枠を維持するために資本主義的な要素の導入は極力限定的にとどめたいと考えた人々であり、本書では計画経済主導派と称する。彼らは経済特区の設置に対しても常に批判の矛先を向け続けた。

　本書では、便宜上、対外開放に対する積極性もしくは消極性を基準として対外開放派と計画経済主導派に分類した。しかし、政策が深化するにつれて、対外開放推進という共通の目的を持ちながらも対外開放に対する理念の違いや地方政府の利益追求行動により、対外開放派内部の対立が生じた。本書の実証分析では、明らかに中央レベルの議論と考えられる場合は中央対外開放派（指導的幹部や経済官僚を含む中央レベルでの対外開放支持者を想定）や対外開放派指導部

(特に対外開放を支持する指導的幹部を想定）と言い換え、地方レベルの動向と区別した。計画経済主導派についても、一部の指導的幹部の見解と考えられる場合は計画経済主導派指導部と称した。すべての組織レベルが対外開放派と計画経済主導派に二分されていたとは言い切れないが、直接投資導入政策に関する議論や政治過程をふり返ると、両派間の政治力学が政策の進展の度合いや内容に決定的な影響を及ぼしてきた可能性を否定することはできない。本節で提示した二項対立的な分析視点には異論もあろうが、問題の全体像を把握するために敢えて簡素な枠組みを設定したことを付記しておく。以下では、対外開放派と計画経済主導派という概念を用いて、両者が直接投資導入においていかなる役割を担っていたのかについて紹介する。

1　対外開放派の役割

　対外開放派の人々は、既存の社会主義イデオロギーや経済体制との矛盾にもかかわらず、直接投資導入政策を強く推し進めてきた。ここでは、本政策の実現に最も深く関わっていた党中央指導部と、国務院を中心とする中央経済官僚のレベルに注目し、対外開放派が果たした役割について紹介する。

　筆頭に挙げるべきは、閉鎖的な経済体制からの脱却を政治的に可能とした鄧小平であった。人民解放軍や政治の場を中心に活躍してきた鄧小平は経済専門家ではなかったが、周恩来路線を引き継いで中国の近代化を目指しており、自ら外国を視察して中国の後進性と経済発展の重要性を痛感していた。「貧困は社会主義ではない」と言い切った鄧は、資本主義の導入も社会主義イデオロギーの教義を再解釈することも躊躇しなかった。華国鋒との権力闘争を乗り越えて実質的な最高権力者となった鄧小平が果たした役割とは、イデオロギーあるいはナショナリズムの観点から対外開放に抵抗を表明した計画

鄧小平

写真：毎日新聞社提供

経済主導派の人々を説得し、対外開放的な経済体制に正当性を付与することであった。

政治的権力の観点からいえば、対外開放あるいは直接投資導入という、当時の中国においてはあまりに斬新な政策の決定・定着過程において、鄧小平が大きな役割を果たしてきたことは否定できない。しかしながら、集団指導体制という制度的制約の中で、党のイデオロギーと矛盾する政策を鄧小平個人の政治的権威だけに頼って進めたとも言い切れない。実態としては、鄧小平の強力な政治的庇護の下で、対外開放を支持する若手指導部や中央の経済官僚が政策を立案・決定し、地方政府と協力しながら実行に移していったと考えられる。外資導入政策の開始と進展は、鄧小平を含む党中央の対外開放推進者と彼らを支持した経済官僚たちによって実現したのである。

鄧小平に賛同して対外開放を支持した指導部として、例えば、万里、趙紫陽、胡耀邦らを挙げることができよう。改革の先駆となった農業生産責任制を安徽省で初めて実施した万里は、鄧小平と親しい老幹部であった。農業・農村政策に精通していた万里は、1977年に中央委員、1980年に国務院副総理に就任し、1982年には中央政治局委員と中央書記処書記に就任した中央指導部の１人であった[1]。彼は改革開放に積極的な姿勢を表明しており、自らの専門分野ではない直接投資導入に関しても1980年代半ばに経済特区を奨励する講話や外国企業誘致のために投資環境整備を奨励する講話などを行った[2]。万里のような老幹部の政治的な支持は、新政策の実現やその円滑な運営を保証する役割を果たしたと考えられる。

また、若手改革派の旗手に例えられた趙紫陽は、四川省（1975～1980年）で農家経営請負制を実施して農業生産を飛躍的に伸ばし、その実績を買われて中央に昇進した人物であった。趙紫陽は1979年に中央政治局委員に昇進し、1980年２月には第11期５中全会で政治局常務委員に選出された。中国共産党の組織の中でも中央政治局常務委員会は重要な政策決定を行う中枢機関であり、その常務委員は最も政治的権力を有する地位であった。同年９月には趙は失脚した華国鋒に代わって国務院総理となり、第２次天安門事件で失脚するまで改革開放の中心的な指導者となった[3]。第６章で若干触れるように、国務院総理の立場

第 2 章　直接投資導入政策理解のための 3 要諦

上、彼は直接投資導入に必要な法整備に関わる機会もあった。本書では資料的制約により国務院総理として彼が直接投資導入政策に果たした役割を十分に議論することはできないが、1980年代に改革開放を推進した実績から判断して、本政策の実現と定着を支持していたと考えてよかろう。

　一方、胡耀邦は、鄧小平と緊密な関係を維持しながら、党組織を中心に経歴を積み、1978年12月には中央政治局委員に、1980年には中央政治局常務委員に就任した。1981年には失脚した華国鋒に代わって党中央主席に就任し、1982年には主席制の廃止にともなって総書記に就任した[4]。親日派でもあった胡は1987年1月に失脚するまで改革開放に尽くした。総書記として中国共産党の対外的な顔でもあった胡耀邦は、やはり個別の対外開放政策の立案作業に深く関与していたわけではなかったが、14沿海都市の開放が正式決定する前に日本政府要人に情報を漏らすなど、意図的と思われるやり方で諸外国に「対外開放の中国」を印象づけた。そうした行為は国内の政策論争において対外開放派を勢いづける役割を果たしたといえよう。

　趙紫陽が国務院総理に、胡耀邦が党総書記に就任したことは、鄧小平の中央軍事委員会主席の就任（1982年）と合わせて、改革のトロイカ体制と呼ばれたが、この体制の下で直接投資導入政策は大きく進展した。社会主義体制下で直接投資の受け入れを政治的に実現可能とするためには、党中央指導部の承認と支持が不可欠であったが、この点で対外開放派の指導部が大きな役割を果たしたことは容易に推察されよう[5]。また、対外開放派指導部のいまひとつの役割は、政策の対外的な宣伝者となることであった。投資関連法整備の進んでいなかった1980年代の中国では、外国企業や投資家は指導部の発言に否が応でも注視せざるを得なかった。どの局面でどの指導者がどのような言葉で対外開放の安定度や法整備の推進に言及してくれるのかということが、事実上、外国政府関係者や企業経営者の心理に少なからぬ影響を与えてきたことは間違いあるまい。

　また、改革開放を支持する党幹部のブレーンを務めた知識人も、対外開放推進の理論的根拠を提示するという重大な役割を担った。最も代表的な対外開放派知識人は鄧小平の外交顧問を務めた宦郷であり、資本主義との共存を前提とした大胆な対外認識の形成に貢献した。この他、季崇威ら改革開放に積極的で

あった官庁エコノミストや、自由主義経済的な思想を吸収した経済学者たちが対外開放推進の理論的根拠を次々と具申していった。

　中央指導部の要人が重要な役割を果たしたのは、指導部内での合意形成が必要とされた時であった。例えば、直接投資導入という新政策に関する政治的調整の局面、政策がイデオロギー的批判にさらされた時期、外資導入や経済特区政策が大きく前進しようとした時期などがそれに相当した。しかし、直接投資導入の実施段階に入ると、もはや政治的決断のレベルではなく、技術的な議論が中心とならざるを得ない。いかなる投資形態で、どの産業分野・地域に外国企業を誘致するのか、許認可手続きや必要な物資をどのように調達するのか、外国企業を誘致するためにはどのような投資環境が必要となるのかといった実務的な問題は、党指導部が議論するところではなく、国務院のテクノクラートが中心となって決める性質の問題であった。こうした問題を地道に解決していったのは、対外開放派の経済官僚や対外開放地域に指定された地方都市の幹部であった。

　地方幹部については第2節で述べるとして、ここでは中央の対外開放派経済官僚のうち、直接投資導入政策の中心的な役割を果たした人物について紹介したい。本政策の開始から定着まで、一貫して実務的な責任者を務めてきた経済官僚は谷牧であった。共産党政権樹立後、1950年代から中央でテクノクラートとしての経験を積んできた谷牧は、文革期に一時失脚したが、1972年には国家基本建設委員会主任として復活した。彼は、党内では中央書記処書記（1980～1985年）を務め、国務院では副総理（1975～1982年）と国務委員（1982～1988年）を務めた[6]。国務委員や副総理は国務院の部長や委員会主任より上級の官職であり、国務委員と副総理の権限はほぼ同等であった[7]。中国政治の専門家である趙宏偉によると、国務委員は、「総理あるいは国務院常務会議の委託

谷　牧

写真：毎日新聞社提供

を受けて、ある分野の活動あるいは重要な特定任務を担当することができ」、「国務院を代表して外事活動を行なうこともできる」という[8]。憲法第87条によると、副総理・国務委員とも連続で2期10年を超えることはできなかったが、谷牧は2つの官職を合わせて、事実上、13年間もの長期にわたって行政部門の高官にとどまり、対外開放の指揮を執った[9]。行政部門で高い官職に就いたことは、情報統制が著しく厳しい中国において国務院内部の重要情報に接する機会に大いに恵まれていたことを意味している。

　政府部門での高い地位に応じて、共産党内でも谷牧は重要な職務に就いていた。彼は1973年から中央委員を務め、1980年には中央書記処書記に昇進した。中央書記処は、中央工作会議で審議する必要のある重要議題を除いた日常業務を取り仕切る権限を持っていた。書記処を率いていたのは党総書記であり、直接投資導入政策の定着が進行していた時期には前述の胡耀邦がその地位にあった。中央書記処の重要性を指摘したアメリカの中国政治研究者、バーネット（A. Doak Barnett）によると、中央書記処書記は比較的年齢が若く、特定の専門分野を持つテクノクラートの少数精鋭集団であった。1982年の中国共産党第12回全国代表大会（第12回党大会）から1987年の第13回党大会の間、中央書記処は、事実上、政治局と政治局常務委員会に代わって中央の日常工作に関する政策決定機関として機能していた。中央書記処と国務院は頻繁に会議を催して密接な連携を保ち、数多くの政策決定を行った[10]。

　このように、1980年代前半における谷牧の政治的な地位は高く、中央指導部と近い関係にあり、しかも重要ではあっても中央工作会議にかける必要のない日常的な問題については大きな裁量を持っていたといえる。書記の中には、思想的に陳雲の立場に近い姚依林や鄧力群ら計画経済主導派幹部も含まれていたことから、すべての中央書記処書記が直接投資受入に賛成していたわけではなかろう。そのため、谷牧は急進的に直接投資導入を進めることはできなかったが、中央書記処と国務院との密接な関係により、また彼自身が国務委員であったことにより、政策の遂行において非常に大きな権限を保有していたと考えられる。なお、彼は1985年に中央書記処書記を辞めた後、1986年7月から国務院外国投資工作領導小組の組長を務めており、1980年代後半も外国資本導入政策

を担当し続けた。谷牧が長期にわたって直接投資導入政策を遂行できた理由として、鄧小平の政治的支持を得たという幸運もあったが、比較的長い間、党および国務院で有力な地位に就任し続けたことから、重要情報の入手と広範な権限の行使が可能な立場にあったことも強調しなくてはなるまい。

　最後に、直接投資導入に最も深く関与していた中央の組織、対外経済貿易部（1993年に対外経済貿易合作部となり、2003年に商務部の一部となった）について紹介する。対外経済貿易部は、1982年に国務院が組織改革を行った際、国家輸出入管理委員会、国家外国投資管理委員会、対外貿易部、対外経済聯絡部、輸出入商品検験（検査）局が合併して発足した。[11]その前身となった国家輸出入管理委員会と国家外国投資管理委員会は、中国が初めて直接投資の受け入れを承認（すなわち、1979年7月の中外合資経営企業法：合弁法の成立）した直後に創設され、1982年の国務院再編の時まで谷牧副総理が主任を務めた委員会であった。これらの対外経済貿易部およびその前身の組織は、外国貿易を最小限にとどめようとした毛沢東時代には軽視されていた部門であった。しかし、対外開放の進展とともに、対外経済貿易部は組織として急拡大し、責任範囲も拡がり、国務院内における重要性も急速に高まってきた。前掲のバーネットによれば、1980年代半ばには、対外経済貿易部は外交部の規模をはるかに上回る巨大な組織となっており、拡大する一途の対外経済関係全般を処理するようになったのである。[12]

　なお、直接投資の導入が実現・拡大するにつれ、政府系の受入窓口も幾つか新設された。例えば、本書でも度々登場する中国国際信託投資公司（中信公司）は、合弁法成立とともに設置された国務院直属機関であった。民族資本家によって運営された中信公司は、直接投資導入を推進し、対中投資を望む外国人投資家が中国政府と交渉する際の窓口となった。

2　計画経済主導派の役割

　計画経済主導派の領袖・陳雲は、中国の経済的後進性を克服するために外資の導入が必要であることは認めていたが、直接投資導入や経済特区建設には強い抵抗を示した。陳雲は計画を重視し、計画経済の総元締めの役割を果たしていた国家計画委員会の権限強化を望んだ。[13]陳雲にとって、資本主義は悪であり、

資本主義世界の市場メカニズムとは混乱を意味した。彼にとって計画とは秩序あるいはその回復であり、社会主義こそが正義であった。このような陳雲の発想は、マルクス・レーニン主義の教義だけではなく、旧中国における彼自身の体験に基づいていたため、容易に変えることはできなかった。対外開放をめぐって陳雲は対外開放派と対立を深めたが、それは鄧小平に代わって

陳雲

写真：共同通信社提供

実質的な最高権力者になろうとしたためではなかったと、一般にいわれている。陳雲は、既に計画経済の権威的存在であり、彼の言動に鄧小平の後を襲おうとした形跡はみられない。彼の言動に滲み出ているのは資本主義への不信感と社会主義の理念への共感であり、その意味では、「正統なマルクス主義者」とも呼ぶべき存在であった。

　計画経済を中核とすべきという陳雲の主張に同調した指導部は決して少なくなかった。財政部で長い経験を積んだ李先念は、鄧小平や陳雲よりも数歳若いがほぼ同じ世代に属する党の重鎮であった。1950年代から財政部長を務め、1977年以後は政治局常務委員として権力の中枢部に入り、1980年代には国家主席の要職に就いた。[14] 李先念は陳雲の指示の下に経済調整を担当した経緯もあり、対外開放のような計画経済の枠から外れる新規の試みに対しては非常に慎重であった。中央書記処書記や副総理を務めた姚依林も計画経済主導派を代表する人物であった。彼は毛沢東時代に長く対外貿易・財政部門で要職をこなしており、陳雲との距離も非常に近かったといわれている。[15]

　鄧小平との親交が深かった王震は、改革開放時代には保守的な発言が目立った。第4章で取り上げる精神汚染反対キャンペーンで、批判対象を左から右へ変える契機となったのは王震の発言であった。一方で、彼は親日家としても有名であり、外交の場では日本企業誘致を呼びかける側面もみせていた。

　鄧力群は共産党組織の要のひとつである宣伝部と深いつながりを持つイデ

オローグであった。精神汚染反対キャンペーンをはじめ、資本主義の流入を警戒する議論を頻繁に展開し、経済特区や対外開放についても厳しい目を向けた人物であった。

　胡喬木は、毛沢東の政治秘書や『毛沢東選集』の編者も務めた著名な理論家であり、鄧小平にも近い人物であったといわれている。[16)]しかし、経済の専門家ではなかった。「四つの近代化」と改革開放を理論的に結びつける役割を果たした宦郷の方が経済政策転換に果たした役割は大きかったといわざるを得ないが、中国が社会主義の看板を下ろさない限り、胡喬木のような社会主義理論家の存在を軽視することはできまい。

　これらの計画経済主導派の重鎮たちも、陳雲同様、外資導入の必要性については認めていたが、資本主義的な要素の国内への浸透を黙って看過することはできなかった。彼らは、対外開放が最も進んだ深圳経済特区を繰り返し批判し、経済犯罪や退廃的な現象を対外開放と関連づけようとした。注意すべきは、陳雲を含め、計画経済主導派の対外開放批判の動機はイデオロギーだけではなかったことである。例えば、計画経済主導派は、対外開放と列強に侵略された中国近代史とを重ね合わせて理解しようとする傾向が強く、庶民が共感しやすいナショナリズムに訴えようとした。

　計画経済主導派を支持する立場をとっていた官僚組織の代表は、国家計画委員会であった。国家計画委員会は、中長期の国民経済および社会発展のための計画を作成し、産業・技術・分配・対外経済に関わる重要政策を管轄していた。同委員会は、国家計画委員会主任を筆頭に、国家体制改革委員会の責任者、財政部部長、中国人民銀行行長、物資部部長、労働部部長、国家物価局局長、国家統計局局長、国家計画委員会副主任などから構成されていた。[17)]こうした顔ぶれからわかるように、国家計画委員会は工業生産に必要な資源を分配する権限のほぼすべてを掌握する計画経済体制の根幹であった。国家計画委員会とその構成員が所属する各組織は、利潤や生産力よりも均衡を重視する保守的な経済運営を好む傾向があった。そのため、これらの中央主管部門は、往々にして計画の枠を外れる経済特区や直接投資導入などの新たな政策に対しては消極的な姿勢を示した。また、計画経済主導派指導部が計画部門の組織や権限の強化を

第2章 直接投資導入政策理解のための3要諦

支持する発言を繰り返したことも、同派と計画部門との関係の深さを示していた。計画経済主導派を率いた陳雲や李先念は、かつて財政部部長を務めた経験があり、人脈が大きな影響力を発揮する中国政界においては、こうした個人と組織との関係も無視できないであろう。

最後に、外資導入政策の進展をしばしば妨げることになった整党活動と計画経済主導派との関係について触れる。対外開放の実験場となった広東省では密輸や贈収賄の摘発が相次ぎ、地元の規律検査委員会が調査を担当する事件も頻繁に起こった。党規律検査委員会の主要任務とは、党風を整頓し、党の路線・方針・政策・決議の実行状況を点検することであった[18]。また、1982年4月に中共中央と国務院が連名で通達した「経済領域における重大犯罪活動に打撃を与えることに関する決定」によると、各級規律検査委員会は党の規律に関する問題を処理し、刑法に触れる問題は司法機関が処理することになっていた[19]。これらの定義に照らしてみれば、1980年代に広東で規律検査委員会が頻繁に経済犯罪調査に携わっていたことは、党員による経済犯罪への関与が頻繁に起こっていたことを示唆していたといえよう。さらに、広東で頻発する経済犯罪は対外開放にともなって流入した資本主義の悪影響の結果であるという見解が一部で広まると、中央では計画経済主導派が経済特区批判の勢いを強め、対外開放の勢いを削ぐ効果が生まれた。

整党と経済犯罪の取り締まりにおいて重要な役割を果たした党規律検査委員会は中央の計画経済主導派指導部とも密接な関係にあった。1978年から1987年まで、中央の規律検査委員会第一書記は計画経済主導派の重鎮である陳雲が務めており、下級レベルの規律検査委員会を統轄していた。計画経済主導派指導部は規律検査委員会による整党活動を活発に行っただけではなく、1983年の精神汚染反対キャンペーンや1987年のブルジョワ自由化反対運動などの政治色の濃い運動を起こした。

理論的には、党による整党活動は必ずしも対外開放や直接投資導入政策の排斥に直結するとは限らない。本来、汚職の摘発や経済犯罪の防止は、中国におけるビジネス環境の透明性を高めるために推奨されるべきことであった。しかし、経済特区建設に反対していた有力な計画経済主導派指導部が整党活動の先

頭に立って、経済犯罪を資本主義に対する歪曲したイメージと結びつけたことにより、政治運動や党規律の強化は、一時的にせよ、対外開放に消極的な社会的環境を造り出すことになったのである。

3 直接投資導入政策の位置づけ

　直接投資導入政策がどのような場で討議され、その討議に誰が参加していたのかを特定することは、中国政府にとっての同政策の重要性を計る上で1つの目安を提供するであろう。この点について公表された情報から判断すると、少なくとも直接投資導入政策は政策決定の場においては、その政治的経済的重要性にもかかわらず、その技術性ゆえに当初から副次的な問題として処理されてきたといえる。例えば、毛沢東時代から鄧小平時代を通じて、重要決定は党規約上の最高指導機関と位置づけられた中央委員会ではなく、中央政治局もしくは政治局常務委員会が開催する中央工作会議（あるいは拡大中央工作会議）で行われてきた。中国共産党政権の政治・権力構造について明らかにした毛里和子の『現代中国政治』(1993年)によると、中央工作会議は変則的に開催され、1970年代までは政治的・経済的危機の時期における重要な政策決定の場であったこと、1980年代には政治・経済情勢がそれ以前の時期に比べて相対的に安定していたために開催回数が減少したこと、1980年代には中央委員会や中央政治局会議などの公式会議が定期的に開催されるようになり、全国規模の分野別専門会議も開催されるようになったことが確認されている。[20]

　この説に基づいてふり返ってみると、1970年代末から1980年代半ばの時期に開催された中央工作会議では、直接投資導入政策や経済特区建設の問題が主要議題として取り上げられた形跡はない。[21]他方、これらの問題に特化した専門会議は1980年代に頻繁に開催されていた。例えば、1980年2月の外国の外資利用経験に関する座談会、同年3月の全国対外経済工作会議、1981年6月の国際信託投資工作座談会、1982年1月の国務院による沿海9省自治区対外経済工作座談会、1984年3月の全国外国貿易工作会議と沿海部分都市の座談会、1985年1月の国務院による長江・珠江三角洲・閩南三角地区座談会、1985年6月の外国経済貿易会議、1985年12月の経済特区工作会議など事例に事欠かない。これら

専門会議の多くは、直接投資の導入状況を報告し、その成果を根拠として政策の正しさを訴え、新たな開放地域や外資優遇政策について議論する場を提供したのである。

第2節　中央・地方関係の変化——広東省を事例として

　本書が中国最大の経済特区であった深圳特区を中心に議論を進める都合上、この節では、広東省と中央との政治的・歴史的関係について触れ、中央と地方を結ぶ広東省党委員会書記（以下、省党委書記）の役割について紹介する。

　最初に、中央・地方関係の政治的構造について概観する。広東省における最高の党組織は党中央の指導を受ける広東省党委員会であり、同省の最高の行政機関は国務院に連なる広東省人民政府であった。共産党が政府に優越し、いかなる場においても党の指導が優先することは地方においても同様であったため、広東省内で最高の政治的権限を有したのは省党委書記であり、第2が行政（広東省人民政府）の長である省長であった。省党委員会や省人民政府の下には、党中央の各委員会や国務院の各部・委員会にそれぞれ対応する地方レベルの組織が設置されていた。中央を頂点とする縦割りの関係（条条）と、地方政府を中心とする地域割り（塊塊）の関係とが並存していたため、中国の政治構造は複雑な指揮命令系統から成っており、そうした構造的な特徴が直接投資受入現場における甚だしい官僚主義発生の一因となった[22]。複雑な指揮命令系統に加え、改革開放時代には中央から地方や企業への権限委譲が進んだため、中央は次第に地方に対する管理統制能力を弱めていった。

　中央が地方を統治するための主要な行政手段とは、主要な地方幹部の任免、財政配分、重大政策の決定に関する権限を行使することであった[23]。しかし、経済改革の進展にともなって財政・経済に関する地方自主権が拡大すると、広東省はじめ対外開放都市を抱える沿海諸省は次第に自らの経済的基盤を強化していった。ある地域の経済発展は、その地方を管轄する地方政府の政治的発言力を強めたため、経済的に有力な地方に対しては、もはや財政配分は中央の政治

的切り札とはなり得なくなった。

　代わって、中央にとっては、省党委書記や省長など地方指導者の任免権の重要性が高まった。中央の政策や方針を地方レベルで有効に実施するためには、省党委書記や省長の資質と政治力が鍵となるが、とりわけ、地方指導者の中で最も権力を持つ省党委書記の選定は中央指導部にとっては重要な問題であった。省党委書記は地方の首長であると同時に、中央レベルでの政策決定にもしばしば参画する政治家であった。省党委書記には、任地の情況や要望など地方情報を的確に中央に伝え、任地においては中央の方針を貫徹し、地方の独走を防ぐために中央との政策的連携を維持する役割が期待されていた。現実には、党の方針が階級闘争路線から近代化路線へ転換した結果、任地における経済実績が地方幹部の昇進に大きく影響する傾向が現れたため、省党委書記は地方幹部と連携して任地の経済発展に尽力した。[24] 経済重視路線・近代化路線への転換により、省党委書記は次第に中央から自律的になっていったという趙宏偉の仮説は、本書で紹介する広東の事例に関しても一定の説得力を持つと考えられる。[25] 経済特区の設立や広東省の自主権拡大のために積極的に中央に働きかけた習仲勲や、1980年代前半に広東省の経済発展を指導した任仲夷は、中央から任命・派遣された広東省党委書記であったが、広東省赴任後は地理的・歴史的条件、中央への反目、広東人の気質を巧みに利用して対外開放を成功させた。また、広東省党委書記を辞任した後、習仲勲も任仲夷も党中央に迎え入れられた。

　次に、歴史的視点から中央と広東との関係をふり返る。共産党政権樹立後、両者はあまり協調的な関係ではなかった。同じ中国人でありながら、あるいは同じ共産党の綱領を掲げながら、広東の風土・言語・文化などは北京のそれらとは大きく異なり、強い地域性を帯びていた。任仲夷省党委書記が深圳視察へ出かけた際、列車の車内放送が広東語であったために全く理解できず、アナウンスをした服務員に標準語を使うように諭したというエピソードがあるが、広東語は域外の人々にとっては外国語同然であった。[26] さらに、華僑を最も多く輩出してきた地域的特性、かつて貿易の中心であり条約港であったという歴史的条件、北京から遠く香港・マカオに近いという地理的条件などにより、党中央指導部は広東に対してある種の疑念を抱かざるを得なかった。[27] また、広東の地

第2章　直接投資導入政策理解のための3要諦

方自主権に対する強い執着は、中央政府にとっては地方主義の兆候と映り、悩みの種となった。このような党中央の思惑は広東の指導者選定にも読み取れた。1976年から1980年まで広東省党委書記を務めた習仲勲や、1980年から1985年までを担当した任仲夷は、ともに鄧小平の対外開放路線には忠実であったものの、広東省とは縁のない中央派遣組であった。[28] 広東人にとってはよそ者であった省党委書記たちが経済特区の設置と繁栄のために奔走し、地域経済発展の基盤を築いたことは、省党委書記による経済実績優先の傾向を裏づけると同時に、中央と地方との連携をうかがわせるものである。

他方、広東の立場からすれば、三線建設といった軍事的色彩の濃い経済政策が沿海よりも内陸を重視したように、同省は計画経済時代に長期にわたって経済的に不利な状況を強いられてきた。北京が閉鎖的経済体制を強化すればするほど、広東の対外貿易港としての役目は縮小し、広東経済は次第に全国の経済水準に遅れをとるようになった。広東の人々は、毛沢東時代の計画経済と排外主義の中で、かつて享受していた物質的・文化的豊かさが次第に失われていったと感じていたのである。

この地域に転機をもたらしたのは、鄧小平の政治的台頭と経済路線への転換であった。対外開放が宣言されて間もなく、中央派遣組の習仲勲省党委書記は、社会主義計画経済の下で蓄積していた広東省の不満を中央に伝え、同省の地方自主権を拡大するように中央指導部に直接働きかけた。その結果、広東省は全国に先駆けて、輸出で獲得した外貨と財政について一定額を中央に上納した後、余剰分は省内に留保できる権限を手にした。さらに、経済活性化と対外開放に必要な柔軟な措置と特殊政策を実施する裁量権も獲得したのである。厳密にいえば、広東省が獲得した地方自主権には一定の限界があり、省党委書記や省長などの重要な人事任免権は依然として中央が掌握していた。しかし、限定的とはいえ、他地域には許されなかった経済的な特権を獲得したことは、広東が鄧小平の提唱した「先富論（先に豊かになれる者や地方から豊かになる）」モデルに向かって大きな1歩を踏み出すことにつながった。また、深圳特区との関連でいえば、特区の重要方針や政策に関する最終的な決定権は依然として中央にあったが、広東省は多くの省幹部を深圳市幹部職に送り込み、特区の運営に

強い影響力を及ぼそうと試みた。[29]

　経済特区の設置により、中央の対外開放派と広東省幹部との間には新たな連携が生まれた。対外開放を拡大したいと願う対外開放派指導部にとっては、その実験場となった深圳特区の成功こそ政策の正しさを証明するものであり、計画経済主導派の主張を抑制する根拠であった。他方、広東省にとっては、経済特区という特権を維持するために中央の支持と承認が不可欠であった。こうした中央対外開放派と広東との関係を取り持ったのが、谷牧国務委員や広東省の省党委書記であった。彼らは経済特区や直接投資導入政策をめぐって、中央対外開放派の考える国益と広東省の省益の調和を図る役割を担っていたといえよう。

第3節　中国の外国企業観

　直接投資導入政策の成否は、経済発展に資する分野にいかに多くの外国企業を誘致し、企業の持つ資本や技術といった資源を適切に利用できるかという点にかかっていた。しかし、中国では長年、外国企業に対する差別や偏見が強く、これを克服しない限りは直接投資の受け入れ・拡大は非常に困難であった。換言すれば、直接投資導入政策を成功に導いた主因のひとつは、中国の外国企業に対する認識の変化にあったといえる。以下では、列強に侵略された歴史的体験やマルクス・レーニン主義に基づいて形成された否定的な外国企業観、近隣の東アジア諸国・地域の経済発展への注目と既存の外国企業観の見直し、多国籍企業の誘致奨励へと段階的に移り変わっていった様子について概観する。

1　資本主義および外国企業の否定

　中国が直接投資導入政策を始めるにあたって克服すべき重要な課題のひとつは、外国企業や資本家に対する敵対的な見解を改めることであった。対外開放後の数年間、直接投資導入政策の発展を阻む最大の障害は、社会主義イデオロギーと「外国の支配」に対する恐怖であり、両者を結びつけて外国企業や資本家を否定的にとらえる観念は広く共有されていた。そうした現象が起こった理

第 2 章　直接投資導入政策理解のための 3 要諦

由の一つは、中国近代史が帝国主義列強の侵略で始まったことや、洋務運動の頃から共産党による接収時まで官僚資本が中国経済を掌握していたことにあった。アヘン戦争に敗北し、不平等条約によって巨額の賠償を課せられた中国は、関税自主権を失い、外国資本による中国財政の支配を許し、外国銀行による金融の支配を受け入れざるを得なかった[30]。また、列強の要求に屈して開放した主要港湾都市には、外国人居住区が幾つも出現した。そこは、中国でありながら中国人の自由な出入りを禁じた排他的な地域（租界）であり、主権侵害の象徴となった。その中でも最大規模であった上海租界では、外国の汽船会社が中国の水運を支配し、外国人が電力・紡績・造船・食品関連の大規模な工場を所有していた[31]。当時の中国で最も進歩的で経済的な繁栄を謳歌していた上海の基幹産業は外国人の支配下にあり、列強とともにやって来た外国企業は帝国主義支配の一端を担う存在であった。

　一方、旧中国において外国資本以上の勢力を誇っていたのは四大家族（宋子文・蔣介石・孔祥熙・陳立夫）に代表される官僚資本であった。一説によると、四大家族だけで電気の78％、石炭の80％、石油・有色金属の100％、鋼鉄の98％、機械の72％、セメントの67％、苛性ソーダの65％、硫酸の80％、塩酸の45％、化学肥料の67％、紡錘の60％、製紙の50％、製糖の90％、漂白粉の41％（以上、全国の生産高に占める割合）、全国の鉄道・道路・航路・汽船総トンの44％を独占し、全国の銀行総数の 3 分の 2 を保有していたという[32]。この著しい富の偏在を、旧中国最大の都市であった上海の社会の底辺から見据えていたのが青年時代の陳雲であった。後に共産党政権で計画経済の専門家として頭角を現した陳雲は、改革開放時代に入っても資本家や資本主義を厳しく糾弾する姿勢を生涯崩さなかった。

　外国企業や資本家に対する否定的見方を助長したいまひとつの理由は、共産党政権の誕生と文化大革命の影響が考えられる。帝国主義や資本主義を敵視するマルクス・レーニン主義や毛沢東思想の影響に加えて、朝鮮戦争での直接軍事衝突や米国主導の経済制裁といった国際関係の下、中国は反米帝国主義の立場を明確にし、資本主義を批判し続けた。資本主義陣営から経済的に孤立したことにより、中国と外国企業との亀裂は一層深まった。また、文化大革命期に

は極端な排外主義が横行し、外国との関与が少しでも疑われると糾弾の的となったため、外国との関わりをできるだけ避けることが人々の社会的生存に欠かせない条件となった。さらに、共産党政権は、共産主義社会を実現するためであると称してかつての民族資本家の資産を接収したり、文革期には激しい弾圧を加えたりした。こうした特殊な社会環境に長く身を置いてきたため、地方政府はじめ末端の組織や権力を持たない多くの人々は、排外主義や資本主義批判に追従することで政治的な安全を確保してきた。改革開放が始まっても、人々の認識や行動パターンを一朝一夕に変えることは不可能であった。そのため、直接投資の現場においては、外国企業を誘致しても企業経営上の問題解決には支援を行わない、あるいは外国企業の経営活動を妨害する行為を野放しにするといった現象が頻繁に起こった。

　このように、対外開放前夜の中国では、一般に、帝国主義列強の進出、租界、米国を中心とする資本主義諸国、外国企業、資本家を密接に関連づけてとらえる傾向が強かった。中国共産党は長らく直接投資を資本主義的な経済手段とみなし、資本主義諸国に本社を置く外国企業は本国政府の利益を代表する存在であるとみなしてきた。そのため、直接投資導入や経済特区の設置は、資本主義的要素を蔓延させたり、中国の主権を脅かすのではないかという議論を呼び起こしたのである。

2　外資導入の正当化と外国企業観の見直し

　中国が外国資本の利用を提唱し始めた1970年代後半には、外国投資といえば政府間借款や国際機関の融資、商業銀行の融資などを想定しており、中央レベルでさえ直接投資が何たるかを理解していない幹部が多かった。一方で、近隣の東アジア諸国・地域における経済発展の経験は中国でも注目を集めた。当時、これら諸国・地域の経済発展は新興工業国（NICs、後に新興工業経済地域（NIEs）へ呼称変更）と呼ばれて世界的に注視されており、中国共産党幹部や知識人も挙ってこれを研究し、場合によっては視察にも出かけた。その結果、中国が国内の権力闘争に埋没していた間に経済的に大きな後れをとったこと、また、いずれ消滅すると考えてきた資本主義が力強い経済繁栄を謳歌していることを知

った。計画経済主導派・対外開放派を問わず、共産党指導部は、中国の経済的後進性を自覚し、発展途上国であることを認めざるを得なかった。そのような時に、とりわけ中央対外開放派の関心を引いたのは、資本も技術も乏しかったシンガポールが大量の直接投資を導入し、外国企業の資源を活用して高い経済成長を達成したことであった。東アジアの経済発展が揃って外国資本の利用を経験していたことは、中央対外開放派に外資導入政策の正しさを確信させたといえよう。

　周辺諸国の経験に学んだ対外開放派は、中国でも外国資本と技術を導入して近代化を達成しようと考えた。彼らは、「中国の科学技術は比較的遅れており、生産レベルは低く、そのため経済基盤が薄弱で人々の生活水準の向上も緩慢としている。改善には技術の導入が必要だが、それには資金の問題がある。中国の経済はあまり発達しておらず、輸出の水準も低い。自国の外貨収入では、大規模な外国先進技術と設備を導入したいという需要を満たせない。この矛盾を解決するため、レーニンのいうごとく、資産階級の資産を利用するべきである」と主張した。[33] 外国資本の導入に対してはイデオロギー的に問題があるとされていたが、先進技術はイデオロギー的に中立であると考えられたため、外国技術の導入は外資導入の際の大義名分となった。もっとも、華国鋒の十カ年計画の失敗と中国の財政的制約を考慮して、技術導入に関しては、「必ずしも最新式・最先端を求める必要はなく、中国の国情に適した中間技術を導入した方がよい。中間技術なら安くて容易に習得できるし、人材の訓練もやりやすい。既存の技術的基盤を無駄にせず、建設資金の節約にもなる」と考える人も少なくなかった。[34]

　また、対外開放派は、国内の資本不足を補うために外資を導入することは自力更生能力を高めると主張した。彼らは、レーニンや毛沢東の言動を利用して、外資導入が既存のイデオロギーとは矛盾しないと繰り返し強調した。かつては外国資本を否定・排斥するために用いた毛沢東やレーニンの権威を、いまや外国資本を肯定するために用いたことは、理論上は大きな矛盾を抱えていたが、当時の中国において外資導入を実現させるために必要不可欠の措置であったことは間違いなかろう。

さらに、中央対外開放派は、外国資本の中でも非常に資本主義的な手段であると考えられていた直接投資の導入を選択した。これを選択した最大の根拠は、自由主義経済の学説、西側先進国への視察、一部の東アジア諸国における高度経済成長の経験が示唆したように、その経済効果にあった。直接投資を導入すれば、返済の義務を負うことなく国内建設資金の不足を補い、生産能力を拡大し、先進技術を導入し、産業を高度化し、先進的な管理経験を吸収し、企業の経営構造の転換を促進し、輸出による外貨獲得を拡大し、就業機会を創出し、新しい人材管理方法を導入することができた[35]。こうした経済効果は、計画経済主導派・対外開放派を問わず、当時の中国が真剣に望んでいたものであった。対外開放派が直接投資を選択した第2の理由は、一部の東アジア諸国の経済発展と中南米諸国の累積債務危機への転落という新興工業国・地域の経験の比較にあった。シンガポールの経済発展が直接投資の利点を代表していたことは先に述べたが、中南米諸国の経験は、逆の意味で中国に教訓を与えたといえる。2つの地域の比較は、外国借款や商業融資といった返済義務をともなう外国資本よりも、借金を抱える必要のない直接投資の利点を際立たせた。また、中南米諸国の累積債務問題は、「外資利用の規模は、輸出レベルと外貨収入という制約を受けるため、外債の借入は中国の将来の輸出レベルによって決まる。国際収支が長期にわたり不均衡に陥ることは避けねばならないし、新たな債務で旧い債務を返す悪循環に陥ってはならない」という教訓を中国に与え、輸出による外貨獲得の重要性を示唆した[36]。大量の円借款を導入していたことや、華国鋒時代のプラント購入が外貨不足によって行き詰まった経験を持つ中国は、外貨問題に極めて敏感であり、外貨獲得手段としての輸出振興に強い関心を持つことになった。

　しかし、直接投資導入の経済合理性を認めることと、政治的にこれを受け入れることとは別の問題であった。国内には計画経済を信奉する計画経済主導派が依然として強い政治的影響力を持っており、資本主義的と考えられる事象を探し出しては批判を繰り返していた。また、広東省や深圳経済特区で多発した経済犯罪を資本主義的要素の流入や対外開放の急速な展開と関連づける意見も多かった。対外開放開始期においては、このように対外開放派と計画経済主導

派の外国企業観がせめぎあっていたのである。

3　多国籍企業誘致の時代へ

　中国の外国企業観が飛躍的に変化を遂げたのは、1980年代半ばのことであった。それは、対外開放地域が段階的に拡大し、経済技術開発区が設置され、深圳経済特区が外向型経済へと転換を図った時期とほぼ一致していた。資本主義や国際政治経済に対する見解を根本的に改める理論的根拠を提供したのは、鄧小平の外交問題顧問、宦郷の「1つの統一市場」論であった。宦郷は、「帝国主義は滅亡し、社会主義は全面的に勝利しようとしている」という毛沢東時代のスローガンは、いまでは現実とかけ離れたものになったと指摘した。彼は、滅亡するはずであった資本主義は予想以上に力強い生命力と自己調節機能を備えていたため、50年あるいはそれ以上の長期にわたって、資本主義と社会主義は共存するであろうと予測した。宦郷によれば、資本主義であれ社会主義であれ、すべての国家は「資本主義が優勢な1つの統一市場」の一部であり、中国もこの統一市場から離脱することはできないのであった。それゆえ、中国は、資本主義に対する認識を新たにし、孤立よりも国際市場への積極的な関与を通じて資本主義から有益な点を学ぶべきであると、宦郷は論じた。彼は、生産と資本の国際化が引き起こした国際分業を1980年代の経済的潮流であると位置づけ、第三世界が挙ってこの潮流に乗ろうとしている時に中国が乗り遅れてはならない、国際分業への参加こそ対外開放を成功させる鍵であると主張した。[37]また、宦郷が「民族産業の後進性を保護すれば、民族産業の発展を遅らせることになる」「対外経済技術交流が民族工業の発展を促進する」と断言したように、国際市場での激しい競争に身を投じることによって中国の国際競争力を強化するという考え方も対外開放派の間で急速に浸透していった。[38]

　宦郷の提示した「1つの統一市場」論に続き、1980年代半ばには、中国の経済学術誌に多国籍企業の役割を見直す論文が続々と公表されるようになった。これらの議論を整理して、当時の中国における新たな多国籍企業観を組み立てると、次のようになろう。

　現在、資本主義世界の幾つかの生産部門は、少数の大企業が支配する寡占状

態にある。現代の資本主義の特徴は生産と資本の国際化であるが、これらは戦後急速に発達した民間直接投資、とりわけ、多国籍企業のそれによって推し進められてきた。多国籍企業は大規模な海外生産を展開し、1980年代初めまでに資本主義世界の工業生産の40％を支配する存在となった。これらの企業が行った直接投資総額は6500億米ドルに上り、その95％以上が先進国の多国籍企業によるものであった。多国籍企業の輸出総額は、1970年には資本主義世界の輸出総額の半分以上を占めたが、1980年代初めには同80％に増大した。また、世界輸出総額の40％は多国籍企業の企業内貿易によるものであった。技術の面でも、多国籍企業は突出しており、世界の新技術に関する特許の80％を所有していた。中でも米国は最大の技術輸出国で、国際的な技術輸出の60％以上を占めた。金融の分野でも多国籍企業銀行は圧倒的な存在感を示しており、一説によると、米国の多国籍企業だけで8307億米ドル以上の国際資産（1983年末）を保有していた。このように巨大な資源を独占する多国籍企業に対し、対外開放派は、「社会主義国家の巨大な市場は、多国籍企業にとって非常に魅力的である。多国籍企業と社会主義国との経済貿易関係が発展するにつれ、当然、政治的関係も一層強化されるに違いない」と述べ、多国籍企業との積極的な関係構築を奨励した。かつては、帝国主義による経済的支配を厳しく糾弾した中国であったが、1980年代半ばには、近代化達成のために多国籍企業との経済関係構築を望むようになっていたのである。

　多国籍企業観が変化すると、外国企業の投資動向に関する分析や、企業がどのような投資環境を求めているのかについての関心が高まった。例えば、経済誌『世界経済情況』1986年第7期は国連多国籍企業センターによる報告（1983年）の要旨を掲載し、企業の投資動向を紹介した。また、『国際貿易』1987年第2期が掲載した林康論文は、多国籍企業が海外の投資環境を判断する基準について分析した。林康によると、投資環境の判断基準となるのは、物理的な環境（自然地理条件・インフラ）、投資受入国側の能力（生産能力、生産技術の運用能力、投資能力、新製品を開発する能力）、その他の条件（対外開放の進捗状況、政治社会の安定度、政策の継続性・一貫性、健全な法制度など）であった。外国企業はこれらの条件を総合的に判断して投資を決断するが、中国の投資環境は依然として

第 2 章　直接投資導入政策理解のための 3 要諦

外国企業の望む水準には達していなかった。林康によると、中国は上記の条件を十分に満たしていないだけではなく、一部では、地域の短期的な利益だけを考えて、外資系企業に対して甚だしい「乱収費（いろいろと名目をつけて徴収される費用）」を課す行為に及んでおり、「飛んでいる雁の羽まで抜こうと」していた。林康が指摘した問題点は、正に中央対外開放派が改善の必要性を認識していたところであり、こうした問題の解決に向けた第 1 歩として制定されたのが1986年10月の外商投資奨励規定であったといえよう。

1) 天児慧・石原享一・朱建栄・辻康吾・菱田雅晴・村田雄二郎編『岩波現代中国事典』、岩波書店、1999年、1061頁、中居良文の執筆による「万里」の項を参照。
2) 例えば、『万里文選』、人民出版社、1995年には、「一定要把特区辦好」（1985年 1 月28日）、「共産党員要帯頭反対官僚主義」（1986年 6 月28日）などが収められている。
3) 趙紫陽の半生について、ここでは史單編著『趙紫陽之死與明日中國』、文化藝術出版社、2005年を参照した。
4) 前掲、『岩波現代中国事典』、382-383頁、佐々木智弘の執筆による「胡耀邦」の項を参照。
5) 満妹『思念依然無尽──回顧父親胡耀邦』、北京出版社、2005年、390-396頁によれば、胡耀邦が中央書記処の例会や討論会で経済特区の設置や外資導入を支持する発言を繰り返していたことがわかる。
6) 前掲、『岩波現代中国事典』、339頁、沢田ゆかりの執筆による「谷牧」の項、および『歴届中共中央委員人名詞典1921-1987』、中共党史出版社、1992年、178頁を参照。
7) 国務院は日本の内閣に相当する機関であり、国務院の部長や委員会主任は日本の大臣に相当すると考えてよい。
8) 括弧内は前掲、『岩波現代中国事典』、342頁、趙宏偉の執筆による「国務委員」の項から引用。
9) A. ドーク・バーネット著、伊豆見元・田中明彦訳『現代中国の外交──政策決定の構造とプロセス』、教育社、1986年、巻末資料 5 。劉烈主編『中華人民共和国国家機構』、哈爾濱出版社、1988年、82頁。および前掲、『岩波現代中国事典』、342頁、趙宏偉の執筆による「国務委員」の項を参照。国務院内の序列において、上層部とは、総理、副総理、国務委員、各部部長、および各委員会主任を指し、任期はそれぞれ 5 年である。憲法第87条により、国務院総理・副総理・国務委員は連続で 2 期10年を超えないこととされていたが、各部・委員会の主任や部長はその限りではなかった。なお、国務委員は、1982年の国務院機構改革によって副総理の数を削減した際に新設されたポストである。バーネットによると、1982年11月の時点では副総理 2 名、国務委員10名であり、1986年 5 月には副総理 5 名、国務委員11名であった。
10) バーネット、前掲書、24-25および57-75頁。毛里和子『現代中国政治』、名古屋大学出

版会、1993年、139-141頁。前掲、『歴届中共中央委員人名詞典』、50-52および214-216頁。唐亮『現代中国の党政関係』、慶應義塾大学出版会、1997年を参照。党内では、総書記、中央政治局常務委員会委員、中央政治局員、中央書記処書記だけが政策決定に直接関わることができた。中でも、最も重要な事項の決定は政治局常務委員会で行われたため、党中央指導部とは狭義には中央政治局常務委員以上を指す。時代によって多少異なるが、中央政治局以上の党員20名余り、政治局常務委員は6、7名の集団であったから、正しく一握りの指導者だけが主要政策の決定に関わっていたといえる。改革派中央指導部の筆頭格で直接投資導入政策を強く支持していた鄧小平は、1982年、党副主席の廃止にともなって中央政治局常務委員に就任し、同政策に批判的であった陳雲は1978年から政治局常務委員に選出されていた。鄧小平や陳雲と同時期に政治局常務委員を務めた人物の中には、陳雲の政治的立場に近い李先念、若手改革派の趙紫陽と胡耀邦、党主席から降格した華国鋒、広東出身の葉剣英元帥らがいた。また、中央書記処とは、文革後、1980年に復活した組織である。1982年11月の時点では中央書記処には総書記の胡耀邦を除いて9名の書記がおり、1986年5月には10名の書記がいた（バーネット、前掲書、巻末資料4によると、1982年の中央書記処書記は万里、習仲勲、鄧力群、楊勇、余秋里、谷牧、陳丕顕、胡啓立、姚依林であり、1986年の中央書記処書記は胡啓立、万里、余秋里、喬石、田紀雲、李鵬、陳丕顕、鄧力群、郝建秀、王兆国であった）。なお、第13回党大会（1987年）以降、中央書記処は中央政治局および同常務委員会の事務機構となり、実質的な政策決定の権限は中央政治局と政治局常務委員会に移行した。

11）劉烈主編、前掲書、125-126頁。
12）バーネット、前掲書、136-138頁。
13）例えば、陳雲「加強和改進経済計画工作」（1982年1月25日）『陳雲文選』第3巻、人民出版社、1995年（第2版）、309-311頁。
14）前掲、『岩波現代中国事典』、1272頁。
15）同上書、1233頁。バーネット、前掲書、65頁。
16）バーネット、前掲書、51-53頁。
17）劉烈主編、前掲書、89-91頁。
18）太田勝洪・小島晋治・高橋満・毛里和子編『中国共産党最新資料集』、勁草書房、1986年、403-404頁。
19）同上書、288-298頁参照。
20）毛里和子、前掲書、144-152頁。
21）毛里和子、前掲書、144-152頁を参照。1970年代末から1980年代半ばの時期に開催された中央工作会議の主要議題とは、1977年3月には四人組問題と経済に関する報告、1978年11月から12月にかけては文革中に失脚した幹部の名誉回復問題、「二つのすべて」批判、経済建設への移行、1979年4月には経済調整、1980年12月には経済調整と華国鋒の罷免となっており、主として政治問題・階級闘争から経済建設路線への転換が中心的議題であった。それ以後、中央工作会議は経済整頓や価格改革問題が主要議題となった1988年9月まで開催されていない。

22) Kenneth Lieberthal, *Governing China: From Revolution Through Reform*. New York, London: W. W. Norton & Company, Inc. New York, London, 1995, pp.169-170.
23) 天児慧「中央と地方の政治動態」、天児慧編『現代中国の構造変動 4 政治——中央と地方の構図』、東京大学出版会、2000年、序章、5頁参照。
24) 安徽省の万里や四川省の趙紫陽は、任地での経済実績を認められ、中央政治界への躍進を果たした。
25) 趙宏偉「省党委員会書記の権力」、天児慧編、前掲書、135-142頁参照。
26) 王廉著『任仲夷評伝』、広東人民出版社、1998年、197-198頁。
27) Peter T.Y. Cheung, "Changing Relations between the Central Government and Guangdong." in Y.M. Yeung and David K.Y.Chu (eds.), *Guangdong: Survey of a Province Undergoing Rapid Change*. Second Edition, Hong Kong: The Chinese University Press of Hong Kong, 1998, pp.24-29.
28) Ibid., p.27.
29) 広東省深圳市にも行政機関に相当する深圳市革命委員会（後、1981年10月に深圳市経済特区人民政府、1982年1月に深圳市人民政府と改称）と党組織に相当する中共深圳市委員会（後、1981年10月に中共深圳市経済特区委員会、1982年1月に中共深圳市委員会に改称）が設置された。1979年11月、広東省が深圳市を省直轄市に指定したことにより、中共深圳市委は広東省の直接指導下に入った。深圳市委の党書記には張勲甫（1979年1月～1980年6月）、呉南生（1980年6月～1981年2月）、梁湘（1981年2月～1986年5月）、李灝（1986年5月～1990年12月）が就任した。また、深圳市革命委員会主任には賈華（1979年4月～1980年6月）、呉南生（1980年6月～1981年10月）が就任し、同委員会の消滅と同時に発足した深圳市経済特区人民政府市長には梁湘（1981年10月～1985年8月）、李灝（1985年8月～1990年4月）が就任した。これら深圳指導者の多くは広東省地方幹部であった。また、1984年10月には深圳市規律検査委員会が創設され、広東省委員会が任命権を掌握した（深圳市史志辦公室編『中国経済特区的建立与発展（深圳巻）』、中共党史出版社、1997年、610-627頁）。
30) 董輔礽主編『中華人民共和国経済史』（上巻）、経済科学出版社、1999年、5-6頁。
31) 費成康『中国租界史』、上海社会科学院出版社、1991年、270頁。
32) 董輔礽主編、前掲書、9-10頁。
33) 例えば、張徳宝「積極利用外資 発展対外貿易」、『国際貿易問題』1982年第2期、6-8頁。
34) 同上。
35) 李嵐清主編『中国利用外資基礎知識』、中共中央党校出版社・中国対外経済貿易部出版社、1995年、55頁。
36) 張徳宝、前掲論文。
37) 1984年6月7日、宦郷が武漢で行った「従国際的政治経済形勢看武漢的発展前途」と題する学術報告。この報告の一部は「宦郷論国際外交格局戦略格局」、『世界経済導報』1984年7月9日に掲載された（『世界経済導報』に掲載された記事の邦訳は、宦郷「国際

戦略・外交構造論」、小林弘二編『中国の世界認識と開発戦略関係資料集』、アジア経済研究所、1989年、82-87頁)。また、宦郷・戴倫彰「堅定不移地実行対外開放政策——学習《鄧小平文選》体会」、中国国際経済関係学会編『南北経済関係和我国対外経済戦略論文集』、中国展望社、1985年、5‐7頁(邦訳は、宦郷「断固として揺るぎなく対外開放政策を実行しよう——『鄧小平文選』学習の体得」、小林弘二編、前掲書、261-275頁に所収)。

38) 例えば、宦郷・戴倫彰、前掲論文、8‐9頁。
39) 連平「国際生産壟断初探」、『世界経済研究』1985年第6期、59-60頁。
40) 鄭寅「生産国際化和跨国公司」、『世界経済研究』1987年第5期、1‐2頁(邦訳は、鄭寅「生産の国際化と多国籍企業」、小林弘二編、前掲書、176-189頁に所収)。
41) 鄭寅、前掲「生産国際化和跨国公司」、5‐6頁。
42) 鄭寅「生産国際化和跨国公司」、『世界経済情況』1987年第16期、7頁。
43) 李嵐清主編、前掲書、74頁。
44) 「跨国公司与発展中国家経済」(陳建梁が国連多国籍企業センター1983年報告『世界発展中的跨国公司』から抄訳したもの;『世界経済情況』1986年第7期、21-27頁)。この報告は、①製造業が盛んで工業成長している国には直接投資が集中している、②シンガポールの場合、多国籍企業が現地生産した製品の90%以上が輸出された、③韓国やシンガポールでは、直接投資が輸出産業に向かうように政府が政策指導している、④多国籍企業が直接投資をする動機は、輸入代替工業の場合は受入国の国内市場が目当てであり、輸出志向工業の場合は第三国市場か母国市場向けに安く生産することが目的である、といった投資動向を指摘した。
45) 林康「利用跨国公司資源 加速対外開放進程」、『国際貿易』1987年第2期、17-19頁。

第3章　対外開放の開始
――直接投資導入政策開始の政治過程

　1970年代末期、中国の外国企業・資本家・資本主義に対する認識は極めて否定的であり、排外的な風潮が根強く残っていた。そのような時代に、対外開放路線への転換、とりわけ社会主義とはイデオロギー的に矛盾する外国直接投資の導入を実現し得たことは驚嘆に値する出来事であった。同時に、この時期にこそ毛沢東時代の中国と経済発展著しい今日の中国との接点を見出すことができる。直接投資の導入とは、国内における外国資本家の経済活動を容認することに他ならない。これは、中国にとって、共産主義社会設立の理念に反し、過去の政治的見解および階級闘争の歴史を覆す重要な決断であった。その意味で、中外合資経営企業法（以下、合弁法）や経済特区の設立といった外国直接投資導入政策の始まりは、中国経済史上、最も大きな転換点のひとつであった。なぜ中国は外国直接投資の導入を選択したのであろうか。いかにして毛沢東時代の排外主義や反資本主義と訣別し、どのような過程を経て直接投資導入政策が実現可能となったのか。本章は、中国政府が直接投資導入政策および経済特区の設立に着手した1970年代末から1980年代初めの時期に焦点を当て、閉鎖的な経済体制から対外開放的な経済体制へと転換することができた政治的・経済的理由について検討する。

　第1節では、1970年代後半の経済状況に着目し、対外開放が始まるに至った経緯をふり返る。華国鋒政権の国民経済発展十カ年計画（以下、十カ年計画）は、建国以来最も深刻な財政危機を引き起こしたばかりではなく、華国鋒の経済運営に反対する中央の計画経済支持者と政治舞台への復活を果たしたばかりの鄧小平とを結びつけた。これにより、鄧小平は華国鋒との権力闘争において優位に立つことになった。また、十カ年計画の失敗は、急進主義・大衆動員・重工業傾斜型に代表される毛沢東時代の経済路線に対する根本的な見直し

を迫ることになった。

　では、なぜ中国政府は新たな経済発展モデルとして対外開放に注目し、直接投資の導入を選択したのであろうか。中国共産党は、政権樹立後およそ30年間にわたって、外国資本と民族資本とを問わず資本主義経済を徹底的に否定してきた。そのような経緯にもかかわらず、対外開放を代表する直接投資導入や輸出振興は従来の政策とは全く異質の自由主義経済の発想に根ざすものであった。こうした新規な発想はどのように中国国内に吸収されていったのか。第2節では、対外開放への転換期において、新たな経済発展モデルをめぐる主要な議論を紹介し、資本主義的な経済政策を正当化するためのイデオロギー的調整について論じる。

　第3節では、直接投資導入の決定とその制度化の過程について、中央政府と広東省を中心に論じる。国内では依然として外国企業や資本主義に対して根強い不信感が存在していたにもかかわらず、中央では合弁法が、また広東省では経済特区の設立を認める広東省経済特区条例と蛇口規定が成立した。広東省経済特区条例は広東省内の3経済特区（深圳、珠海、汕頭）の設置を保障し、その運営方針を規定する条例で、全国人民代表大会が承認したものであった。他方、蛇口規定とは、交通部管轄の招商局が経済特区の設置に先駆けて制定し、深圳市の一角に開発した蛇口工業区にのみ適用された規定であった。同節では、これらの法令・規定が成立した過程について、中央・地方関係を基軸に党指導部と国務院経済官僚の役割を考慮しながら論じる。また、各制度の内容を比較検討することによって、それぞれの制度制定の意義について検討する。

　第4節では、これらの政策の効果について数値的に評価する。第5節では、本章の議論を整理し、閉鎖的な社会主義計画経済体制の中から対外開放への気運が生まれて直接投資の導入が可能となった主要因を特定する。

第1節　国民経済発展十カ年計画の挫折と財政危機

　1976年、毛沢東の死と四人組の逮捕により、10年に及ぶ文化大革命（文革）

が終結した。中央指導部から民衆まで中国全土を巻き込んだ文革は、同国の経済を著しく混乱させた。文革は農業、工業、流通といった経済面の他、教育や文化の面でも既存の社会秩序の崩壊をもたらした。また、政府の指揮・管理系統にも大きな打撃を与えたため、文革による被害の実態を把握することは極めて困難である。推定被害の一例を挙げると、人的被害については一般に死者1000万人、被害者1億人といわれている。[1] 経済的被害については測る術もないが、一説によると、経済が正常に機能し成長した場合と比べて、文革期に失った国民収入の損失額は5000億元に上ったという。[2]

中国は農村部に8億の人口を抱えていたにもかかわらず、文革期には三線建設に代表されるごとく重工業に投資を傾斜させたため、1970年以降は重工業部門の生産額が農業部門および軽工業部門のそれを上回る現象が続いていた。[3] 経済統計で文革期をみる限り、年により多少のばらつきはあるが、工農業総生産額は絶対値では増加し続けていた。しかし、文革期の各経済指標（各産業部門および国民収入）の平均成長率は1953年から1966年までのそれらを下回っており、また、人口増加率が経済成長率を上回っていたことから、国民の生活レベルは大幅に低下していたといえる。[4]

さらに、国際的な視点からみると、文革は中国の経済発展の好機を奪った。中国が文革に没頭していた10年間は、後にアジアの4小龍と称された韓国・シンガポール・台湾・香港の各地域が飛躍的に発展を遂げた時期とほぼ重なっていた。これらの地域は、主に軽工業や電子部品産業の輸出振興政策と外国資本導入によって経済発展に成功した。この時期には、高度成長を遂げた日本や米国が提供する広大な自由市場、多国籍企業の台頭といった世界経済の成長を推進する力強い牽引力が存在していた。一方、閉鎖的な計画経済に依拠し、政治権力闘争に没頭していた中国共産党政権は、周辺の経済発展からも取り残された。毛沢東没後、共産党政権を率いた華国鋒は、国内外におけるこうした厳しい環境の中で経済立て直しと政権の安定を図らねばならなかったが、彼が選択したのは毛沢東路線の継承であり、急進的な経済成長であった。

1　華国鋒政権の経済失策

　華国鋒は自らの政治的正統性を毛沢東が下したという「二つのすべて(毛主席の決定したことはすべて変えてはならない、毛主席の下した指示はすべて変わらず守らなければならない)」に全面的に依存していたが、経済面でも毛沢東時代の継承から脱却することはできなかった。例えば、「工業は大慶に学べ」「農業は大寨に学べ」という毛時代のスローガンは、華国鋒時代にもそのまま生きていた[5]。大慶(黒竜江省)も大寨(山西省)もともに刻苦奮闘の末に自給自足を実現し、自力更生の精神を達成したことで毛沢東時代に賞賛された経済発展のモデル地域である。これらのスローガンは文革期にも賞賛され、精神論や階級闘争による経済建設路線の拠り所となっていた。華国鋒は基本的にこれらの方針を継承していたが、他方で、経済停滞を打破し、高度成長を遂げるために急進的な経済計画を打ち出した。

　華国鋒政権の経済目標と経済運営は、1978年3月、第5期全国人民代表大会第1回会議に提出された十カ年計画綱要に集約されていた。この計画は1977年11月の全国計画会議に提出され、その目標は、①第5次五カ年計画(1976～1980年)の残り3年間(1978～1980年)の間に工業体系と国民経済体系を完成させ、②第6次五カ年計画(1981～1985年)では大規模な生産建設によって経済発展の後進性を克服し、③20世紀末までに近代化を実現して最も発展した先進工業国の生産水準を目指す、という壮大なものであった[6]。「英国に追いつき、米国を追い越せ」というスローガンの下、十カ年計画は、1985年までに食糧生産を4億トンに、また、粗鋼生産を6000万トンに引き上げるという数値目標を掲げた。1976年当時の穀物生産が2億9000万トンに満たなかったことや、鋼鉄生産が最終目標の約3分の1にすぎない2046万トンであったことを考えれば、十カ年計画の目標が相当に野心的なものであったことは明らかである[7]。

　しかし、華国鋒は、これらの過大な数値目標を達成するために急速な機械化と工業化を図ろうとした。十カ年計画の骨子によれば、農業分野では1980年までに農業機械化率70％、また、工業分野では輸入プラントを利用した大量生産を目指した。これにともない、鉄鋼や石油生産など120項目の大型プロジェクトが策定され、1978年から1985年の間に西側諸国から65億ドルのプラント輸入

が決定された。

　大規模な経済計画にともない、基本建設投資も年々増加した。1976年には約376億元であった全国国有単位の基本建設投資は、1977年には約382億元で前年比1.6％の微増であったが、1978年には約501億元（前年比31％増）へと膨れ上がった。また、国家計画プロジェクトに関する基本建設投資は、1977年の約301億元から1978年には約452億元へ50％以上も急増し、財政支出総額に占める基本建設投資の割合も40％を超えた。

　こうした大量のプラント輸入、農業機械化、基本建設投資の増大は、中央政府の財政に大きな負担を強いることになった。とりわけ外国からのプラント輸入が増えれば支払い外貨の調達が重要な問題となった。当時の中国の外貨政策は「量入為出、収支平衡、略有節余（収入に応じて支出を定め、収支を均衡させ、幾分残す）」という方針に基づいており、外貨獲得そのものが重要だとは考えられていなかった。計画経済体制下では、国内で生産できないものに限り輸入が認められていたが、その規模は非常に小さく抑えられていた。他方、輸出の役割とは輸入代金を賄うだけの外貨を獲得することであり、収支の均衡が最重視されていたために、外貨準備に大きな余剰が生じることはなかったのである。

　こうした財政事情にもかかわらず、華国鋒政権がプラントの大量購入に踏み切ったのは、中国のエネルギー資源、中でも石油と石炭の輸出による外貨収入で輸入プラント代金を賄おうという目論見があったからである。1973年に石油輸出国機構（OPEC）が引き起こした石油危機によって、世界における石油需要の大きさは証明済みであった。一方、1970年代半ばにおける中国の潜在的な石油埋蔵量・生産量の見通しは非常に楽観的であった。香港誌『七〇年代』によると、1975年当時、中国の石油埋蔵量は数十億トンから数百億トンの規模と予測されており、石油生産は年率20％以上の伸びで増産可能といわれていた。これは、1974年の石油生産量6530万トンを基準にすると、1977年には1億トン以上、1981年には2億トン以上、1985年には4億5000万トンを超える生産が予測されていたことになる。こうした楽観的見通しを裏づけるかのように、1975年には中国は8100万トンの石油を生産し、そのうちの1200万トンを輸出して10億ドルの外貨収入を得たという。華国鋒政権が思い描いた構図とは、先進資本

主義国の膨大な石油需要に対し、中国が無限に石油輸出を続けて外貨を獲得し、それを以て大量のプラント購入を実現するというものであった。

しかし、十カ年計画の目標達成について国内外で悲観的な見解も少なくなかった。前出の香港誌『七〇年代』は、外貨調達など資金面の問題、工業設備の貧しさ、技術面の人材不足を深刻な問題として指摘しており、計画の実現可能性について疑問を投げかけていた[13]。国内でも、陳雲ら安定成長と計画経済を重視する幹部はこの計画に対して当初から否定的な見解を示していた。

間もなく、十カ年計画の破綻が明らかとなり、悲観論者が正しかったことが判明した。破綻の原因は、第1に、1970年代に乱開発された油田は、その後、期待されたほどの生産量には達せず、新たな油田の探索も進まなかったことであった[14]。原油生産は1978年までは急増したが、1979年には前年比で2％増加したにすぎず、1980年からは2年連続でマイナス成長であった[15]。結局、1981年の原油生産量は、香港観測筋が予測した量の約半分に相当する1億トン余りにとどまり（表3-1参照）、1985年に至っても1億2490万トンの水準にしか達しなかった。第2は、石油収入の伸び悩みと輸入プラントの支払い増加、さらに基本建設投資の増大によって中央政府の財政が逼迫したことであった。建国以来、中央財政は均衡財政主義を堅持してきたため、財政均衡が大きく崩れたことはなかった。しかし、十カ年計画の財政負担により、1977年には30億元以上あった財政黒字が1978年には10億元余りに減少し、プラント輸入代金の支払いが集中した1979年には170億元以上の赤字を記録した[16]。十カ年計画の後遺症は大きく、計画見直し後の1980年でさえ127億元以上の赤字を計上していた。十カ年計画は建国以来最大の財政危機をもたらしたのである。

こうした深刻な財政危機により、計画の柱であった大規模なプラント輸入は実現不可能となった。輸入プラントの契約額は1978年単年度で63億6000万ドルに達していたが、これは十カ年計画全体のプラント購入予算65億ドルに匹敵する額であった。また、1978年2月に成立した日中長期貿易取り決めに基づき、少なからぬ日本の大企業がこれらのプラント契約に関与していた。この取り決めによると、1978年から1985年までの間に、中国側は石油と石炭を、日本側はプラントや技術を、各々100億ドル分ずつ輸出し合うことになっていた[17]。現実

第3章　対外開放の開始

表3-1　中国の原油生産量の推移

年	原油生産量（万トン）	生産量増減率（％）
1970	3065	—
1971	3941	28.6
1972	4567	15.9
1973	5361	17.4
1974	6485	21.0
1975	7706	18.8
1976	8716	13.1
1977	9364	7.4
1978	10405	11.1
1979	10615	2.0
1980	10595	−0.2
1981	10122	−4.5
1982	10212	0.9
1983	10607	3.9

（出所）国家統計局国民経済綜合統計司編『新中国五十年統計資料匯編』、中国統計出版社、1999年、41頁から作成。増減率は筆者が算出。

にはこの取り決めを基に中国側の各部門が一斉にプラントの購入契約を結び、しかも現金決済であったため、中国の外貨準備では賄い切れなくなったのである。これ以降、プラント購入契約は急激に先細りとなり、1979年には16億3000万ドルに終わった。事態はさらに悪化し、1981年には中国側の一方的なプラント契約破棄によって国家の国際的な信用と面目を潰す状況にまで追い込まれたのである[18]。

第3に、十カ年計画は、農業よりも工業を重視し、工業の中でも重工業偏重型の投資を行ったために産業間の均衡を崩したことであった[19]。工農業総生産額から工農業比率をみると、1976年には農業30.4％に対し工業が69.6％、1977年には農業28.1％で工業71.9％、1978年には農業27.8％で工業72.2％となり、華国鋒時代は明らかに工業重視の傾向がみて取れた。工業偏重型の経済政策は必然的に農業投資を減らし、工業投資を優先するため、8億の農民という中国固有の条件を考慮すれば適切な政策とはいえなかった。また、工業総生産額に占める軽工業と重工業の割合は、1976年には各々44.2％と55.8％、1977年には44％

と56％、1978年には43.1％と56.9％となっており、重工業への傾斜を強める傾向がみられた。このように、華国鋒政権は、農業を犠牲にして工業生産に資源を回し、消費財生産や軽工業よりも重工業建設を優先した毛沢東時代の経済手法と精神論から基本的に脱却することはなかった。また、国家の外貨準備高という制約を軽視して大量のプラント輸入で急速な近代化を図った試みも、早々に失敗に終わったのである。

2　華国鋒政権から鄧小平体制へ

　十カ年計画の破綻は、華国鋒と対立する鄧小平に有利に働いた。第1に、計画の破綻は、経済建設が最重要課題として浮上した時期に明らかになったため、鄧小平ら実務派に華国鋒政権批判を展開する好機を提供した。洋躍進と揶揄された華国鋒の十カ年計画は、1978年春には既に実現可能性が乏しいと判断され、見直しを求める動きが出始めた。文革後の混乱の中で政治的問題に対してはより慎重に対処せざるを得ないが、経済政策の失敗は誰の目にも明らかであり、鄧小平はこの機会を見逃すことなく華国鋒批判の根拠として利用したのである。1978年春以降は、「実践は真理を検証する唯一の基準である」という評論を各紙に掲載して真理基準闘争を展開した。毛沢東の理論や路線も社会的実践の観点から再検討すべきと主張したこの運動の真の目的は、華国鋒の指導者としての正統性を裏づける「二つのすべて」を批判することであった。

　第2に、陳雲ら計画経済の擁護者は、華国鋒の野心的な計画が多大な投資を浪費して財政均衡と産業間の均衡を崩したと強く批判し、華国鋒を政権から降ろすために鄧小平支持に回った。陳雲と鄧小平とはそれぞれ建国以来の党の重鎮であったが、両者の政治的経歴や経済思想は著しく異なっていた。陳雲は政権樹立後、長らく経済政策を担当してきたが、鄧小平は軍と密接な関係を維持しつつ政治活動に深く関わってきた。また、陳雲は厳格な計画経済信奉者であったが、「白猫黒猫論」を唱えた鄧小平は計画に固執せず、成長と生産力を重視した。政治的復活を果たした鄧小平が権力の奪還に向けて華国鋒批判を絶え間なく仕掛けたのに対し、陳雲は華国鋒のみならず、鄧小平に対しても政治的優位に立とうとする動きはみせなかった。陳雲は政治的野心からではなく、

第3章　対外開放の開始

自ら理想とする計画経済運営の在り方からかけ離れた十カ年計画に強い危機感を抱き、鄧小平支持に回ったと考えられよう[20]。社会主義計画経済を擁護するグループの支持を得ると、中央指導部内における鄧小平の優位は決定的となった。

　最後に、鄧小平体制への移行を実現した背景的要因として、当時の中国社会の風潮が鄧小平に好意的であったことを指摘しておかなければならない。文革の終了、毛沢東の死、四人組の逮捕という一連の政治的変動を経て、中国社会では、階級闘争路線から経済建設路線への転換を求める声が高まっていた。一方で、建国以来の度重なる政策の変更と階級闘争に加えて、10年に及ぶ文革の混乱のため、民衆の間には政治に対する不信感が広がっていた。その中で、国民的人気を博していた周恩来の流れを汲む鄧小平には漠然とではあるが幅広い期待が寄せられており、鄧が経済建設を打ち出したことによって彼の人気はさらに高まった。指導部内においても、四人組の逮捕により、文革派は依然として党内に存続しつつもその勢力は格段に弱まったため、周恩来・鄧小平が推進してきた経済建設路線へ転換するには正しく絶好の機会が到来していたといえよう。

　十カ年計画の失敗と真理基準闘争の拡大に加え、中越戦争の責任問題が追及されて、やがて華国鋒は彼自身の権力の正統性を問われる状況に陥った。当時、華国鋒は中国共産党主席・中央軍事委員会主席・国務院総理を兼ねており、名目上は毛沢東よりも大きな権限を持っていた。しかし、華が最高権力者の座を掌中にできたのは不意を衝いて四人組逮捕に成功したためであり、党内の正式な承認手続きを経て選ばれたわけではなかった。これに対して、鄧小平は、文革中に失脚した幹部を復活させ、真理基準論争を掲げて「二つのすべて」を批判し、華国鋒政権の正統性に公然と挑戦状を突きつけたのである。さらに、華国鋒の失脚という共通の目標の下に、陳雲をはじめ文革中の失脚から復活を遂げた党幹部が鄧の政治的攻勢を支援した。

　1978年末の第11期3中全会では、階級闘争から経済建設重視への路線転換が行われた。事実上、改革開放の始まりが告げられたのである。路線転換にともない、政治的には華国鋒ら文革路線を継承する人々の敗北が決定的となった。この後、華国鋒は1980年6月に国務院総理の座を趙紫陽に譲り、1981年6月に

は党主席の座を胡耀邦に、中央軍事委員会主席の座を鄧小平に明け渡した。経済政策に関しては、3中全会で改革開放を掲げたにもかかわらず、実質的には華国鋒政権の財政危機を乗り切るために翌1979年から3年間にわたって経済調整が行われ、国内経済の立て直しは陳雲ら計画経済主導派の手に委ねられた。しかし、対外開放に関しては、陳雲ら保守的な指導部の慎重な姿勢にもかかわらず、本章第3節で詳述するように実験的かつ大胆に始まったのである。

十カ年計画は短命のうちに終わった。しかし、この計画とそれがもたらした財政危機は、毛沢東時代の閉鎖的な計画経済から鄧小平時代の改革開放経済へと転換する重要な分岐点となった。十カ年計画は、中国経済を危機に直面させることで社会主義計画経済からの離脱を促したのである。しかしながら、なぜ中国共産党政権は新たな経済発展の在り方を対外開放に求め、直接投資導入や対外貿易の振興を選択したのであろうか。改革開放前夜に共産党指導部が思い描いていた対外開放とは、正しく対外開放が実現した1980年代あるいは今日の中国の姿であったといえるのであろうか。このような問題について検討するため、次節では対外開放初期における経済発展モデルの模索に関する議論を検証する。

第2節　経済発展モデルに関する政治学術論争[21]

1980年代の中国の対外開放路線は、輸出振興、外資導入、地域限定型対外開放という3つのキーワードで言い表すことができる。文革終了後、閉鎖的な計画経済体制と極端な排外主義はわずか数年のうちに対外開放路線へと変化し、外国企業による中国国内での経済活動を容認することとなった。なぜ中国は変わることができたのか。同時に、なぜ対外開放を選択し、経済特区建設、輸出振興、外資導入という当時の中国としては非常に画期的な政策を選択したのかという疑問に突き当たる。これらの開放的経済政策は新中国建国以来積極的に実施された試しはなく、また既存の社会主義計画経済モデルとは対極に位置する政策であった。資本主義に対する社会主義の優位性を提唱し続けた中国共産

第 3 章　対外開放の開始

党政権が資本主義経済の根幹である市場メカニズムの導入を視野に入れ始めた背景には、どのような認識の変化があったのであろうか。本節では、合弁法が成立した1979年7月から第5期全国人民代表大会常務委員会第15回会議で広東省経済特区条例が批准された1980年8月までを対外開放路線が具体的政策として形成された時期とみなす。これらの決定に至るためには、十カ年計画（1976～1985年）の破綻が明らかになった1978年春までには遅くとも中央指導部や幹部の間で政策準備が始まっていたと考えられる[22]。その準備期間も考慮に入れながら、以下では、まず、合弁法と経済特区設置の時期と前後して中国国内で紹介された諸外国の経済発展の経験に関する報告・検討を基に、具体的な対外開放方式をめぐっていかなる議論が存在したのかについて検証する。次に、輸出振興・直接投資導入・特区政策を正当化する根拠がどこに求められたのかについて考察し、対外開放を実現へと導いた要因の一端を明らかにしたい。

1　諸外国の経済成長の経験に関する検討

対外開放は、香港・マカオ・台湾に隣接する広東省および福建省に4つの経済特区を設置し、輸出振興と外資導入を活用して内地とは異なる経済原理を限定的に受け入れることから始まった。しかしながら、輸出振興・外資導入・地域限定型対外開放というやり方は当初から明確な青写真に基づいて実施されたわけではなく、対外開放という大枠を決めた後に試行錯誤を繰り返して形づくられたものであった。対外開放の具体的措置を決定するにあたっては、同じ社会主義体制下にある東欧諸国をはじめ、先進的な資本主義諸国、急速な経済成長を遂げたラテンアメリカとアジアのNICs[23]に対する視察と研究を通じて幾つかの経済発展シナリオを広く検討した痕跡がみられた。各国の経済発展過程とその成果について中国はどのような特徴に注目し、自らの経済発展戦略を模索していったのであろうか。

①　東欧の経験

1970年代末、中国が最初に注目した高度成長モデルはルーマニアと旧ユーゴスラビア（以下、ユーゴ）の経験であった。両国は急速な工業発展によって経

69

済建設の近代化を実現してきたと評価され、その高度成長はソ連型社会主義計画経済制度の基礎の上に各々の国情に合わせた部分的な市場メカニズムを取り入れた成果であると考えられた。[24]

中国社会科学院視察団の報告によると、ユーゴでは工業成長率は年平均9％、農業成長率は同3.3％（1947年から1977年まで）、またルーマニアでは工業成長率は年平均12％以上、農業成長率は4.8％であった。[25] 農工業の急速な成長により、ユーゴでは約20倍、ルーマニアでは約13.8倍の国民所得増加がもたらされたという。中国側視察団は、両国の経済運営の在り方、すなわち、公有制の採用による農業の発展、企業管理体制の改善、計画の補完的存在としての市場経済導入、高い貯蓄率に応じた高い消費水準の維持、経済管理を担当する幹部の育成などについて高く評価した。

東欧モデルについては、中国共産党機関紙である『人民日報』もたびたび取り上げた。例えば、1978年8月19日付の同紙はルーマニアの経済発展の状況とその要因について紹介した。この記事は、ルーマニアの計画経済下における農工業の高度成長とそれにともなう国民所得の伸びについて報告し、その原因として冶金・機械製造・化学工業・電力などの基礎工業部門の発展を優先させたことと、農業合作化とそれにともなう機械化の推進に注目した。[26] 自国の豊富な資源を活用して工業化を進めたユーゴについては、1978年8月22日および23日付の『人民日報』が、年平均9.1％の割合で増加した工業生産額、工業設備の自動化による労働生産性の向上、工業発展にともなう農業機械化の進行に注目した記事を掲載した。[27]

両国の部分的な市場の導入についても、当時の中国の知識人が幅広く検討した形跡がある。例えば、1978年5月に経済誌『世界経済』が開催したユーゴ経済問題座談会には、干光遠、宦郷、蘇紹智ら著名な学者を含む230名以上が参加し、社会所有制と私有制との共存、所得分配、経済計画と市場経済との関係、農業問題について議論した。[28] 座談会の要旨報告によると、ユーゴでは国民経済生産総額に占める私有制の割合は16％にすぎず、私有制は社会所有制に対して従属的であるという説や、私有制を部分的に取り入れた独自の制度がユーゴの高度成長を推進したという説が紹介された。[29] また、議論の中には、ユーゴの市

第3章　対外開放の開始

場経済が計画の指導の下にある点を重視して、同国の市場経済は補完的存在であり、西側資本主義国の市場経済とは異なるという見解もあった。しかしながら、ユーゴが市場経済であるのか計画経済であるのかという問題については、出席者の見解は分かれたという[30]。

　農業や重工業部門の高度成長に関心が集まる中で、倪友祥は計画経済体制を変えることなく対外経済関係を活性化しようとしたルーマニアの試みに注目した[31]。元来、工業基盤が脆弱であったルーマニアでは社会主義化以前は石油採掘と製油以外の工業は発展していなかったが、社会主義化後に外国の先進技術や設備を積極的に導入した結果、工業部門が発達した。倪の報告によると、ルーマニア政府は外国の技術・設備の輸入に充てるために石油化学製品を含む工業品輸出を増やし、また外国との合弁企業を認可して技術移転と外貨節約を達成したという。しかしながら、ルーマニアの対外貿易拡大に注目しながらも、倪は同国の国際収支については言及しなかった。ルーマニアの貿易体制改革に注目した倪の論文は、改革による経済実績よりもむしろ社会主義体制の枠内で可能な部分的改革のモデルを模索していたといえよう。

　このように中国の知識人や共産党機関紙はユーゴおよびルーマニアにおける経済建設の近代化を高く評価したが、他方で、両国の経済構造の歪みについても多様な側面から検討していた。例えば、前述のユーゴ経済問題座談会は、ユーゴは高度成長を実現したにもかかわらず、市場と計画の関係、不均衡な経済構造、消費と投資の不均衡、インフレ、貿易赤字といった諸問題を解決するには至っていないという見解を示した[32]。一方、この座談会の開催とほぼ同時期に経済誌『世界経済』に論文を発表した劉開銘は、ルーマニア経済が国民所得に占める貯蓄率の異常な高さ、工業重視・農業軽視に起因する農業生産計画目標の未達成と農産物の供給不足、重工業偏重型経済政策から生じた産業構造の不均衡、国際競争力に欠ける工業製品、基本建設における投資効率の悪さといった問題から脱却していないことを指摘した[33]。

　以上のことから、東欧モデルに注目が集まった第1の理由は成長率の高さであり、第2の理由は社会主義体制に部分的な市場原理を導入した経験の教訓を汲み取ることにあったと考えられる。計画経済の枠内で部分的改革を試みた東

71

欧の経験は、農業機械化と重工業偏重の方針に基づいており、華国鋒の十カ年計画との間に共通性がみられた。しかしながら、第１節で論じたように、中国国内において十カ年計画は既に実現可能性が著しく低いと判断されており、中央政府に過重な財政負担をも強いていた。華国鋒の経済路線を踏襲することにもなる東欧モデルの限界は早い段階から明らかであった。さらに、十カ年計画の破綻が華国鋒政権凋落の引き金となった経緯や、その引き金を引いたのが鄧小平自身であったという政治的事情からも、鄧小平ら実務派は計画経済の枠を越えた経済発展モデルの模索に乗り出さざるを得ない状況に置かれていたといえよう。

② 労働集約型産業の振興

東欧の重工業傾斜型成長モデルに対して、北京大学の厲以寧は、発展途上国における労働集約型産業振興の必要性を提唱した。[34] 厲によると、長期にわたる植民地支配の間、途上国は先進国へ原材料を輸出し、先進国から工業製品を輸入することを強いられてきた。この経済的な従属関係を改善するためには早急な工業化・近代化が必要であるため、途上国は、先進技術を必要とする資本集約型産業に注目した。先進技術を導入しなければ資本集約型産業の振興も資本蓄積も不可能であり、先進国に追いつけないと考えたのである。厲は、途上国の置かれた従属的な状況に理解を示しながらも、資本集約型産業の振興から経済建設を始めることには反対を表明した。独占資本主義と国際金融機関が発展した現代においては、たとえ国内に初期投資に必要な資本が不足していたとしても、途上国は比較的容易に大量の外資を調達できるかもしれない。しかし、資本集約型産業を発達させるには巨額の投資が必要であるばかりでなく、産業構造全般に及ぶ体系的準備がなくては成立し得ず、途上国がその発展に必要な経済規模を国内市場に確保することも困難である。しかも、資本集約型産業に用いられる技術も不断の技術革新が必要となるが、途上国はそうした能力を備えていない。このように資本集約型産業の建設には長い時間がかかり、その間に外貨収入を得ることは期待できない。そうなると、外債の利息が膨らむ一方、債務の償還が行き詰まる危険性がある。こうした悪循環は途上国の工業化・近

代化の進展を阻むことになろう[35]。

　厲以寧は、欧米諸国の歴史的経験に照らして、まずは労働集約型産業で工業化の基盤を形成し、その後に資本集約型産業を発展させることが合理的であると主張した。彼は、労働集約型産業が発展途上国の工業化に適している理由として、少ない投資で短期間のうちに利潤を上げることができるので資本蓄積が容易であること、より多くの就業機会を提供できること、途上国の低賃金が製品の国際競争力強化につながること、労働集約型産業においては国際競争力・外貨獲得能力・技術力のいずれも資本集約型産業ほど高度なものは要求されないことを挙げた[36]。

　しかしながら、厲は、長期的な経済発展戦略からみると、労働集約型産業に過度に特化することは好ましくないと警告した。その理由は、第1に、労働集約型産業の振興には開放型経済が前提となるが、国際市場への依存度が高まるにつれて、国内経済は国際市場の動向に対して益々脆弱になるためであった。第2に、資本財を輸出する先進国と加工度の低い労働集約型製品を輸出する途上国との間に生じる不等価交換の問題は解決されないことであった。第3に、労働集約型産業は一般に途上国の国防近代化には直接貢献しないためであった[37]。これらの問題を回避するために、厲は、資源・人口ともに豊富で工業発展が初級段階にある国家は、資本集約型・労働集約型・両者の中間に位置する産業をそれぞれ同時に採用し、均衡を図ることが望ましいと提案した[38]。また、資本主義世界のインフレが途上国の経済に波及する可能性について、厲は、社会主義国においては国家が外貨を管理し、国際価格と国内価格を別体系にすることによって資本主義世界のインフレが国内経済に及ぼす影響を食い止めることができると論じた[39]。厲は、国家による経済管理という原則の維持を前提としていたが、対外依存度の高まりが国家の経済管理能力にいかなる影響を及ぼすのかについては、この論文では取り上げなかった。

③　輸出加工区の設置

　1978年春、国務院副総理の谷牧は国家計画委員会と対外貿易部（1982年、対外経済貿易部に吸収合併）の担当者からなる視察団を香港・マカオへ派遣して現

地経済を調査し、報告書を提出させた[40]。この視察団は同年4月再び香港・マカオを訪れた。5月初め、谷牧は、自ら30名余りの視察団を率いて西欧諸国を歴訪した。視察団には、軽工部、水電部、農業部、計画委員会といった中央主管部門の幹部の他、後に深圳市長に就任する李瀬や国務院特区辦公室副主任となった胡光宝らが参加していた[41]。この西欧諸国歴訪で、中国視察団に最も深い印象を与えたのは輸出加工区であり、帰国後、早くも広東省宝安県に輸出加工区設置案が出たほどであった。

当時、輸出加工区について中国の知識人はどのように理解していたのであろうか。例えば、輸出加工区について論じた郭崇道の定義によると、輸出加工区とは、外国資本家に優遇条件を提供して投資を誘致し、先進的な技術を導入して輸出加工業を発展させるための特定地域を指した。輸出加工区では、最初は輸入原料を用いて生産・輸出を行うが、輸入原材料は段階的に国内産原料へと切り替えられる。また、軽工業と重工業の総合的な発展、就業機会の提供、輸出振興による外貨獲得、工業化の推進、経済建設の加速も実現するという。これらの目的を果たすためには、輸出加工区は交通・運輸の面で便利な場所に建設されなければならず、多額の初期投資を行ってインフラを整備する必要がある。外国資本家に対しては優遇措置や便宜を与えて投資を誘致する一方、その経済活動には一定の制限を加える。郭は、輸出加工区は中央政府の直接管轄下にあり、その発展速度は比較的速く、工業技術の水準は高いものであると想定していた[42]。

では、輸出加工区の問題点とは何か。郭によれば、第1の問題点は対外依存度の高まりであった。輸出加工区は対外貿易の発展や外国資本の流入を通じて必然的に国際経済の動向に脆弱となるため、こうした問題への対策が必要となる。第2に、輸出加工区の寿命は一般に10年程度と短いために、長期的な発展の展望に欠けることであった。郭は、10年寿命説の根拠については明らかにしなかったが、輸出加工区の規模拡大、輸出加工区内の設備更新・技術革新・製品改良の実現、各地に特性の異なる輸出加工区を建設して相互に連携させるなどの方法で対処できると考えていた。第3に、安価な原料と低賃金という輸出加工区の比較優位は、経済発展にともない失われていくことであった。この点

について、郭は、不断の設備更新、技術の向上、製品の輸出競争力の維持が課題であると指摘した。最後に、同論文は、輸出加工区に対する国内の見解が統一していないことに言及した。国内における代表的な見解のひとつは、輸出加工区とは、外国資本が主たる経済主体となって内地の工業発展とは直接関係なく経済活動を展開し、外国向けの輸出を主たる目的とする半植民地的な場所であるという主張であった。こうした輸出加工区論は、後のイデオロギー的な経済特区批判につながったと推察できよう。いまひとつの見解は、当初は地理的に限定された範囲で外資にも比較的開放された形で発展するが、輸出加工区の発展につれて国家が外資に対する管理・監督・制限の度合いを次第に強めていくため、最終的に民族資本の能力が相対的に高まるという主張であった。後者の見解は輸出加工区の存在を肯定的にとらえていたが、その根底には国家の外資に対する絶対的な管理能力が持続するという前提が必要であった。

このように、実際に海外視察に出かけて先進資本主義国の経済的繁栄を目の当たりにした幹部は、輸出加工区の経済的効果に多大な関心を寄せた。しかし、国内においては、輸出加工区に対する見解は未だ統一されていなかった。輸出加工区建設案は、国家と外資との関係をいかに認識するかにより、賛否が分かれていたのである。

④ 外資導入

外国資本の分類方法は幾つかあるが、ここでは便宜的に公的資金（借款）、輸出信用、商業ローン、直接投資を指すことにする。1970年代の中国では、中央指導部や経済学者の多くが外債償還能力の有無を非常に重視しており、外資といえば主に外国借款などの返済を前提とする資金を指していた。また、当時の中国に投資をしようとする外国人投資家がほとんど存在しなかったために、直接投資は問題として取り上げられるほど重要ではなかった。何よりも建国以来、国内の資本家を搾取階級とみなし、国家資本主義の名の下に民族資本家の資産を接収し、文革期に多国籍企業や国際金融機関を米国帝国主義の手先として激しく非難してきたように、共産党政権は直接投資の受入を長年頑なに拒んできた。このような国内情勢の下、中国では外国資本に対する否定的なイメー

ジが定着していったのである。

　1977年の段階でも外資に対する警戒感をあらわにした筱玖は、米ソ両国はともに帝国主義であり、「援助」や「協力」の名の下に新植民地主義政策を実施しようとしていると主張した。筱玖の論文は、米国帝国主義は途上国に資金を貸し付ける代償として財政金融制度・行政管理制度の改革、土地改革、為替レートの修正、輸入制限撤廃、投資環境整備など、いわゆる国際通貨基金（IMF）のコンディショナリティに相当する政治経済的条件を押しつけると指摘した。また、援助の内容も部分的に援助国からの商品輸出の形態をとるヒモ付き援助であると非難した。[46] 次に、社会帝国主義であるソ連については国際的な高利貸しであり、第三世界にとって最も危険な敵であると糾弾した。その根拠として、筱玖は、ソ連は援助対象国を自らの戦略的な軍事基地として利用し、援助を通じて受入国の経済的命脈である重工業部門を支配すること、ソ連の援助は利息・償還期間・据置期間の面で西側先進国の借款よりも条件が悪いこと、ソ連製品を援助の一部として供与する際には国際市場価格の15〜25％増で換算することを挙げた。また、ソ連の援助は贈与比率が低く、償還の決済はソ連側の通貨ルーブルで行い、その他の付加条件も多かったという。[47] ソ連に対して米国よりも厳しい批判を向けた筱玖の主張は、まさに当時の中国の対外認識を反映したものと考えることができる。他方、筱玖は、OPECに対しては南南協力に貢献しているとして好意的にとらえ、OPECによる石油価格の値上げが非産油途上国に与えた経済的負担については言及しなかった。[48] 筱玖は、外資導入の問題を経済学的観点からではなく、すぐれて政治的・イデオロギー的にとらえていたのである。

　このような硬直した見解に対して、何新浩は、新古典派経済学の視点から外資導入の経済発展における重要性を説いた。外資導入は資金不足の緩和、先進技術や設備の導入、工業振興、就業機会の提供、輸出拡大をもたらすため、経済発展の好循環を形成する上で重要な役割を担う。しかし、外資導入は必ずしも経済発展の成功を約束するとは限らない。彼によれば、国家が政治的独立を失えば、外資側が国家を支配して国内経済の歪みが増幅し、貧困に陥るという。何は外資導入に関して楽観的であり、中国は社会主義国で政治的に独立してい

第3章　対外開放の開始

るため、外国投資家に投資を許可しても資本主義勢力の強化や計画経済の破壊をもたらす恐れはないと論じた。外資は中国において経済の重要部門に直接関与することができず、その経済活動は中国の法律によって拘束され、中国の関係機関の監督を受ける。従って、中国経済において外資は従属的な存在にすぎないと何新浩は結論づけたのである。[49] 他方、何は、外国直接投資導入の利点として、その資金源が豊富であることや、技術や先進的な管理方法をもたらすことの他、外国企業も自らの利潤に関わる問題なので強い責任感を持って経営に臨むことを挙げた。また、中国が外国資本に対して合法的な利潤を保証すれば、課税によってその利潤の一部が国家に還ってくることも指摘した。[50] しかしながら、何は、直接投資は外資導入手段として最も望ましい方法であるとは考えなかった。なぜならば、直接投資では、受入国の主導権は保証されておらず、共同経営期間の長さに比例してより多くの利潤が国外に逃避する可能性が高いからである。何は、とりわけ100％外国資本の企業ではそうした傾向が強いとも指摘した。[51]

　1970年代末における外資導入に関する議論を再検討すると、賛否両論とも、国家と外国企業の対立の可能性を強く意識していたことがわかる。こうした環境で制定された合弁法は内容的に曖昧かつ不明瞭で、実際に合弁を設立する際には大半の項目が個別の交渉に委ねられた。不完全な合弁法が公布されたいまひとつの理由として、外国企業との交渉経験不足により、実際の合弁設立に必要な実務面の知識が中国側に欠けていたことが挙げられよう。外国企業側の要望を反映した投資環境や関連法規を整備する必要性を中央レベルで認識するまでには、対外開放後、さらに数年を要したのであった。

　ところが、1980年になると、直接投資に対する否定的見解に変化が現れた。中国が東アジアNICsに注目し始めたのである。例えば、銭文宝は外国企業を積極的に誘致して経済発展を遂げたシンガポールの事例を紹介した。銭文宝によると、シンガポールは投資総額の4分の3が外国資本であり、そのうちの80％は欧米と日本からの投資であった。シンガポール経済に占める外国資本の比率は非常に高く、1977年には、製造業生産額の74％、製造業輸出の90％が外資による実績であったという。[52] 銭文宝は、大量の外資流入とその経済発展への

77

貢献は、シンガポール政府による投資環境整備の成果であると論じた[53]。すなわち、対外開放すれば外資は自然と途上国に流れ込むものではなく、各種の優遇条件、工業インフラ、社会インフラ、各種情報提供機構の設置、申請手続きの簡素化など、投資家の便宜を図る政策や法令制定が必要であることを示唆したのである。外国直接投資導入の利点として、銭は、直接投資は資本・生産技術・管理経験の他、国際市場における新たな販売ルートをもたらしてくれることも指摘した。また、特定の投資国が経済危機に見舞われたとしても、投資受入国はシンガポールのように資金源を日米欧と分散することで国内経済への衝撃を回避できると論じた。シンガポールの経験は中国の外資導入賛成派にとって理想的な事例であったが、この小さな都市国家では民族資本に比べて外資の存在があまりに大きくなりすぎたために深刻な問題も生じていた。例えば、外国企業による脱税や、外国資本が国外へ引き揚げてしまうと先進技術も一緒に逃げてしまうといった問題があった[54]。銭の議論には直接投資に対するイデオロギー的偏見が驚くほどみられず、経済合理的な観点からの分析といえよう。

また、東アジア型経済発展に肯定的な見解として、王根良による台湾の対外経済関係に関する報告がある。台湾は貿易発展と工業化に成功したが、その主要因は外国資本と技術の大量導入であったという。これも台湾当局が適切な投資環境整備を行ったことにより達成できたと王は指摘した[55]。

中国系アメリカ人経済学者の車茂宏は、1980年に北京で行った講演において、外資利用の形態をラテンアメリカ型と韓国・台湾型とに分類して紹介した。ラテンアメリカ型とは、外国企業の国有化・出資比率の厳しい制限・利潤送金および課税面での制限を強化したために、外国直接投資が著しく減少し、その結果、外国借款に頼るようになった。やがて1970年代に石油価格が急騰し、重工業偏重型経済政策をとっていたブラジルなどの石油輸入国では国際収支が赤字に転落した。その後もブラジルの外債は膨らみ続け、新たに外債を借り入れることは困難になった。他方、韓国も多額の対外債務を抱えていた国のひとつであったが、直接投資も奨励して軽工業の発展に努めた。韓国の経済発展速度は速く、輸出も順調に伸びていたため、輸出額に占める外債の比率は徐々に低下していった[56]。

では中国の場合についてはどうか。車茂宏は、韓国・台湾型の外資利用を行うべきだと指摘した上で、3つの注意点を挙げた。第1は外資の管理に関する問題で、中国は直接投資の導入を制限する必要はないが、借款については慎重に行うように提言した。第2は外資の応用の問題で、中国は外資との協力関係を通じて技術と販売ルートを得ることができると説いた。外国からの技術・設備の導入に際しては、最新技術よりも中国の事情にあった適正技術・設備を選択することを勧め、例えば輸出志向を目指すのであれば、その目的に応じた水準の適正技術を導入すれば事足りると主張したのである。また、外国企業が長年にわたって培ってきた国際的な販売網を利用すれば、中国は新たに国際市場を開拓するコストを軽減できると論じた。第3は外資の導入形式に関する注意であった。借款は低利であるが、資金源は限られており、借り入れには様々な条件がともなった。商業銀行の融資は、オイル・ダラーの出現によって資金源が潤沢になったが、借入国側は累積債務に喘いでいる。商業銀行は償還能力を重要視するため、巨額の債務を抱えた他の借入国と比べれば中国は比較的有利な条件で融資を得ることができると予測した。直接投資の受け入れに関して、車は、中国では投資関連法の整備が不十分で、賃金や税制度の面で外国人に理解し難い点が多いことを指摘した。また、中国の比較優位条件である低賃金労働だけでは外国投資家の投資を促す決定的要因とはなり得ず、労働生産性も考慮する必要があると指摘した[57]。

外国資本に注目したのは学者ばかりではなかった。当時の上海市党委書記であった汪道涵も、自己資本による自力更生を原則とするが、外資の利用も無視できないと述べた[58]。汪道涵によると、国際情勢は中国の外資利用に有利な状況にあった。その根拠は、彼によると、第1に、多くの国家が中国をソ連覇権主義に対する牽制勢力とみなし、中国が強大な国家になることを望んでいる点にあった。第2に、資本主義世界は資本過剰・生産過剰・エネルギー不足で経済危機の状態にあるため、投資先と製品販売市場と新たなエネルギー源の確保が緊急の課題となっていることであった。中国はこれら資本主義世界の経済的要求に応え得るし、中国にとっても技術と資本の導入ができるので、外資利用は相互に有利であると考えられた。ただし、外資利用に際しては、投資分野、方

式、効果、権益について十分に研究する必要があるという慎重な態度を汪は崩さなかった[59]。彼は、直接投資の法整備に関する矛盾、すなわち、完全な合弁法を制定することは中国側にとって難題であるが、合弁法が整備されない限りは外国人投資家の対中投資への懸念は払拭されないことについても明確に認識していた[60]。汪道涵は、合弁企業の待遇をめぐって中央での議論がまとまらない様子についても紹介した。例えば外資系企業の所得税率については、当初は日本・フィリピン・シンガポール（これら3カ国では40〜50％の水準）よりも低い35％前後を想定していた。その後、香港（17％）・台湾（15〜35％）の税率と比較検討したが、自由港である香港と比べることは適切ではないという意見もあった。この他にも、計画経済体制下では存在しなかった多くの問題について、中国側は個別に検討を重ねて法制化する必要があった。それらの問題とは、取締役会と社長の権限の範囲、合弁企業の労働者とその待遇、土地の利用費、合弁期間、企業の経営状況を正確に把握するための新たな会計方式の導入など、実に多岐にわたっていたのである[61]。中国にとって、合弁法の制定はいかに困難かつ膨大な作業を必要としたかが推測されよう。

2　対外開放の正当化──資本主義観と自力更生の概念

　輸出加工区の設置や外国の資本・技術の導入を利用した工業化および近代化実現の議論が活発化するにつれて、資本主義的要素と既存の社会主義イデオロギーとの整合性を図る必要性が浮上してきた。技術の導入については、例えば共産党機関誌『紅旗』（1979年第2期）掲載の許柯・劉復栄論文が述べているように、先進技術は人類共通の財産であり、そこに階級性や国境は存在しないと解釈することで、イデオロギー性を薄めた[62]。また、自力更生とは鎖国をして自力だけで発展を目指すものではなく、先進技術を積極的に取り入れて自力更生能力をより強力なものにする必要があり、先進技術の導入は自力更生に貢献すると再定義することでイデオロギー上の問題を解決しようとした。こうして中国は後発の利益を十分に活用して時間と費用を節約し技術革新を行うという国内合意を形成したのである。

　しかしながら、直接投資導入案は、資本主義世界に拠点を置く外国投資家に

80

第3章 対外開放の開始

国内での起業や経済活動を認めることにつながるため、これら外国企業の経営活動が「搾取」に当たるのではないか、また特区の建設が租界の再現につながるのではないかという懸念が現れた。中国が他国の経済発展の成功を有効な開発モデルとして受け入れるためには、国内における資本主義に対する既存の敵対的見解に修正を加える必要があった。いうまでもなく、共産党政権は、資本家とは個人の利潤追求のために労働者の剰余価値を搾取する存在であり、搾取階級である資本家階級を消滅させて共産主義を実現しなくてはならないと一貫して主張してきた。建国以来の資本家や資本主義に対する頑なな敵対的見解は、第11期3中全会における改革開放路線の採択とともに一夜で転向するほど軽いものではなかったのである。

　例えば、前述の米ソの援助を新植民地主義の手段とみなした筱玖のように外資に対して露骨な警戒感を表す者も少なくなく、後には、中央指導部の経済専門家である陳雲も「外国投資家も資本家である」と、資本主義的要素を容認する動きに対して警戒感を煽る発言をした。対外開放の先陣を切った広東省においても、1979年6月の『廣州日報』が「資本主義制度『腐而不朽』嗎？（資本主義制度は『腐っていても死なない』のか？）」と題する記事を発表した。この記事によると、資本主義の発展は国内の労働者階級の搾取と国外の第三世界に対する略奪の上に成立していたため、資本主義は被搾取者からの激しい抵抗に遭っていた。この問題を解決するために戦後の資本主義諸国では国家が経済への関与の度合いを強めたが、生産を独占する一部の集団の利益と広範な民衆の利益との矛盾はかえって増幅される結果となった。また、資本主義世界の経済は目覚しく発展しているが、社会には多くの問題と矛盾が満ちており、危機に瀕していた。同記事は、矛盾と腐敗に満ちた資本主義は最終的に葬られ、社会主義と共産主義に取って代わられると締めくくった。この記事にみられるように、対外開放の現場でさえ、資本主義に対する歪んだイメージは根強く残っており、広東省に隣接する香港はそのような腐敗した資本主義を代表する存在と考えられていたのである。

　鄧小平を筆頭とする指導部が中国の後進性を強く訴え、その克服のために「四つの近代化（四個現代化：工業・農業・国防・科学技術の4分野における近代化）」

の実現を至上目的として掲げた時、国内はこのような環境にあった。しかしながら、中国共産党政権は、たとえ生産の社会化と資本家の利潤追求との矛盾が先鋭化し、また生産過剰が周期的に経済危機を引き起こすとしても、資本主義経済が依然として発展し続けていることを事実として受け止めなくてはならなかった。政権が掲げてきた共産主義社会の実現は建国30年を経て未だ程遠く、国民の生活水準にも大きな改善はみられなかった。鄧小平をはじめとする近代化路線を推進した人々は、資本主義の力強い発展という客観的事実を認め、資本主義世界の腐敗した制度や思想は拒絶するが、「四つの近代化」を実現させるためには資本主義経済の発展から教訓を学び取る必要があると考えた。

そのためには外国の資本・技術・経験の導入が不可欠であった。対外開放の推進を図った指導部は、苦肉の策として、毛沢東やレーニンの言葉を引用し、外国からの資本や技術の導入は社会主義建設と矛盾しないと訴えた。例えば、中国社会科学院世界経済研究所所長（当時）で後に中国世界経済学会を創設した銭俊瑞は、「我々の方針とは、一切の民族、一切の国家の長所はみな学ばなくてはならないし、政治、経済、科学、技術、文学、芸術の一切の真に良いものはみな学ばなくてはならない」という毛沢東の「十大関係論」（1956年）中の一文を引用して、外国の経験に学ぶことは、自力更生を主とし外国の援助を補完的な存在として用いるという毛沢東の方針に合致すると主張した。[66] また、レーニンやスターリンもソ連の社会主義建設を行う際に自力を主体としながらも同時に外国資金・技術の利用を重視したと説いた。[67] 中国の対外経済関係が長期にわたって閉鎖的であった理由は、米国による経済封鎖に引き続き、外国技術と資本の導入は自力更生に反すると強く非難した四人組の責任に帰された。[68]

しかし、自力更生に関する見解には注釈が必要であろう。中国で自力更生が強く意識されるようになった背景には、中ソ対立という事情が存在した。朝鮮戦争を契機として中国は西側諸国による経済封鎖に遭い、ソ連一辺倒へと傾斜した。ところが、中ソ関係はフルシチョフのスターリン批判以降、悪化の一途を辿り、1960年にはソ連が対中援助を打ち切ってソ連人技術者を一斉に引き揚げた。中国の経済建設は立ち遅れを余儀なくされ、しかも多額の外債を抱え込むことになった。この後、中国の指導部の間では、外債に頼らず自力更生によ

って社会主義近代化建設を行う方針が堅持されたのである[69]。こうした経緯から、自力更生とは、元来、内債外債がないことを指し、国際経済協力は自力更生の基礎の上に成り立つと解釈されていた。しかしながら、後に対外開放路線が打ち出されると、「自力更生を実現するために外国の資本・技術を導入する必要がある」という、より柔軟な姿勢を示すようになったのである。

自力更生概念の変容は、社会主義体制下で資本主義的な経済手法を導入する際に足枷となっていたイデオロギー的制約を緩和する役割を果たした。しかしながら、それは市場メカニズムや資本家に対して個々の共産党幹部が抱いていた猜疑心を打ち消すことにはならなかった。1970年代末にはラテンアメリカで発展した中心―周辺理論も中国で紹介されており、先進資本主義国に対する不信感は依然として強かった[70]。

これに対し、一部の党幹部は、資本主義的な経済政策こそ「四つの近代化」実現のために必要な過渡的措置であると認識するようになり、鄧小平の政治的保護の下、対外開放に取り組んだのである。これら対外開放派の人々は、外資利用や外国資本家への優遇措置に賛同した反面、外資導入や輸出振興を通じて対外依存度が深まることに対しては国家による管理・監督・制限が必要であると提唱していた。頻繁に強調される「国家による外資の管理」という案について、対外開放派が実際にはどこまでの範囲を国家が管理すると想定していたのか、国家の管理が実際に有効であると信じて提唱したのか、あるいは政治的な反対を和らげるために強調したのか、断定することは難しい。いずれにせよ、外資導入や輸出加工区の設置に関しては、社会主義国家が少数の資本主義的要素を十分に管理できるという楽観的見通しを公の場で示す必要があったことは確かであろう。

また、この時期においては、依然として資本主義に対する不信感が社会に深く根づいていたために、中国から見た外国資本（家）という一面的な構図で外資導入が議論され、一国社会主義モデルと国際市場との関わりという理論上の矛盾をいかに解決するかに対外開放派は腐心していた。従って、車茂宏が指摘したにもかかわらず、直接投資の決定権が外国投資家側にあることは国内では十分に認識されていなかった。その理由のひとつは、鄧小平のブレーンであっ

た宮郷が「1980年代の国際環境は中国が外資を利用する上で有利な状況にある」と主張していたように、中国の広大な市場を根拠とするある種の楽観的認識が存在したことに求められよう。宮郷は、生産過剰の状態にある資本主義世界の企業は製品販売のための広大な市場を探しており、巨大な国内市場を有する中国は資本主義諸国と取引をして「四つの近代化」に必要な技術や設備を獲得できると論じた[71]。しかしながら、宮郷は、資本主義世界との経済的取引が国内の制度にいかなる変化をもたらすのかについては言及しなかった。対外開放の具体策を決定する上で必要であったのは政治的・イデオロギー的な調整であり、中国側と外資側との意図のすれ違いがどのような形でその後表面化するのかについてはほとんど考慮されないまま、対外開放は始まったのだといえよう。

3　まとめ

　本節で検討したように、合弁法と特区設置が決定された時期の中国では、幾つかの代表的な経済発展モデルについて研究が重ねられていた。東欧の高度成長モデルは、華国鋒の十カ年計画を想起させたが、どちらも既存の社会主義の枠組みを大きく外れるものではなかった。それゆえ、十カ年計画の頓挫がみえ始めた時、鄧小平に連なる指導部と中央幹部は新たな発展戦略の在り方を早急に模索する必要に迫られたのであろう。その際、長期にわたって閉鎖的な経済体制下にあったにもかかわらず、当時の中国としては画期的な自由主義経済の比較優位論や輸出振興・外資導入論が積極的に検討されたことは注目に値する。一方で、歴史的経験から得た教訓やイデオロギー的理由から形成された資本主義に対する不信感は容易には消えなかった。また、対外依存度が国内経済を外部要因に対して脆弱にするという経済的観点からの認識も広く共有されていた。資本主義に対するイデオロギー的な偏見や対外依存度の高まりに対する懸念に対し、対外開放派は「外資や資本主義的要素の国家による管理」を掲げ、中国にはその能力が十分に備わっていると論じ説得に努めたのである。1980年代に入って東アジア諸国・地域の経済発展モデルに対する関心が高まり、直接投資に対する肯定的評価が広まったことは、対外開放派への追い風となった。経済特区はこのような環境で正式に承認された。しかしながら、輸出加工区の

設置と外資導入を実現するには資本主義世界に対する認識の修正が必要であった。自力更生概念の再解釈や毛沢東・レーニンの言葉の引用など、対外開放路線の政策を決定するにはイデオロギー的調整が不可欠であったといえよう。

　本節で取り上げた議論は1970年代末の中国における政治学術論争のほんの一端にすぎない。経済発展モデルに関する報告や検討はここで扱ったよりも広範に行われていたはずであり、実際にその全体像を描くことは非常に困難である。また、これまで紹介した議論はすべて公の場で発表されたものであるが、政策決定の場における議論や経済発展モデルと政策との直接的な関係については資料的制約により明らかではない。このような限界を今後の課題として残すとしても、改革開放前夜の中国がルーマニアやユーゴといった社会主義モデルを超えて、諸国の経済発展状況を広く研究し自由主義経済の理論を吸収し始めていたことは驚きに値するといえないだろうか。

第3節　直接投資導入政策の決定過程

　第1、2節で紹介したように、1970年代末、中国財政は十カ年計画によって危機に瀕しており、国内政治の面では華国鋒政権から鄧小平体制への移行期にさしかかっていた。一方で、国内では知識人が中心となって諸外国の経済発展について分析し、市場メカニズムの導入を検討するまでに自由主義経済に対する理解が深まっていた。対外開放への路線転換は、こうした複数の要因が重なり合った状況において実現可能となった。では、直接投資導入政策の開始は、どのような過程を経て実現したのであろうか。直接投資導入に関しては、少なくとも3つの側面から議論することができる。第1に、投資導入実績や経済的効果に関する議論であるが、これについては次節で改めて取り上げる。第2は、イデオロギー上の問題である。中国にとって、直接投資の導入とは社会主義イデオロギーとの矛盾を引き起こす現象であった。それは自力更生の概念を柔軟に解釈し直しただけではおさまらず、計画経済主導派と鄧小平に連なる対外開放派との間に新たな対立をもたらすことになった。計画経済主導派はなぜ直接

投資の導入に反対し、いかなる抵抗を示したのか。また、計画経済主導派の抵抗にもかかわらず、対外開放派はどのように直接投資導入の実現にこぎつけたのであろうか。第3に、直接投資導入は、中央と地方との関係を大きく変えた。本書で取り上げる広東省は中国で最も早く対外開放が始まった地域である。それは、広東の地方幹部が中央に自主権の拡大を強く要求し、中央がこれを認めたからこそ実現したに他ならない。後に、広東省はこの自主権を最大限に活用して、中国で最も豊かな省へ、また深圳特区は香港を模した近代的都市へと躍進した。本節では、第2と第3の側面から直接投資導入政策がなぜ始まったのかについて検討し、本政策の推進力の所在を明らかにしたい。

なお、対外開放初期には、直接投資に関して3種類の制度が存在した。成立の順序からいえば、中央レベルで制定された地域制限のない合弁法、招商局が公布した蛇口規定、経済特区だけに適用された経済特区条例（本書では広東省経済特区条例を指す）となる[72]。最も早く直接投資が始まった広東省深圳市では、これら3種類の制度が事実上併存していた。各制度はそれぞれどのような意図を以て制定されたのか。以下では、最初に、中央指導部が資本主義的要素を容認していった過程と合弁法の制定ならびにその内容について検討する。次に、地方レベルに焦点を当て、蛇口工業区と深圳経済特区の設立までの過程を追い、蛇口規定と広東省経済特区条例の内容について論じる。最後に、これら制度化の過程と実態から直接投資導入に対する中央政府・地方政府それぞれの思惑を推し量ると同時に、本政策が実現可能となった要因についてまとめる。

1 合 弁 法

1979年7月1日、第5期全国人民代表大会第2回会議において、中国で初めて外国企業との合弁企業設立を認めた合弁法が採択された。合弁法の成立と前後して、国務院は外資導入窓口の役割を担う中国国際信託投資公司（中信公司）の設立を認可し、旧資本家階級出身者にその運営を任せることを決定した。こうして、共産党政権下では初めて外国直接投資を受け入れる制度が整えられたのである。それは、経済的には、計画では管理し難い市場原理の導入であり、政治的には、文革時代の極端な排外主義と訣別し、また、資本家階級を国内に

第 3 章　対外開放の開始

復活させる試みでもあった。未だ華国鋒から鄧小平への権力移行が完了しておらず、教条的なマルクス主義イデオロギーが色濃かった1970年代末に、合弁法の制定や旧資本家の登用はまさに画期的なことであったが、合弁法の草案をはじめ成立過程や争点については資料も乏しく、政策決定過程についてはほとんど明らかにされていない。また、合弁法に対する政治的批判はほとんど表出しておらず、後に厳しい批判にさらされ続けた深圳経済特区の場合と比べて非常に対照的である。対外開放における合弁法とはどのような存在であり、制定の意図はどこにあったのか。資料的制約による限界はあるが、以下では、合弁法成立過程と争点を可能な限り浮き彫りにし、対外開放におけるその意義について検討する。

①　合弁法成立時の厳しい国内環境

　合弁法が制定された1979年7月は、直接投資の導入を促進する対外開放派にとっては依然として厳しい政治的環境下にあった。第1の困難は、既述のように、中央指導部内では革命派の華国鋒グループと実務派の鄧小平グループとの権力闘争が進行中であり、直接投資導入は党中央の会議でその重要性が十分に認識されなかったことである。当時、華国鋒は財政危機を招いた十カ年計画の見直しを迫られており、また、鄧小平を筆頭とする「二つのすべて」批判によって華の権力基盤の脆さも露呈しつつあった。他方、華国鋒の失脚を謀った鄧小平も未だ完全な権力掌握には至っておらず、中央の政局は権力の移行を控えて比較的流動的であったと考えられる。鄧小平が政局を握るには陳雲ら計画経済主導派の政治的支持が不可欠であり、その計画経済主導派が華国鋒政権の経済政策に批判的であったことから鄧小平支持に回ったことは既に述べた通りである。鄧小平側に与した陳雲は経済運営の主導権を得て、急進的な高度成長路線を修正し、計画を基盤とする安定成長を目指した。また、毛里和子の研究によると、中国政治において重要事項は中央政治局会議や中央工作会議といった非制度的な会議で決定されてきたが、こうした重要会議における議題は主として華国鋒体制批判と経済調整に集中していた[73]。外資導入や直接投資導入は、重要な政策決定の場では主要議題とはなり得なかったのである。

第2に、世代の問題であった。後に改革開放を推進していく趙紫陽や胡耀邦ら若い対外開放派世代は、1970年代末の段階では本格的にその力量を発揮できる状況にはなかった。改革開放を積極的に推進し、後に経済政策の最高責任者となる趙紫陽も、1979年当時は中央政治局委員であり、最も重要な政策決定に携わる中央政治局常務委員に任命されたのは1980年2月のことであった。改革開放の中心的指導者となった鄧小平、趙紫陽、胡耀邦が、それぞれ中央軍事委員会主席（1981年6月）、国務院総理（1980年9月）、党中央主席（1981年6月）として各分野の最高ポストに就くまでには、いましばらくの時間が必要であった。

　第3に、計画経済主導派が経済の主導権を握ったことにより、当面は経済改革よりも調整による経済回復が優先されたことであった。計画経済主導派は華国鋒との関係において政治的には鄧小平を支持したが、経済路線に関しては社会主義計画経済の枠の中で進め、安定成長を追求することを信条としていた。計画経済主導派の領袖であった陳雲は、文革期に混乱した生産・流通系統や荒廃を極めた経済体制を立て直すために、計画経済を通じた調整が必要であると主張した。地主の家に生まれ育った鄧小平とは対照的に、貧農の出身で苦学と過酷な労働体験を経て入党した陳雲は、建国後、全国の経済復興に貢献した実績により党中央の経済専門家として厚い信頼を勝ち得てきた人物であった。経済専門家ではない鄧小平は、華国鋒との権力闘争における政治的支持と引き換えに、経済面では陳雲の主張に全面的な賛成を表明した。その結果、鄧小平は改革開放を提唱しながらも、当面は経済調整への支持表明を余儀なくされることになった。

　第4に、事実上、国内経済運営の主導権を握った陳雲が、徹底した財政均衡主義者であったと同時に、個人として、資産階級や外国資本に対して強烈な不信感を抱いていたことであった。例えば、1979年3月21日の中央政治局会議で、陳雲は、大量の外資を利用する冶金部の建設計画について、建設規模が大きすぎ、建設速度が速すぎると批判した。その中で、「外国人からそのような多くの金を借りて、結局頼りになるのかならないのか？」のくだりに示されているように、陳雲は、外国人に対する不信感と多額の外債導入に対する警戒感を強く表明した。また、外国資本を導入しても、1つのプロジェクトの資金調達に

第3章　対外開放の開始

は必ず何割かの国内資本を投入せざるを得ないのであり、これが他のプロジェクトの資金不足を引き起こすと指摘した。この講話の中で、陳雲は、外国を視察した幹部は本国の実情を考えることなく外国の発展状況にだけ注目していると批判し、中国には固有の国情があるために一概に外国の経験を適用することはできないと対外開放派を牽制した。また、1980年12月の中央工作会議でも、陳雲は資金・技術の導入に反対するわけではないと前置きした上で、外債の多くは機械設備を購入するためのものであり、外貨準備高が少ないにもかかわらず、15％もの利息を払っている浪費ぶりを指摘した。彼は、「外国資本家も資本家であることを我々ははっきりと見届けなくてはならない」と言い、外国資本家を歓迎する中にも警戒が必要であるというのに、幹部の中にはこの点について考えが甘すぎる者がいると非難した。陳雲はIMFや世界銀行の低利融資の利用についても慎重な姿勢を崩しておらず、資本家や外国資本については言うに及ばず、先進資本主義諸国が中心となって設立した国際金融機関に対しても強い敵対心を持っていたことがうかがえる。陳雲は、建国後の国内経済建て直しに成功して経済政策では厚い信頼を得ていたが、反資本主義イデオロギーから自身を解放することはなかったのである。

② 直接投資受入への追い風

このように、1970年代末の中国は、国内の権力闘争、財政危機、計画経済主導派の台頭により、対外開放への道を開拓するには非常に厳しい状況にあった。しかしながら、他方で、対外開放の開始に追い風となる要素も存在した。第1に、共産党幹部が周辺諸国の経済発展の状況を知り、閉鎖的な経済体制をとっていた間に中国が取り残されてしまった事実を痛切に認識するようになったことである。この深い反省から、「発展途上国としての中国」を強く自覚し、「四つの近代化」を実現するためには外国資本と技術を導入する必要があると提唱するようになった。また、第2節でも紹介したように、東アジアの新興工業国・地域に倣って輸出加工区の設置が議論されるようになった。他方、輸出加工区は、解放前の上海租界に象徴される帝国主義列強による侵略を思い起こさせるという理由で消極的な意見も多かった。租界とは租借地、すなわち、列強

が保有した借用地を指すが、実質上、これは中国政府の行政権限が及ばない外国人居留区であった。解放前の上海だけでも合わせて32km²の租界が存在し、列強による中国侵略と主権喪失の象徴として1945年の正式返還の時まで中国人に民族的屈辱を味わわせた存在であった[81]。しかし、こうした歴史的経験を共有していたにもかかわらず、計画経済主導派と対外開放派の外国資本導入に対する姿勢には大きな違いがみられた。計画経済主導派は、外国資本に対する猜疑心をあらわにし、できる限り計画の枠内で財政立て直しと経済運営を行い、安定成長を望んだ。従って、経済建設には外国資本が必要であることを否定はしなかったが、金利や中国側の返済能力と消化能力を常に問題視した。実際には、彼らも返済能力や消化能力について明確な判断基準を持っていたわけではなく、外資導入責任者に慎重な姿勢を求めると同時に、対外開放派を牽制するための口実として利用したと考えられる。

　対照的に、対外開放派は、外国資本の導入を推奨する際、返済能力や消化能力については一切触れなかった。代わりに、鄧小平が1978年12月の中央工作会議閉幕式で行った「解放思想，実事求是，団結一致向前看（思想を解放し、事実に基づいて真理を求め、一致団結して前向きに考えよう）」の講話に基づき、対外開放派は、外国資本を積極的に利用することや大胆に資本主義的な経済政策を試すことこそ「思想の解放」であるとして奨励した[82]。「四つの近代化」を実現するための第1歩とは思想の解放であり、四人組時代の迷信や過度の官僚主義といった過去の思想的くびきと訣別して新たな手法や思想を柔軟に受け入れる必要があると鄧小平は説いた。これを以て、対外開放派幹部は、毛沢東時代には忌避してきた外国資本や外国企業の受け入れこそ、思想の解放に他ならないと主張したのである。

　第2に、実質的な最高権力者となった鄧小平こそ対外開放を最も望んでいたことであった。しかも鄧自身が、対外開放前夜には、既に直接投資という外資導入形態とその経済効果について一定の認識を持っていたと考えられるのである。例えば、1978年11月、鄧小平はシンガポールを訪問した。この時、鄧小平は経済発展における外国直接投資の効果を目の当たりにしたのだと、鄧に会ったリー・クアンユー・シンガポール首相（当時）は語っている[83]。また、この

第 3 章　対外開放の開始

時期にはフォードやベンツなど世界の有力自動車メーカーが中国の大規模な国内市場に関心を表明しており、その声は鄧小平の耳にも直接届いていた。1978年12月、ヘンリー・フォード 2 世は鄧小平と会見し、トラックの販売経路を開拓したいと申し入れたのである。シンガポールの発展が外国直接投資によってもたらされたものであるならば、中国にもシンガポールの道を歩む可能性はあると考えられた。鄧小平は早くから直接投資の効果について関心を持ち、その実現可能性についても一定の確信を持っていたといえよう。

　1979年 1 月、鄧小平は栄毅仁ら 5 名の旧資本家を人民大会堂に招き、社会主義近代化建設の必要性と国家の資金不足を訴えた。その上で、彼は、外国の資金・技術の導入、華僑・華人による工場経営、外国企業との合弁や補償貿易を認める発言をした。補償貿易とは、外商が中国企業に機械設備を直接提供あるいは貸し出して、中国企業がその設備・技術で製品を生産し、その製品を輸入した設備・技術の代金および利息に充てて分割返済する方式であった。鄧小平は続けて、補償貿易については多くの華僑を送り出した広東・福建・江蘇・浙江が有望であると具体的に述べた。この会見には谷牧国務委員の他、陳慕華対外経済聯絡部部長ら経済・外国貿易の関係者も集っていたことから、鄧小平の発言は対外開放実現へ向けて中央の経済官僚に間接的な指示を与えたものとも解釈できる。

　第 3 に、対外開放に積極的であったのは鄧小平だけではなく、中央幹部の中にも鄧の意向を実現するために積極的に関与した人々がいたことである。計画経済主導派の干渉から政治的に対外開放を守ったのが鄧小平であったとすれば、対外開放の諸政策について調査・研究を重ね、細部を調整し、実施にこぎつけたのは中央の経済官僚たちであった。殊に、谷牧国務委員は改革開放初期から対外開放の推進者・擁護者として海外においてもその名を広く知られており、鄧小平は彼に直接投資導入政策を全面的に任せていた。この事は、例えば、松下電器の松下幸之助が訪中した際、投資案件については谷牧と詳細を詰めるようにと鄧小平から促されたことからも明らかである。この他、交通部部長であった葉飛は、その部下である香港招商局の袁庚への支援を通じて間接的に蛇口工業区の創設に貢献した。また、党幹部の中には、中央から広東へ派遣され

91

て対外開放を推進した人物もいた。例えば、長く東北で党の要職に就いていた任仲夷は、1980年10月から省第一書記として広東に赴き、中央と広東との関係を取り持つとともに、対外開放を現地に根づかせる上で大きく貢献した。広東省出身の葉剣英元帥は自らも広東省の経済建設加速を訴えたが、彼の長男、葉選平は1980年に広東省副省長に、1985年からは広東省長に就任して対外開放を推進した。鄧小平による改革開放の号令の下、対外開放派幹部は実務面を支え、時には中央と広東との政治的調整を行いながら対外開放を推進したのである。

　第4に、鄧小平は旧資本家を取り込み、対外開放の実務的な側面を強化した。中国が対外開放を始めるにあたって、最大の課題のひとつは、国際的な商慣習をはじめ市場経済とのつき合い方に精通した人材の確保であった。殊に直接投資は外国企業を相手とする交渉であり、中国側にも相応の知識と経験を備えた人物が必要であった。この時、鄧小平は、共産党が長年にわたり迫害の対象としてきたかつての有力な民族資本家たちに注目した。民族資本家と共産党との緊張関係は建国後間もない1950年代の三反・五反運動に遡る。この運動を機に、中国共産党は民族資本家を搾取階級と位置づけ、共産主義社会の実現には資本家の一掃が必要であると主張して、彼らの財産を「買い戻し」始めた。これ以降、民族資本家にとって新中国は安住の地とはならず、多くの企業経営者が香港はじめ海外へ脱出した。しかし、一部の資本家は大陸に残って接収を受け入れ、元来は自己所有であった国営工場の経営に参加したのである。彼らは生産活動を通じて国家に貢献することで、また、時には党外人士としての役割を果たすことによって政治的安全を確保しようと努めてきた[88]。しかし、そうした政治的庇護も文革によって奪い取られ、多くの旧資本家が過酷な仕打ちを受けた。文革が終了して経済建設路線へ転換すると、共産党政権内の民族資本家に対する姿勢は比較的穏やかなものとなった。党内には、依然として資本家に厳しい眼を向ける陳雲のような党員もいたが、鄧小平は対外開放推進のために民族資本家の登用に踏み切ったのである。鄧は海外に幅広い人脈を有する栄毅仁を中信公司董事長（会長）兼総経理（社長）として迎え、全面的な協力を要請した。また、劉少奇夫人・王光美の兄にあたる王光英も、後に国務院直属企業である光大実業公司の董事長兼総経理に就任した。民族資本家は、国策となった対外

第3章　対外開放の開始

開放に積極的に関わることにより鄧小平ら対外開放派の庇護を受け、政治的な安全の獲得のみならず、栄達の道を切り開いたのである。

　第5に、対外開放派は、合弁法の制定、国家外国投資管理委員会と国家輸出入管理委員会の設置、中信公司の設立といった対外開放の制度化に成功した。1979年7月に制定された合弁法は、計画経済体制に風穴を開ける第1歩となった。計画経済体制下では、土地は国有化され、工業生産に必要な原材料や部品は国家の配分によって決まり、投資・生産・流通・消費に至るまで計画が張りめぐらされていた。国営企業の生存は、競争ではなく、分配によって保障されていた。こうした硬直した経済システムに外国企業からの直接投資を受け入れることが決まり、合弁法公布後、中央では多くの問題点が話し合われた。例えば、彭真が提出した「中外合作企業の幾つかの問題に関して指示を仰ぐ報告」によると、合作企業に提供する土地・原材料・電力価格の設定をどうするのか、合作企業が製品を国内販売する場合、その価格をどの水準に設定し、どのように販売させるのか、所得税率はどの程度に設定すべきかなど、外資系企業の設立から国内での経済活動に至るまで多くの問題について担当者が逐一話し合った様子がうかがえる[89]。これらの問題は、中央がすべてを分配によって管理していた時代には、存在しない問題であった。

　合弁法の成立によって外国投資を認めた中国は、1979年7月30日、中共中央と国務院の連名で国家外国投資管理委員会ならびに国家輸出入管理委員会の設置と、両委員会の任務と機構に関する規定を公布した。両委員会の主任には、対外経済関係を取り仕切る谷牧国務委員兼中央書記処書記が任命された。両委員会は、実際には2枚の看板を掲げた1つの委員会であり、直接投資契約締結の可否を決定し、外国貿易関連業務を担当した[90]。後には、谷牧主任を中心に経済特区工作にも深く関わるようになった。なお、両委員会は、1982年の国務院機構改革によって対外経済貿易部に吸収合併された。

　また、1979年1月の鄧小平と民族資本家との会見から半年後、国務院は栄毅仁率いる中信公司の設立を批准した[91]。中信公司は外資の導入・利用の促進を目的とする国務院直属の国営企業であった。その主要な業務内容は、投資情報の提供や合弁契約の交渉の他、外国資本や技術の導入が国家の経済建設計画や社

93

会主義近代化の目的に合致するか否かを判断することであった。後には、外国企業も中信公司を通して中国側との接触を求めるようになり、外国企業と中国側を結ぶ窓口の役割も担うようになった。[92]

　信託投資公司を設立して対外開放に必要な資金や技術を調達するという案は、鄧小平の指示を受けた栄毅仁自身のものであったが、これが国営企業となった背景には、陳雲の働きかけがあった[93]。陳雲によれば、中信公司の任務の重要性に鑑みて、民間企業の資格では担い切れない事態が発生する場合を予め想定し、最初から国営企業として発足させた方がよいと判断したという。しかし、計画経済主導派にそれ以上の政治的考慮が働いたことは想像に難くない。当時、信託投資の形態は資本主義国が資金調達や融資を行うための方式であると理解されていた。また、解放前の上海には株式・債券発行や財産管理の代行機関としての信託公司が存在した[94]。さらに、栄毅仁自身が民族資本家の出身であったことを考慮すれば、旧資本家、すなわち搾取階級の出身者に対外開放という国家の重大任務を全面委託することに対し、計画経済主導派は大いに懸念を抱いたと考えられる。計画経済主導派幹部は、新しい公司の運営にも党の意向が確実に反映されることを望み、また対外開放派の独走を防ぐためにも国務院直属企業という枠をはめたと解釈できるのである。

　しかし、合弁法が正式に公布された後は、少なくとも外交上は計画経済主導派指導部も直接投資を歓迎する姿勢をみせた。例えば、合弁法制定後間もなくの1980年3月、経済運営については陳雲の立場に近い李先念副総理が米国スタンフォード国際諮問研究所の代表団と会談した。この時、李先念副総理は、中外合作を歓迎する、投資比率は外国側に50％以上認めることも可能である、合弁期間は20年経過後に延長も可能である、中国の法律の範囲内で国外への利潤送金も可能である、と米国側に伝えた[95]。陳雲と共同で経済調整を進めていた李先念が、外国人との会見で合弁法にも記載されていない好条件を示唆したことは、直接投資の受け入れに関しては基本的に党指導部内で合意が成立していたことを示唆していた。

　以上のように、1970年代末、権力闘争と財政危機による混乱の隙間をぬって、対外開放派幹部は合弁法を制定し、旧資本家から人材を集めて中信公司を設立

した。計画経済主導派幹部は外国資本や資本家階級に対する警戒心を解いたわけではなかったが、最終的には直接投資受入の制度化については鄧小平ら対外開放派の意向が通った。資本主義的な経済運営に反対していた計画経済主導派がなぜ合弁法を容認したのか。資料的制約により、この疑問を政治過程から実証することは難しいが、以下では、合弁法の内容について吟味し、その政治的・実務的な意義から上記の問いについてさらに検討する。

なお、この合弁法が制定されてから北京で最初に開業した合弁企業は、長城飯店、建国飯店、飛行機の機内食製造会社の3件であり、いずれも訪中する外国人客の増加を見込んだサービス業であった。

③ 合弁法の内容と意義

合弁法の制定に対する評価は2つに分かれよう。ひとつは、合弁法の制定は、それ自体が従来の排外主義との訣別を象徴する存在であり、外資導入の方針に法的根拠を与えようとする新たな試みであったという肯定的評価である。特に、同法が外国人投資家を保護し、投資活動を奨励しようとする姿勢を示したことは、国外からも注目を集めた。外国人投資家擁護の姿勢は、国有化および接収を行わないことを明記した第2条や、国外送金を認めた第12条に明らかであった。外国投資奨励措置については、第4条で出資比率の下限を25%と定め、第10条では国際市場における原材料の調達を認め、輸出を奨励するが国内市場で販売してもよいと明記した。

いまひとつの評価は、総体的にみると合弁法は具体性に乏しく、これを根拠に対中投資を決断することは難しいという厳しいものであった。例えば、投資を決断する際の重要な判断材料となる法人税については、第8条で優遇措置の適用を示唆していたが、具体的な記述はなかった。基準となる「中国の税法」も、どの税法が適用されるのか不明であった。合弁期間についても、第13条は業種や状況に応じて異なるといい、場合によっては延長も可能で、期限を設けないこともあると記した。外貨管理については、中国側の指定する銀行に口座を開く義務があること以外は、外貨管理条例に従うことになっていた。合弁法が曖昧である限りはこれを補完する関連法規が必要であったが、実際には多く

の関連法規は未整備の状態であった。登記と労働管理については1980年7月、個人所得税および法人所得税法については1980年9月、その実施細則は1980年12月、外貨管理暫定条例は1981年3月になって漸く公布されたのである。

　以上は、外国投資家側からみた合弁法の評価である。当然のことながら、合弁企業を設立する土俵は中国である。中国側にとって直接投資が資本主義的な要素を国内に持ち込むという点で戸惑いがあったとすれば、外国企業側にとっても対中投資とは計画経済の環境の中で生産・経営活動を行うというリスクを冒す試みであった。投資リスクを軽減するためには法整備を含む総合的な投資環境整備が必要であったが、合弁法は投資家側の期待に応えるには不十分であった。合弁法は、外国直接投資を誘致するために党中央が承認した最初の法整備であったと同時に、国有化をしない旨と投資の奨励を明確にした点で毛沢東時代の中国とは決定的に異なることを印象づけた。しかし、その具体性を欠いた内容からいえば、合弁法は法律というよりも政策方針という方が適切であった。従って、投資家にとっては、鄧小平体制の安定と対外開放が長期的に続くか否かということの方が、合弁法の制定よりも実質的には重要であった。また、実際に合弁企業を設立する際に生じる様々な問題はすべて共同出資者間で個別に交渉し決定しなくてはならず、実務の面からみれば合弁法はあまり助けにはならなかった。結局、投資を敢行した一部の企業を除き、合弁法制定によって対中投資ブームが起こることはなかった。

　視点を変えて中国側から同法を見直すと、中国側の主権が明確であり、至る所で国家の管理・監督を強調していたことがわかる。例えば、非国有化を定めた第2条は合弁企業が中国の法律を遵守しなければならないとも明記しており、第3条では合弁設立の審査批准は国家対外経済貿易主管部門が行い、国家工商行政管理主管部門が営業許可を与えること、また、第14条では欠損により撤退する場合もこれらの各部門が承認する必要があることを明記した。すなわち、合弁企業は設立も撤退も中国政府の承認が必要であり、中国側が定める各種の法令の拘束を受ける存在であった。このように中国の主権を強調することで、直接投資の受入が解放前の租界における外国企業とは明らかに異なることを主張したのである。また、出資形態について定めた第5条では、外国出資者側に

第 3 章　対外開放の開始

中国の需要に応じた先進技術と設備の提供を義務づけており、違反した場合は損失賠償をしなくてはならないと規定した。中国側は、合弁企業を共同経営のビジネスとしてではなく、資本と技術の提供機関として位置づけていたのである。また、中国側出資者に関しては、土地使用権を出資額に含めることができるが、含めない場合は合弁企業が土地使用費を支払う義務があった。合弁法には至る所に国家と外国企業との関係悪化に備える記述があり、中国側と外国側とが共同で行う生産・経営活動であるという意識は希薄であった。

　合弁法は、外国企業に対する中国政府の優位を強調し、外国企業への優遇措置に関しては十分に明確にしなかった。こうしたことは、1970年代末の計画経済主導派優位の経済運営の中で、対外開放派が合弁法を成立させるために行った一定の政治的妥協を反映していたとも読み取れる。投資を絞り込もうとした経済調整の時期に、敢えて鄧小平は対外開放の試験的な実施を譲らず、直接投資導入を制度化しようとした。従って、直接投資導入政策が当時の政治環境の中で生き残るためには、計画経済主導派の懸念を和らげる文言を取り入れ、あまり目立たない存在である方が都合がよかった。合弁法は、外国人投資家の抱いていた閉鎖的で排外的な中国というイメージを変える役割を担ったが、同時に、資本主義の導入に懸念を抱いていた計画経済主導派に外国直接投資を受け入れさせる工作でもあったといえる。

2　広東省経済特区条例

　中央が経済方針や経済政策を決定し、その総括を行う場であったとすれば、地方は政策の実験場であった。1980年、対外開放の実験場として、広東省と福建省に深圳、珠海、汕頭、厦門の4つの経済特区が設けられた。中でも深圳特区は香港に隣接した中国最大規模の経済特区であり、対外開放が最も早く始まった地域でもあった。このため、深圳特区は国内外において中国の対外開放の象徴となった。また、対外開放派にとっては広東省および経済特区の発展状況こそ対外開放の正しさを証明する指標であった。他方、広東省幹部も1歩先を歩いて先に豊かになることを躊躇しなかったばかりか、積極的に権限の委譲を求め、地域の経済発展を追求した。以下では、深圳経済特区の事例をふり返

り、中央対外開放派と地方幹部がどのように結びついていたのか、特区設立に関して中央ではどのような議論が交わされ、地方の主導権はどのように発揮されたのかといった問題を中心に検討する。

① 深圳経済特区成立までの政治過程
（a） 特区の起源

経済特区を深圳に設置するという原案は、諸文献により、1978年の第11期3中全会の前には既に具体的な議論として存在していたことがわかっている。一説では、1978年4月から5月にかけて、谷牧副総理が派遣した香港・マカオへの視察団や谷牧自身も参加した西ヨーロッパ諸国への視察団が各国の輸出加工区に注目し、帰国後の討論や報告の中で深圳と珠海に輸出加工区を設置する案が出たという。また、別の説によると、国務院交通部の香港駐在機関である招商局の常務取締役副会長の袁庚も特区構想を抱いていたという[96]。外交部での勤務経験を持つ袁庚は、文革後に交通部外事局に異動し、間もなく葉飛交通部長の抜擢で、1978年6月に香港の招商局へ赴いた人物であった。香港へ赴任した袁庚は、「時は金なり」という目まぐるしい香港経済に接し、資本主義世界における投資や資金運用について理解を深めていった。やがて彼は香港でインフラ整備をすると人件費や地代によって経費が高騰するが、出身地の広東省では同じ工程をはるかに安く行えることに気づき、香港の真向かいにある蛇口に工業区を建設することを考え始めた[97]。1978年10月12日、国務院は、袁庚が交通部党組の代理として起草した「十分に香港招商局を利用する問題についての伺書」を批准した[98]。この提案は、北京の指導者全員に快く受け入れられたわけでは、決してない。結果的に袁庚の提案が承認された背景について、交通部には鄧小平の支持者が多く配属されており、鄧が共産党内で権力を掌握するにつれて中央政府内における交通部の存在感が高まってきたためではないかという憶説も現れた[99]。

中央の承認を取りつけた後、11月22日、袁庚は国共内戦時代から面識のあった広東省幹部の劉田夫を訪ね、同省に輸出加工区を設置することについて打診した[100]。12月18日、袁庚の他、交通部の葉飛部長と曾生副部長、国家経済委員会

第3章　対外開放の開始

副主任の郭洪濤が広州に赴き、広東省側と開発用地、原材料および製品の売買、工業区への出入り手続き、必要な未熟練労働者数といった問題について協議を行った。[101] 1979年1月初め、招商局は広東省と共同で「香港招商局が広東省宝安県（後の深圳市）に工業区を建設することに関する報告」を起草し、国務院と党中央に提出した。1月31日、袁庚は彭徳清交通部長とともに李先念副主席と谷牧副総理に会見し、先の報告に関して中央の同意を得たことを確認した。招商局は初期投資として7000万元から1億元を投じ、工事は1979年後半に開始することが決まった。また、蛇口工業区で生産した製品は主に輸出向けとし、利潤は広東省が30％、招商局が70％の比率で配分することになった。[102]この時、蛇口建設予定地として50km²の用地を許可しようとした李先念の申し出を断り、袁庚は2.14km²の土地を譲り受けることでよいと述べた。開発用地として50km²の半島全体を要求すれば政治的な圧力が強まると予想された上、経済的なリスクも大きすぎた。袁庚は小規模でも工業区として開発を成功させることが重要であると判断したのである。[103]

　1979年4月1日、招商局は建設指揮部（1981年に広東深圳特区招商局蛇口工業区管理委員会と改称）を創設し、8月には本格的に工業区建設を開始した。建設には招商局の他、中央主管部門の交通部、広東省公路（道路）局、広州航道（航路）局などが参加した。[104] 同年9月、建設が終わらないうちに、早くも香港企業が蛇口での合弁進出を決定した。11月半ば、招商局は広東省や深圳市と協議の上、蛇口工業区の名称、範囲、土地、税収に関する取り決め（蛇口工業区を経営することに関する内部協議）を結んだ。[105] 1980年1月16日、招商局は、「蛇口工業区における合弁企業の詳細」（以下、蛇口規定）を公布し、共産党政権下で初めて資本主義的な経済手法を取り入れた工業区を独自に運営することになったのである。[106]

　しかしながら、蛇口の開発は常に順調に運んだわけではなかった。招商局は中央の交通部の所轄になるが、深圳市に置かれた蛇口工業区の開発は、この地域を管轄する広東省の協力なしでは成功しなかった。例えば、蛇口工業区の高速道路建設が、1人の広東省地方幹部の妨害によって予定より大きく遅れる事件があった。1979年6月、招商局は広東省交通部高速道路建設局と共同で高速

99

道路の整備に乗り出した。7月に着工し、1980年3月の完成予定を目指していたが、開始から1年が経っても広東省側が施工するはずの250m分の道路だけが完成していなかった。広東省交通部の担当者は、工事の進展と引き換えに、招商局に対して金銭や免税扱いの輸入品を要求するようになった。この件が明るみに出ると、この担当者は職務停止の処分を受けた。この事件が示唆しているように、拝金主義が官僚の縄張り争いと絡んで対外開放の進展を遅らせる事態も出現したのである。[107]

一方、招商局とは別に、広東省も独自に輸出加工区の設置について検討した形跡がある。その始まりは不明であるが、省幹部の1人、劉田夫によれば、第11期3中全会より以前に、広東省幹部も東アジアの4小龍の経済発展について研究し、大規模な輸出基地の建設を構想していた。[108] この構想に基づいて劉田夫は宝安県と珠海県を視察し、両地区の指導的人物にも目星をつけていたという。

1979年1月、中央対外開放派が民族資本家と接触を始め、また、蛇口開発が承認された時期に、広東省では蛇口を含む宝安県を深圳市に改めて市委員会を発足させ、3月に国務院の承認を得た。[109] 深圳市が発足して間もなく、広東省党委員会と広東省革命委員会（文革期に全国的に設立された組織で、広東省では1979年末まで存続し、以後は省人民政府となった）は輸出加工区の設置と観光産業の振興を目指して専門の領導小組を設置し、香港との国境貿易を発展させる措置を取った。[110] 1978年末より、香港と広東の間には直通のトラック便・フェリーボート・ホバークラフトの就航が始まっており、1979年春には香港の九龍と広州を結ぶ九広鉄道が直通のコンテナと旅客車を開通させ、人と物の往来は一層便利になっていた。当時、共産党系の地方紙『廣州日報』は、「西化（西側の生活様式に耽溺すること）」はしてはならないが、「四化（四つの近代化）」のためには先進的な外国技術の導入が必要であるという記事を掲載しており、広東が早くから対外開放に関心を寄せていたことを示唆していた。[111]

他方、省幹部の間では、広東が北京主導の計画経済体制に組み込まれたままでいることに対する不満が募っていた。省内では、広東経済が飛躍できないのは「統得過多、管得過死（規制管理が多すぎて融通が利かない）」のせいであり、広東の長所を発揮することも難しく、短所を克服する方法もないという批判が

第 3 章　対外開放の開始

高まり、広東の自主権拡大を求める意見が強まっていた[112]。こうした広東の不満は、1979年4月、省党委第一書記の習仲勲が中央工作会議で鄧小平に直接伝えることになった。

(b)　中央対外開放派指導部と広東省との協調

1979年4月に北京で開催された中央工作会議において、広東省第一書記の習仲勲は、党中央指導部に対し、広東省が「四つの近代化」で1歩先を進むためには、省の自主権を拡大する必要があると主張した。彼は「もし、広東が『独立国家』であれば数年のうちにやれるだろうが、今の体制では容易ではない」と訴えた[113]。習仲勲の発言は中央指導部の注目を集め、鄧小平は真っ先に賛同の意を示した。この時、鄧小平は、「中央には資金がないので金は出さないが政策は与える」と答え、習仲勲の提案は党の承認を得た。この後、鄧小平は谷牧に広東省での調査を命じ、谷牧は広東省幹部とともに大規模な輸出加工区設置の準備を始めることになった。

鄧小平の承認を得て、習仲勲や劉田夫をはじめとする広東省幹部は、5月に入るや中央に提出する報告書と輸出特区構想の起草文件作成にとりかかり、同月中旬に広東に到着した谷牧に省案を提出した。報告書には、華僑とのつながりなど広東固有の条件や省の基本的な経済指標の報告、エネルギーやインフラといった広東経済が直面していた問題、直接投資導入を主体とした輸出特区建設の構想と華僑政策の見直し、地方自主権の拡大と銀行融資による資金的援助の要請、インフラ整備支援の要請といった項目が含まれていた。谷牧は広東省幹部とともに協議を重ね、最終的に4点を中央への起草文件としてまとめた[114]。劉田夫の回想録に従って要約すると、第1に、中央は広東が1歩先を進むことを決定する。これにより、広東は香港・マカオとの密接な関係を利用して、国家建設を加速する。目標は50億米ドルの外貨収入を獲得し、5年以内に日本や台湾から香港市場を奪い返すことである。第2に、中央は広東に財政請負制を認める。上納額の基準は1978年および1979年の実績に基づき、5年間は不変とする。輸出で得た外貨は中央30％、地方70％の配分とする。第3に、発展を加速し、政策・体制以外でも、国内外の先進的な工業レベルに追いつき、香港はじめ国際市場に進出する。第4に、中央の決定を忠実に実行し、密輸の防止に

IOI

努める。谷牧と広東省幹部が準備した起草文は6月に党中央と国務院に提出され、7月15日に中央50号文件として回答が出された。中央は、「広東・福建両省に対外経済活動における特殊政策と柔軟な措置」を通達した。その内容は谷牧と省幹部による起草文をほぼ全面的に認めたものであった。これにより、広東省は外貨収入と財政については5年間の定額請負制をすることが可能となった[115]。これは、1980年より5年間、広東省の外貨収入は1978年の実績を基準として超過分は中央30％、広東省70％の比率で分配すること、また、財政収入に関しては1979年の実績を基準として毎年中央に12億元（後、10億元に減額）を上納し、残りは省内で留保できることを意味した。また、国家計画の指導の下に、物資・商業については市場調節を行うこと、計画・物価・賃金・企業管理・対外経済の各方面における広東省の権限拡大、深圳・珠海・汕頭への輸出特区の設置も合わせて認められた。批准の理由として、党中央と国務院は、広東・福建は香港・マカオに近く、多くの華僑を輩出しており、資源も豊かであるため、経済発展を加速する上で有利な条件を備えていることを挙げた。

　こうして1979年上半期には、地方レベルで対外開放へ向けての動きが進展したが、この時期は、陳雲が全国規模で3年間の経済調整に着手した時期でもあった。計画経済主導派は、経済調整と並行して外国資本を導入することに対して、非常に慎重な姿勢を示した。例えば、1979年3月、陳雲と李先念は財経工作に関する中央への書簡の中で「外資利用に関しては償還能力と国内の投資能力を考慮して進めるべき」と述べた。また、広東が省の自主権を要求した1979年4月の中央工作会議でも、李先念が盲目的な外資の利用を戒める発言をした。この中央工作会議の主要議題は経済調整であり、国民経済の「調整・改革・整頓・提高（向上）」の八字方針が提出された。経済調整の八字方針は同年6月の第5期全国人民代表大会第2回会議でも確認され、計画経済主導派による経済運営が主流となったことを印象づけた。

　しかし、対外開放派はすべての経済運営を計画経済主導派に委ねていたわけではなかった。対外開放の実質的な責任者である谷牧は、「経済調整は成果を挙げている」と言って計画経済主導派の政策を評価し、他方で「1歩退いて2歩進む」と言って対外開放を推進する意欲をみせた[116]。谷牧の発言は、彼の対外

開放に対する強い信念を表していると同時に、計画経済主導派を不必要に刺激しないように政治的に配慮されたものであることがうかがえる。実際には、経済調整に対する評価を下すには早すぎる時期であり、その成果を吟味した上での発言とは考えられない。事実、経済調整は中央と地方との足並みが必ずしも揃っておらず、計画経済主導派が期待したほどの効果を上げてはいなかった。それにもかかわらず、谷牧が楽観的な見通しを示した理由は、経済調整が十分にその役割を果たしたと強調することによって調整期間の延長を避け、対外開放への気運を高めることが目的であったといえる。これと並行して、鄧小平も外国の賓客と会見する際には必ず対外開放を強調した。1979年11月に訪中したブリタニカ百科全書出版社副社長フランク・ジブニー氏一行との会談で、鄧は「社会主義も市場経済をすることができる」という大胆な発言まで行った[117]。また、1980年1月から2月にかけて外資の利用に関する座談会が開催され、輸出入管理委員会、中国銀行、世界経済研究所、国際経済関係研究会などの機関から80名以上が出席し、外資利用に関する研究・討論が行われていたのである。

(c) 地方レベルでの進展

中央から特殊政策と柔軟な措置を取りつけた広東省は、引き続き谷牧と頻繁に協議を重ねながら、拡大した自主権を積極的に利用し始めた。1979年9月、習仲勲広東省革命委員会主任は自ら香港を訪問し、工商界人士と交流して経済特区への投資を訴えた[118]。また、省内では対外開放に備えた行政改革も始まった。1979年9月、広東省は、100万ドル以下の技術設備導入をともなう委託加工については深圳市が単独で承認できると決定した[119]。11月には、特区設置予定地である深圳と珠海を省直轄市とし、省の直接指導下におさめた。同年12月、習仲勲省長は省人民代表大会において、広東省の経済を農業および軽工業を中心とした輸出志向型に再構築することについて討論を行い、深圳・珠海の特区設置計画についても報告した。12月21日、広東省第5期人民代表大会第2回会議は、中央に先んじて広東省経済特区条例を採択した[120]。1980年、広東省は外資導入に関する認可権限を各下級政府に委譲することを決定し、広州市は500万ドル以下、海南行政区は300万ドル以下、市級政府は150万ドル以下、県級政府は50万ドル以下の範囲であれば、各々自己決定できることになった[121]。また、1981年1

月、省内の外貨管理に関する暫定規則が公布された。これにより、省内の市・地区・企業が委託加工や貿易によって獲得した外貨を省と分配する際の比率が定められた。また、省内の外貨は省人民政府が統一管理すること、すなわち、省計画委員会が単年度の外貨配分計画を編成し、省党委員会に報告し、省人民政府が批准するという手続きが明記されたのである[122]。4月、共産党の地方紙『廣州日報』は、組立加工は国家資本主義的性格を有する経済活動であるという記事を掲載した。それによると、組立加工によって、中国は資本・技術・経験・国際市場との関係を利用し、外貨の増収、就業の増加、生産技術と経営管理水準の向上を図り、国民生活を改善できるという[123]。実は、この報道の前に国務院が対外組立加工と中小規模の補償貿易を発展させる規定を通達しており、『廣州日報』の記事はこの通達を広めることが目的であったと受け取れる。広東省人民政府も中央の通達を受けて、組立加工と補償貿易の設備導入に関して下級政府に一定の審査・認可権限を委譲した。

　こうして、広東では市場経済の導入に向けた準備が着実に進行していたが、幾つかの問題点も抱えていた。第1に、人々の意識の面での変革は制度上の変革よりも遅く、社会主義体制下で資本主義経済の慣行を中国の人々が理解することは非常に困難であった。例えば、中国で初めてクレジットカードが利用できるようになったのは、1979年秋の広州交易会のことであった。本来、カード売上額の4％に相当する手数料は資本主義国では加盟店側が負担することが常識であるが、中国ではカード保有者が負担することになった。その理由は、中国の商店やホテルはすべて国営のため、国家に納める金額はいかなる理由であれ絶対に変えるわけにはいかない、従って、カード手数料は加盟店側ではなく、カード保有者が支払うべきである、というものであった[124]。第2に、香港の市場経済と大陸の計画経済を結ぶ接点となった広東省では、密輸が頻繁に報告されていた。例えば、1980年5月には香港・マカオの投資家が関与した密輸が省政府に報告され、6月には外資との契約の際に生産設備以外のテレビ・ラジオ・扇風機・冷蔵庫などを密輸した事件が発覚した。度重なる密輸の発覚は計画経済主導派指導部による広東省批判や特区建設反対を主張する根拠となる恐れがあり、対外開放を推進しようとする広東省幹部にとっては深刻な問題となりつ

第 3 章 対外開放の開始

つあった。
　(d)　広東省経済特区条例の制定
　1980年5月、深圳特区への投資に関する手続きを所管する広東省経済特区管理委員会が成立し、広東省幹部の呉南生が主任兼党組書記に就任した[125]。8月、北京で開催された第5期全国人民代表大会常務委員会第15回会議は特区の設置と特区内の特殊政策を批准し、広東省経済特区条例（以下、特区条例）として公布した。これを以て、深圳経済特区は正式に発足したのである。蛇口開発がわずか2.14km²の敷地から始まったのに対し、深圳経済特区には最初から327.5km²の広大な土地が与えられた[126]。12月、広東省は資金調達と先進技術や設備を導入するために広東信託投資公司を設立した。
　こうして広東省は経済特区設置の特権を手にしたが、中央政府は深圳経済特区の管理・監督をすべて広東省の手に委ねたわけではなかった。特区の運営については、日常業務に関わる問題は広東省が管轄し、特区の方針や重要事項の決定は中央政府が直接指導する体制が整った[127]。広東は自主権を拡大することはできたが、依然として北京の干渉を受ける余地が残されていたのであり、中央に対する省内の不満は引き続きくすぶっていた。他方、中央政府も経済政策や財政分野における権限委譲によって広東に対する指導や管理が一層困難になり、その結果、中央政府が任命権を持つ省内最高ポスト、省党委員会第一書記の人事の重要性が高まった。1980年9月24日、習仲勲・楊尚昆・劉田夫の広東省幹部は、党中央書記処で広東の工作状況について報告をしたが、この中で省幹部らはさらなる権限の委譲と広東の交通・エネルギー関連インフラ整備を中央政府に求めた[128]。これに対して、党中央書記処は、広東および福建両省の優勢を十分に発揮して1歩先に豊かになり、全国の「四化（四つの近代化）」建設の先駆けとなる旨について、9月28日付で関連部署に配布した中央書記処会議紀要に明記した。広東省幹部の劉田夫は、この紀要を広東の特殊政策に対する党中央の支持を改めて示した文書であると認識したようである。この後、11月になると中央は習仲勲を北京に呼び戻し、代わりに東北出身の任仲夷が広東省委第一書記に就任した。就任早々、任仲夷は、広東省幹部会議で講話を行い、赴任前に中央で鄧小平・葉剣英・李先念・胡耀邦・万里・韋国清・姚依林・谷牧

とそれぞれ会見してきたことや、各指導者が広東に多大な関心を寄せていることを語り、中央の指示を受けて広東に派遣された存在であることを印象づけようとした。中央政府は権限委譲によって勢いづいた広東に対し、党委第一書記の首をすげ替えることで中央の指導を維持しようとしたのである。

　広東と中央との確執は続いた。1981年5月、谷牧国務委員は広東・福建両省と北京で特区工作会議を開催し、広東省幹部の他、国務院の関連部局、薛暮橋・銭俊瑞・許滌新といった著名な経済学者を招いた。この会議で、国務院の複数の部長は、両省が特殊な政策を実行することは「資本主義の道を歩む恐れがあり、国民経済の大局を乱す恐れがあり、過ちを犯す恐れがある」と述べて、特区政策に批判的な見解を示した。広東を代表していた劉田夫に言わせれば、これらの部長は「思想の解放が足りない」のであって、中央は未だ特殊政策と柔軟な措置を実際には広東に与えていないと反論した。しかし、中央幹部からの批判に対して広東省代表は、資本主義の道を歩まない、四つの基本原則（社会主義の道、プロレタリア独裁、共産党の指導、マルクス・レーニン主義と毛沢東思想）を堅持する、中央が規定した任務を達成する、特殊な党員とならない、統一的な対外政策を実行することを約束した。谷牧は両者の間に入り、「最終的には経験を総括し、認識を統一し、解決方法を探し出してさらに前進すればよい」とその場を締めくくった。谷牧の役割は、対外開放を推進するだけではなく、計画経済主導派と対外開放派とを引き合わせ、それぞれの主張を引き出して互いの見解を再確認する場を提供するコーディネーターであったともいえる。

　一方、党中央指導部では経済政策をめぐって陳雲と鄧小平の対立が表面化しつつあった。経済運営を取り仕切っていた陳雲は計画経済に忠実であり、安定を最も重視した。当時、計画経済主導派が適切と考えていた経済成長率は4〜6％程度であった。経済調整を徹底しようとする陳雲に対し、鄧小平は生産力重視の姿勢を貫こうとした。例えば、1979年1月に鄧は日本の大平正芳首相（当時）と会談し、経済発展の状況に関して20世紀末までに小康（少し余裕のある状態）の水準に達するという目標を提示した。華国鋒との権力闘争で優位に立つようになると、鄧小平の生産力重視と対外開放の路線は益々明確になり、陳雲の経済路線との違いが次第に際立ってきた。経済路線の違いは経済調整の評価

にも影響した。谷牧ら対外開放派官僚は経済調整が順調に進んでいると公言したが、陳雲や薄一波ら計画経済主導派は経済調整が不徹底で中央の財政が逼迫していると主張した。1979年、1980年は2年連続して財政赤字とインフレに見舞われたため、計画経済主導派は、経済調整が有効に行われていないという危機感をさらに強めた。1980年12月に、党中央は北京で中央工作会議を開催し、地方の第一書記、党・政・軍各部門の指導者ら200名以上を集めた。この会議中、陳雲は外資の利用と技術の導入は重要な政策であると前置きしながらも、その決定に関しては個人で決めるのではなく、集団で討議する必要があると釘を刺した。[133]これは各部門の責任者に対する苦言であるとともに、飛躍的な経済発展を目指して対外開放に力を入れる鄧小平への牽制であったとも受け取れよう。

　経済特区が広東省で誕生した背景には、蛇口工業区の設置や香港との関係といった、この地域固有の要因があった。蛇口工業区の管轄は中央主管部門の出先機関である招商局であったが、同局は香港との緊密な関係を活用して香港資本を誘致し、直接投資をいかに利用すべきかについてのモデルを実演してみせた。元来、広東省と香港は、政治的な関係を除き、人・経済・言語・文化の各方面における紐帯が非常に強い地域であったため、広東省は当初から華僑・華人投資を想定して大胆な特区構想を打ち出すことができた。しかしながら、既存の中央集権体制下では地方政府の自主権は非常に限られたものであり、広東の発展の可能性は遠く離れた北京の指導部によって押さえつけられているという不満が高まっていた。いかに距離が離れていようとも、党中央の承認なしに広東が独自に行動することは不可能であったのである。その解決策として、広東省党委員会第一書記の習仲勲は広東の自主権の拡大を求めて中央指導部に直訴し、鄧小平がこれを強く支持した。さらに、1年以上の時間をかけて対外開放の実務的な責任者である谷牧が広東省と緊密に連携しながら準備を進め、1980年8月に漸く広東省経済特区条例が中央で批准され、経済特区という新たな制度が正式に発足したのである。

　この過程をふり返ると、深圳経済特区が成立する上で、3つの要素が大きな貢献をしていたことがわかる。第1に、強力な政治的庇護であった。特区政策を全面的に支持し、政治的な擁護を与えたのは鄧小平であった。国内の経済運

営を握る陳雲は対外開放について非常に懐疑的であり、鄧小平の政治的保護がなければ広東省への自主権拡大や特区が実現する可能性は非常に低かった。第2に、地方幹部の自主性と指導力であった。特に、中央から任命されながらも広東省の省益を最大限追求することに尽力した習仲勲第一書記の役割は重要であった。省第一書記は党中央と広東省との間に立ち、党の方針・政策を省レベルで実行するという重要な役割を担っていた。他方、安徽省や四川省の発展に貢献した万里や趙紫陽が後に中央指導部に抜擢されたように、第一書記の地方における実績がその後の中央での政治的躍進に影響する可能性が高かった。習仲勲の政治的野心については断言し難いが、彼は広東省の発展のために省幹部とともに対外開放を積極的に推進した。しかしながら、広東の自主権拡大に対する強い要求は、広東の不満を代弁し財政面の自主権拡大と経済特区設置を中央からもぎとってきた習仲勲を広東省委第一書記から解任するという結果に終わった。習書記に代えて、中央は遼寧省委第一書記の任仲夷を広東へ派遣した。広東の地方幹部はこの華北出身の新しい指導者を迎え入れるしかなかった。第3に、中央と地方との調整であった。北京の中央政府と広東省との政策調整を担ったのは、対外開放派幹部の谷牧であった。彼は鄧小平から対外開放の実務を一任されており、中央指導部に近く、国務委員でもあったことから、党指導部および国務院各部の動向について情報に通じていたと考えられる。谷牧は、特区実現のために自ら繰り返し広東省に出向いて省幹部と緊密な関係を構築し、中央指導部と広東省との政策調整役を担った。計画経済主導派に対しても強硬な姿勢を示した記録はなく、政治的な配慮にも長けていたと考えられる。これら3人の人物に代表されるように、強力な政治的庇護、地方幹部の自主性と指導力、中央と地方との調整という3つの要因が重なって経済特区は実現したのである。

② 特区条例の内容と意義

これまで論じたように、1980年8月、広東省経済特区条例が中央で承認され、経済特区の運営はこの条例を基に実施されることになった。特区条例は基本的には1979年に制定された合弁法を踏襲するものであったが、直接投資を導入す

る現場としてより実際的な対応が必要であったはずである。広東省経済特区条例はどの程度実務的であり、どのような特徴を持っていたのであろうか。以下では、特区条例の内容について紹介し、さらに合弁法との比較により特区条例の意義を明らかにしたい。

　特区条例は4章22条から構成されていた。第1条では、「……外国公民・華僑・香港マカオの同胞およびその会社・企業（以下、客商）が、投資して工場を設置したり、中国側と合弁で工場を設置したり、企業やその事業を行うことを奨励し、また法律に従ってその資産、受け取るべき利潤、その他の合法的な権益を保護する」と述べており、華人・非華人を問わず外国人投資家を歓迎する意向を示した。第2条では、特区内の企業と個人に対して中国の法律・法令・関連規定の遵守を義務づけ、中国側の主権を強調した。第3条は、広東省経済特区管理委員会の設置と、当該委員会が広東省人民政府に代わって特区を統一管理することを明記しており、特区での外資導入窓口が一本化したことがわかる。第4条は、投資対象分野についてであるが、「工業、農業、畜産業、養殖業、旅行業、住宅・建築業、高級技術研究製造業、その他客商と中国側がともに関心を持つその他の産業」はすべて進出可能とあり、少なくとも条例の上では制限はなかった。第5条では、特区における整地・給水・排水・電気の供給・道路・埠頭・通信・保管倉庫などの公共設備は広東省経済特区管理委員会が担当し、外資による建設参加も認めた。第6条では、国内外の識者を招いて各特区に顧問委員会を設立することが定められた。

　2章（第7～11条）は合弁企業設立の過程に関する項目であった。合弁申請については第7条で、客商は広東省経済特区管理委員会に申請を提出し、審査・批准後に登記証と土地使用証書が渡されると定めた。外貨管理と保険については第8条で、客商は特区内の中国銀行など、中国が認めた銀行に外貨口座を開設することや、特区内の中国側が承認した保険公司で保険に加入できることが定められた。製品の販売については第9条で、「特区企業の製品は国際市場で販売する」ものとし、国内市場で販売する場合は「広東省経済特区管理委員会による審査認可を受けて必要な関税手続きをしなくてはならない」と定めた。特区内の企業は、法的には、関税を払えば国内でも販売できたのである。第10

条では、特区内に限り100％外国資本企業（独資）を許可した。しかし、100％外国資本の企業が合弁と同じ待遇を受けるのか、別に関連規定を作るのかについては述べていなかった。第11条では、撤退の場合は経済特区管理委員会に理由を申請して合弁の解約手続きと債権債務の処理を行うと定めた。

　3章（第12～18条）は優遇条件に関する項目であった。第12条では土地と地代についてであるが、用地は実際の必要に応じて提供され、その使用年限・使用費・支払方法は合弁の業種により優遇を受けるが、詳細は別規定となっていた。[134]第13条では、「特区内の企業が輸入する生産に必要な機械設備、部品、原材料、運搬道具およびその他の生産資料には関税を課す」が、生活必需品に対しては状況に応じて個別に徴税か免税かが決まることになっており、その基準については述べていなかった。第14条では、特区企業の所得税率を15％と定めた。また、本条例公布後、2年以内に投資を行う企業、500万米ドル以上の投資を行う企業、比較的技術性が高く資金回収に長期間を要する企業には特別待遇があると付記したが、詳細には触れなかった。また、技術レベルの判断基準も不明であった。第15条では特区内の銀行経由での外貨持ち出しを認めたが、その限度額については明記しなかった。第16条では、特区に5年以上再投資する場合は再投資分にかかる所得税について減免税の申請ができると定めた。第17条では、特区企業が中国製の機械設備、原材料などを使用することを奨励した。その場合、中国製機械や原材料の価格は、当時の同類商品を輸出する際の価格に比べて優遇するものとし、外貨決済で処理すると規定した。第18条では、特区に出入りする外国人、華僑、香港マカオの同胞については出入国手続きを簡素化して便宜を図ると述べた。

　4章（第19～22条）は労働管理に関する項目であった。第19条では、各特区内に労働服務公司を設立し、特区内の企業が中国人社員や労働者を雇用する際には、現地の労働服務公司の紹介もしくは広東省経済特区管理委員会の同意を経て客商が自ら招聘するものとし、企業は試用期間の後に雇用契約を結ぶとされた。第20条では解雇について、第21条では中国人労働者の賃金について、また第22条では労働保険について規定した。賃金体系については広東省経済特区管理委員会の規定に従うことになっており、本条例では詳述しなかった。

このように、直接投資導入の現場の法律とはいえ、特区条例にも不明確な項目や別規定に依る所は多く残されていた。例えば、土地と税の優遇措置や生産設備・原材料の輸入に関する減免税措置について具体的な記述はなく、中国製の生産設備や原材料を利用する場合の調達価格についても、輸出価格より安いとはいえ、どの程度の水準になるかは不明であった。特区条例の曖昧さに関しては、3つの理由が考えられる。第1は、中国側の経験不足により、この段階で外国人投資家の意向を十分に汲み取れていなかった可能性が高いことである。第2は、後述の蛇口規定とも関わるが、蛇口が当初から香港企業の誘致に対象を絞り込んでいたのに対し、特区は香港に限らず、より広範な華僑・華人投資や非華人投資を誘致する狙いがあったことである。従って、特区条例は、蛇口規定よりも間口を広く開けておく必要があり、それゆえに総花的で具体性を欠く内容にならざるを得なかった。第3に、合弁法と同じく、特区条例も外国人投資家への優遇措置をあまりに明確に盛り込むことは政治的実行可能性（political feasibility）を狭める危険があった。合弁法と同様、特区条例も中央での審議を経て批准されなければならなかったが、外国人投資家を対象とする優遇措置が多ければ多いほど、計画経済主導派指導部が特区条例制定に難色を示したであろうことは想像に難くない。また、深圳経済特区は蛇口工業区よりもはるかに大規模な実験場であったため、特区と資本家との結びつきを強調しすぎて計画経済主導派を刺激することを避けたとも解釈できよう。

　しかしながら、合弁法と比べれば、広東省経済特区条例の内容は外国投資家に対する優遇措置について明確に述べていた。例えば、直接投資の対象業種が無制限であったこと、100％外国資本企業の設立を認めたこと、企業設立申請の審査・批准を広東省経済特区管理委員会に一本化したこと、法人所得税率を15％と定めたことなど、大雑把であったとはいえ、特区条例は合弁法よりも踏み込んだ内容の制度として発足したのである。また、土地使用費・税・機械設備の輸入・出入国手続きの簡素化など、今後、外国人投資家がどの方面において優遇措置を期待できるのかについても示唆していた。合弁法が中央政府の直接投資歓迎の方針を示す象徴的な存在であったとすれば、特区条例は地域的な限定つきではあったが、明確に優遇措置を示して外国投資家に大きく譲歩した

ものであった。しかし、それは内地から隔離され、人の出入りを厳しく管理した特区であったからこそ、政治的に認められた措置でもあった。

③　蛇口工業区と深圳特区

　1980年の広東省深圳市では、蛇口工業区に限り適用される蛇口規定とそれ以外の経済特区に適用される特区条例とが併存していた。蛇口は深圳市の一部であるが、直接の管理者は現在に至るまで招商局であり、同じく深圳市の一部である深圳特区の管理者は広東省経済特区管理委員会であった。両者の行政的な関係は明確ではなかった。

　さらに、蛇口規定と特区条例は誘致対象が異なっていたため、その内容には大きな違いがあった。両地域とも内地経済からは厳しく隔離されていたが、蛇口工業区の場合は当初から香港経済との一体化による発展を明確に打ち出していた。そのため、蛇口規定は香港の投資環境を十分に意識し、それとの比較において優遇措置が整えられた。例えば、中国人労働者に対する賃金も、香港ドルで払うことが義務づけられており、賃金水準は中国での同じ職種の賃金と香港のそれとの間の範囲におさめるように決められていた。また、土地使用費は香港ドル換算で、水は香港の価格より20％安いレートで、電力は香港と同じ価格で供給された。さらに深圳経由もしくは水上ルートでの香港からの入国に限り、手続きを簡素化した。また、合弁企業の定款は香港もしくは国際的慣習に則ると明記され、会計も外貨表示が義務づけられた。蛇口の合弁企業が製品を輸出する際には輸出税は免除されたが、国内市場に販売する時は関税を払わねばならず、蛇口工業区と内地経済との分離も明確であった。

　一方、蛇口規定と比べると、特区条例には法人税率以外に具体的な数値基準は示されておらず、出資比率の制限も明らかではなかった。このため、米国の『イースト・アジアン・エグゼクティヴ・リポーツ（*East Asian Executive Reports*：以下、*EAER*）』誌は、特区条例の曖昧さに失望し、蛇口規定の方がはるかに明瞭であると評した。

　しかしながら、深圳市の中に蛇口規定が通用する蛇口工業区と特区条例が通用する蛇口以外の経済特別区が併存し、さらに中央が公布した合弁法という地

域不特定の制度が存在した状態においては、投資ルールの解釈に混乱が生じた。また、3つの投資ルールは、必ずしも互いに整合していたわけではなかった。例えば、出資比率に関して、合弁法では外国人側が25％以上となっていたが、蛇口規定では合弁の各パートナーにそれぞれ25％以上の出資を求めており、特区条例では特に明記していなかった。法人税に関しては、合弁法では減免税の可能性を示唆するにとどまったが、特区条例では一律15％の所得税を基準としてさらに減免税があるとした。蛇口では、操業後3～5年間は免税とし、その後の法人税は10％にすると定めたが、これは3つのルールの中では最も低い税率であった。[135] また、合弁期間については合弁法も特区条例も明記しなかったが、蛇口規定では平均25年とした。全体の傾向としては、後から制定された蛇口規定と特区条例の方が最初に制定された合弁法よりも具体的であった。また、誘致対象が明確な蛇口規定の方がより詳細な投資条件を明示することができた。しかしながら、3つの制度の関係や各々の不明瞭な箇所について誰が最終的な権限と責任を持つのかという点については不明確なまま、広東での直接投資導入の実験は始まったのである。

第4節　対外開放初期における直接投資導入実績

　一般に、中国では、1979年から1982年にかけての外国資本導入に関する経済統計は一括表示されることが多く、各年の統計を得ることは難しい。これは、文革時に大打撃を受けた行政管理系統の混乱が十分に収拾されておらず、正確な統計が存在しないためといわれている。[136] そこで、中国で発行された統計年鑑およびその他の文献を用いて、対外開放初期における直接投資導入実績の規模を推定してみたい。まず、中国の公式統計では、1979年から1982年の直接投資導入総額は、契約ベースで922件、60.1億ドル、実行ベースで約11.7億ドルであった。[137] そのうち、『1979―1991中国対外経済統計大全』によると、1979年から1981年までの3年間における直接投資は実行ベースで約7.4億ドル、1982年単年度では4.3億ドルであった。[138]

次に、断片的ではあるが、各年の詳細な情報について、中央政府の外資導入政策にも関わっていた経済学者の1人、季崇威の論文より抜き出してみた。それによると、1980年末の時点で、中国は20件の合弁企業設立を承認した。中国の定義によると、合弁とは、共同経営者が各々出資して共同経営を行い、各自の出資比率に応じてリスクと損失を負担する形態をいう。季崇威論文によると、20件の合弁に投資された金額は、合わせて2.1億米ドルであったが、そのうち、80％以上に相当する1.7億ドルは外国資本で、残りの4000万ドル相当が中国側の出資であった。これらの合弁を業種別にみると、工業13件、ホテル3件、食品1件、サービス2件、養豚1件であった。中国におけるいまひとつの主要な直接投資形態は合作企業であるが、これは、当事者間の損益分担を出資比率ではなく、合作企業設立時の契約で定める方式である。季論文によると、同期間中の合作企業は300件以上あり、総額およそ5億ドルで、香港・マカオを中心とする華僑資本が投資主体であり、投資の大半は広東省と福建省に集中していた。なお、補償貿易については、1980年だけで3件の大型契約と、約350項目の中小型契約が成立しており、それぞれ総額で8700万ドル余りと1億ドル以上の技術設備を導入したという。

　さらに、季崇威は別の論文の中で、1981年末における直接投資導入の状況について報告した。それによると、1981年には、直接投資契約額は約30億ドル、そのうち、合弁企業は40件で投資額8748万ドル、合作企業は390件で投資額18億ドル、補償貿易は590件で外商側が提供した機械設備は約4.6億ドル、組立加工への投資は約1.57億元であった。また、合弁企業が軽工業・紡績・機械・電子・食品などの産業部門に貢献したのに対し、合作企業は4.5億ドル相当が観光やホテル事業に当てられ、住宅や建設業への投資がこれに続いた。

　上記の数字は各々定義が明らかではないため、単純計算で正確な値を知ることはできないが、大凡の投資状況と規模を推測することはできる。この時期には、合弁企業の成約件数は比較的少なく、他方、合作や補償貿易・組立加工の成約件数は非常に多かった。その理由としては、投資環境整備があまりに不十分であったために外国投資家は投資リスクの大きい合弁企業よりも合作や補償貿易の形態を選択したこと、当初は短期的な利潤回収を目的とする香港・マカ

オの華僑資本が多かったことなどが考えられよう。

　全国レベルで正確な統計を得ることは難しいが、深圳市では各年の直接投資導入額を公表していた（表3－2）[144]。それによると、深圳市においても合弁よりも合作企業の方が圧倒的に多かったが、特区条例が公布された1980年から既に100％外国資本の企業も進出していた。また、深圳市の直接投資実行額は1つの行政単位としては非常に規模が大きく、広東省の投資実行額に占める割合でみると、1979年17％（三資企業のみでは18％）、1980年16％（同22％）、1981年43％（同50％）、1982年27％（同34％）と常に高い比率を占めていた（表3－3）。全国的にみても、1979年から1982年まで4年間にわたる深圳市の三資企業形態による直接投資導入額が全国のそれに占める割合は、契約ベースで約22％、実行ベースで約15％に相当していた。このように、中国最大の経済特区を有する深圳市が直接投資導入において大きな貢献をしたことは疑いがなかった。

　しかし、視点を変えて非華人投資家側の立場からみると、深圳特区の投資環境に対する評判はあまり芳しいものではなかった。1980年3月に発行された米国の『ビジネス・ウィーク（*Business Week*）』誌は、深圳の通信・運輸手段には問題が多いにもかかわらず、特区は香港と比べて労賃の面で比較優位があるため、投資は香港から深圳へ向かっていると分析した[145]。同誌によると、香港の賃金は年率20％の割合で上昇し続けていたため、1978年以来、アパレル・電機部品組立・皮革鞣し・印刷・日用雑貨などの業種において120社以上の香港中小企業が深圳に工場を移転したと報告した。しかし、同誌の分析は、人件費の比較優位説については疑問を投げかけた。深圳特区の賃金は中国政府によって香

表3-2　深圳市の直接投資導入状況（1979～1982年）

単位：百万ドル

年	総額	契約ベース			総額	実行ベース		
		合弁	合作	100％外資		合弁	合作	100％外資
1979	17.90	8.51	9.39	－	5.48	1.92	3.56	－
1980	239.66	10.21	139.66	89.79	27.55	2.52	18.91	6.12
1981	863.60	4.42	726.36	132.82	86.18	10.73	54.27	21.18
1982	175.46	6.43	144.98	24.05	57.71	11.14	38.23	8.34

（出所）深圳市統計信息局編『深圳統計信息年鑑1998』、中国統計出版社、1998年、275および279頁。

表3-3 広東省の外国投資実行額に占める深圳の比率

年	広東省（単位：万米ドル）			深圳（単位：万米ドル）			広東省に占める深圳の比率（単位：％）		
	総額	三資企業	その他の外資	総額	三資企業	その他の外資	総額	三資企業	その他の外資
1979	9143	3074	6069	1537	548	989	17	18	16
1980	20829	12320	8509	3264	2755	509	16	22	6
1981	26257	17326	8931	11282	8618	2664	43	50	30
1982	27129	17123	10006	7379	5771	1608	27	34	16
1983	39723	24523	15200	14394	11316	3078	36	46	20
1984	63946	54163	9783	21051	18640	2411	33	34	25
1985	62982	51529	11453	19340	17989	1351	31	35	12
1986	78526	64392	14134	38073	36450	1623	48	57	11
1987	78363	59396	18967	28013	27379	634	36	46	3
1988	136418	91906	44512	29999	28716	1283	22	31	3
1989	132432	115644	16788	30246	29252	994	23	25	6

（出所）前掲、『深圳統計信息年鑑1998』275、279頁、および前掲、『新中国五十年統計資料匯編』610頁より作成。ただし、ここでは対外借款を除く三資企業およびその他の外資のみを対象とした。その他の外資について統計年鑑等には明記されていなかったが、三資企業に含まれない補償貿易・委託加工なども含まれると推察される。

港の80％程度に設定されていたが、教育レベルが低いために技術習得に時間がかかり、生産性を考慮すれば中国の比較優位であるはずの低賃金という利点は大きく損なわれていたという。投資条件の明確さや優遇措置の面から総合的に判断すれば、『ビジネス・ウィーク』誌は、深圳よりも蛇口の投資環境の方が優れていると結論づけた。非華人投資家にとって、設立間もない深圳経済特区の投資環境はあまりに貧しく、ルールも不明確であったため、対中投資ブームを起こすには至らなかったのである。

第5節　本章のまとめ

本章では、対外開放路線への転換と、それに引き続いて直接投資導入政策が始まった政治的・経済的理由について検討してきた。1970年代末、文革の混乱

第3章　対外開放の開始

を経て中国経済や社会は疲弊しており、共産党指導部は国内の安定と経済建設を優先させなければならない状況に直面していた。しかし、毛沢東の後を継いだ華国鋒は十カ年計画に失敗して財政危機を引き起こし、やがて党指導部内における反華国鋒勢力と鄧小平グループによって失脚へと追い込まれた。華国鋒との権力闘争で優位に立つために鄧小平は陳雲ら計画経済主導派と手を結び、国内の経済運営は陳雲と計画経済主導派に一任した。陳雲は国内経済再建のために経済調整を推進したが、鄧小平は対外開放の推進に関しては陳雲に譲らなかった。

一方で、対外開放の前夜には既に国内の知識人を中心に自由主義経済的な思想が広まっており、直接投資や輸出振興政策の有効性と問題点についても広く検討されていた。また、アジアの新興工業国の経済発展により、国家と外国資本とは対立的な関係にあるという一元的な前提から、国家が投資環境整備によって外国資本を誘致しこれを利用して経済発展を図ることが可能であるという柔軟な発想への転換が起こった。しかし、中国で資本主義的な経済政策を実行するためには、まず、従来からの硬直した社会主義イデオロギーとの理論的な調整を図る必要があり、毛沢東時代の自力更生の概念はより柔軟に再解釈されることになった。

党指導部内で華国鋒の劣勢が明らかになると、鄧小平は本格的に対外開放に取り組み始め、計画経済主導派の経済調整路線との違いが次第に際立つようになった。鄧小平ら対外開放派は外資導入による市場メカニズムの効率的な導入を目指し、成長と生産力を重視した。一方、計画経済主導派は社会主義公有制と計画を重視し、安定成長を望ましいと考え、資本主義的な経済政策に対して強い警戒感を表した。

鄧小平は直接投資導入政策を実現するために旧資本家との連携を選択し、彼らに政治的庇護を与えた。党の重要な政策決定会議では専ら華国鋒批判と経済調整が主要な議題であり、外国直接投資の導入が大きく取り上げられることはなかったが、谷牧ら経済官僚は実務的な準備の積み重ねにより合弁法制定へとこぎつけた。合弁法は対外開放後の新しい中国を印象づけた反面、具体的な運営に関する記述は非常に少なかったことから、投資誘致のための法整備とい

117

うよりも外国直接投資を歓迎するという象徴的な存在でしかなかった。しかし、合弁法には、計画経済主導派の政治的抵抗を和らげるために、中国側の主権を明確にし、外国人投資家への優遇措置についてはあまり明確にしないという政治的配慮もうかがえた。対外開放派は法令の実質的内容よりも直接投資導入の合法化・制度化を優先させたといえよう。

　他方、中央での合弁法制定や、蛇口での実験的な工業区開発に触発された広東省は、華僑・華人との密接な関係を利用して自らも経済発展を遂げる可能性が高いことを敏感にかぎとった。自らの有利な条件を活用できないとして中央政府に対する不満を高めていた広東省は、党委第一書記の習仲勲が鄧小平と直談判して地方自主権を拡大したことにより、経済政策と財政面で大きな権限を得た。これにより、広東は経済特区設立への準備を行い、また中央からの経済的制約を緩和することが可能となった。広東の自主権拡大とともに、鄧小平は谷牧を中央からの指南役として広東に派遣し、省幹部と密接な関係を築かせた。谷牧は対外開放の推進役であったと同時に、中央と地方との調整役をも務めたのである。度重なる広東省の自主権拡大の要請は、やがて党委第一書記の交代へとつながったが、これは中央が広東の独走を許さなかったからである。

　このように、経済特区はその成立以前から中央と広東省との関係に大きな影響を受けてきた。特区成立後も、経済特区管理委員会の主任には広東省幹部が就任したが、特区に関する重要事項は中央の直接指導下にあり、特区は中央の監督と干渉から完全に逃れることはできなかった。他方、深圳特区は、対外開放を本格的に進めようとする中央対外開放派と、地方経済の活性化と豊かさを追求しようとした広東省幹部と、地方での実績を自らの政治的躍進の根拠にしたいと願った省党委第一書記の各々の思惑が一致して実現したものでもあった。3者は計画経済主導派に対しては互いに協調的であったが、それは中央と広東省との根本的な対立関係を解消するものではなかった。

　中国最大規模の深圳経済特区に適用された広東省経済特区条例は中央での批准を必要としたため、合弁法と同様、計画経済主導派に対する政治的配慮も必要であった。しかし、特区条例は、内地から隔離された地域に限るという条件の下で、投資家優遇措置を明示することが許され、合弁法よりも実質的に意義

のある投資ルールの策定を目指すことができた。

　経済運営における計画経済主導派の勢力が非常に強かった政治的環境の中で、直接投資導入政策は常に主要議題であった経済調整に主役を譲り、計画経済主導派にとって目障りな存在にならない程度の規模と勢いを保った結果、制度として無事に確立することができた。国内の知識人は直接投資や輸出加工区の経済的効果について論じたが、対外開放派幹部は政治的にそれらの政策を生き延びさせることが重要であると判断したのである。直接投資導入や経済特区の設置をめぐって広東省は中央対外開放派と結託したが、それは広東と北京指導部との緊張関係を根本的に変化させるものではなかった。広東はさらなる自主権拡大を求め、中央政府も省の人事を通じて広東に対する手綱を締めようとした。地方自主権の拡大により、中央は既に地方に対する財政面での管理能力を大きく損なっていたからである。また、経済特区は広東省と中央との関係を一段と複雑なものにした。広東省は特区によって経済的恩恵を得ることができるが、特区政策の存続を決めるのは最終的には北京であった。他方、北京の対外開放派が特区の成功を図るためには広東の手綱を幾分緩める必要があったが、緩めすぎると広東の独走を許すばかりか計画経済主導派の反発を招いて特区や対外開放の継続が危ぶまれた。広東と中央対外開放派は、互いに牽制しつつも、相互利益のために協調が必要な関係となったといえよう。

1) 文革の犠牲者数については依然として正確に割り出すことは困難である。本書では天児慧・石原享一・朱建栄・辻康吾・菱田雅晴・村田雄二郎編『岩波現代中国事典』、岩波書店、1999年、1108頁、辻康吾の執筆による「文化大革命」の項を参照したが、毛里和子は「末端レベルも含めて……死者は少なく見積もっても40万人、被害を受けた犠牲者は1億人にのぼる」と記述している（毛里和子『新版　現代中国政治』、名古屋大学出版会、2004年、51頁より一部略して引用）。いずれにせよ、これほどの被害が国家の経済建設に多大な影響を及ぼさなかったとは到底考えられない。
2) 董輔礽主編『中華人民共和国経済史』（上巻）、経済科学出版社、1999年、575-576頁。
3) 同上書（上巻）、580-581頁。
4) 同上書（上巻）、574-583頁。
5) 同上書（下巻）、7頁。
6) 同上書（下巻）、6-7頁。
7) 国家統計局国民経済綜合統計司編『新中国五十年統計資料匯編』、中国統計出版社、

1999年、33および41頁。実際に鋼鉄生産が6000万トンを超えたのは1989年であった。また、穀物生産は1984年に4億トンを超えたが、その後、生産量は減少と増加を繰り返し、安定的に4億トン以上の生産が供給されるようになったのは1989年以降のことであった。
 8) 董輔礽主編、前掲書（下巻）、6‐8頁および国家統計局編『改革開放十七年間的中国地区経済』、中国統計出版社、1996年、135頁。
 9) 中国財政年鑑編輯委員会編『中国財政年鑑2000』、中国財政雑誌社、2000年、392-393、402頁。
10) 奚君羊「建立有中国特色的外匯体制」、『世界経済研究』1985年第3期、12頁。
11) 黄種徳「中国石油工業概況」、『七十年代月刊』1977年第5期、8頁。
12) 何炳棣「中国鋼鉄工業的現状与展望」、『七十年代月刊』1976年第2期、18頁。
13) 黄種徳、前掲「中国石油工業概況」。
14) Barry Naughton, *Growing out of the Plan: Chinese Economic Reform 1978‐1993.* Cambridge: Cambridge University Press, 1995, pp.71-73.
15) 前掲『新中国五十年統計資料匯編』、41頁。
16) 前掲『中国財政年鑑2000』、392-393頁。
17) 丸山伸郎「対外開放の経済メカニズム――内向型から外向型への移行形態」、岡部達味・毛里和子編『改革・開放時代の中国』、日本国際問題研究所、1991年、240-241頁。
18) プラント契約には多くの日本企業が関わっており、中国側の一方的な契約破棄によって大打撃を受けた。この事件は、後に日本政府が対中円借款を転用することで解決が図られた（田中明彦『日中関係1945‐1990』、東京大学出版会、1991年、108-115頁）。
19) 董輔礽主編、前掲書（下巻）、6‐8頁。
20) 陳雲が政治権力に対する野心を持たなかったという説については、例えば、何頻・高新『中共太子党』、時報文化出版、2001年、154-155頁。この他、陳雲の伝記として、于俊道主編『生活中的陳雲』、解放軍出版社、1999年や、朱佳木・遅愛萍・趙士剛編著『陳雲』、中央文献出版社、1999年などがある。
21) 本節は、下野寿子「対外開放政策決定期における経済発展モデルの探求――資本主義的要素の選択と正当化」（『中国研究論叢』2002年第2号）を加筆・修正したものである。
22) 特区設立までの過程を紹介した文献の一例として、深圳市史志辦公室編『中国経済特区的建立与発展（深圳巻）』、中共党史出版社、1997年がある。
23) 本書では、中国が経済発展モデルとして参照した韓国・台湾・シンガポール・香港を東アジア新興工業地域（NIEs）と称してきたが、1970年代末から1980年代初期だけを対象として議論するこの節に限り、新興工業国（Newly Industrializing Countries: NICs）の呼称を用いた。その理由は、本節で参照した中国語文献より、この時期には中国が1970年代に飛躍的な高度成長を遂げた東アジアおよびラテンアメリカの経済発展状況をつぶさに研究していたことが明らかであったためである。
24) 銭俊瑞「認真学習外国, 加速実現我国四個現代化」、『世界経済』1979年第1期、6-11頁。
25) 中国社会科学院経済学家考察団「南斯拉夫和羅馬尼亜的経済考察」、『世界経済』1979

年第7期、1-6頁。
26) 「羅馬尼亜経済保持高速度発展」、『人民日報』1978年8月19日。
27) 「南斯拉夫基本実現農業機械化」、『人民日報』1978年8月22日、「南斯拉夫社会主義建設取得巨大成就」、『人民日報』1978年8月23日。
28) 「本刊編輯部召開南斯拉夫経済問題座談会」、『世界経済』1978年第2期、21-22頁。
29) 同上、21頁。発言者は特に明記されていない。
30) 同上、23頁。
31) 倪友祥「実行工貿結合，積極発展外貿——介紹羅馬尼亜的外貿体制和発展外貿的措施」、『世界経済』1980年第7期、51-56頁。
32) 前掲「本刊編輯部召開南斯拉夫経済問題座談会」、22-23頁。
33) 劉開銘「高速度発展的羅馬尼亜工業」、『世界経済』1978年第2期、28頁。
34) 厲以寧「論資本密集型経済和労働密集型経済在発展中国家現代化過程中的作用」、『世界経済』1979年第6期、5-14頁。
35) 同上、6-9頁。
36) 同上、9-10頁。
37) 同上、10-11頁。
38) 同上、12-13頁。
39) 同上、14頁。
40) 例えば、倪振良『深圳伝奇』、海天出版社、1994年、第2章参照。
41) 同上書、15-16頁。
42) 郭崇道「第三世界加工出口区的特点和問題」、『国際貿易問題』1979年第4期、29-31頁。
43) 同上、31-32頁。
44) 同上、32頁。
45) 2001年8月29日、対外貿易経済合作部国際貿易経済合作研究院外資研究部研究員との面談。しかし、企業側は対中投資に全く無関心ではなかった。例えば、1978年10月に米国のゼネラル・モータース（GM）は鄧小平に直接経済協力の話を打診し、鄧小平が合資企業を認める発言をしたという（尹集慶主編『中国対外経済貿易改革20年』、中州古籍出版社、1998年、144頁）。しかし、対外開放路線の決定以前、こうした接触は非常に稀であった。
46) 筱玖「発展中国家的外債問題」、『国際貿易問題』1977年第1期、17頁。
47) 同上、17-19頁。
48) 同上、20頁。
49) 何新浩「積極利用外資　加速経済発展」、『国際貿易問題』1980年第2期、16-17頁。
50) 同上、18-19頁。
51) 同上、19頁。
52) 銭文宝「新加坡対外資的利用和管制」、『世界経済』1980年第1期、60頁。
53) 同上、61-64頁。
54) 同上、64頁。

55) 王根良「近年来台湾省的対外貿易」、『国際貿易問題』1980年第2期、21-25頁。
56) 「八十年代的世界経済形勢和利用外資問題――美国経済専家車茂宏在京的講演」、『世界経済』増刊1980年第4期、5‐6頁。
57) 同上、6‐7頁。
58) 汪道涵「談談関於利用外資的幾個問題――1980年2月1日在利用外資問題座談会上的講話」、『世界経済』1980年増刊第2期、2頁。
59) 同上。
60) 同上、3頁。
61) 同上、6‐7頁。
62) 許柯・劉復栄「関於引進的幾個問題」、『紅旗』1979年第2期、28頁。
63) 李占才『当代中国経済思想史』、河南大学出版社、1999年、121頁。
64) 「経済形勢与経験教訓」(1980年12月16日)『陳雲文選』第3巻、人民出版社、1995年、277頁。
65) 「資本主義制度『腐而不朽』嗎？」、『廣州日報』1979年6月15日。
66) 例えば、銭俊瑞、前掲論文、「認真学習外国，加速実現我国四個現代化」、2頁。
67) 例えば、銭俊瑞「関於対外開放戦略的若干理論問題」、『銭俊瑞選集』、山西人民出版社、1986年、770-771頁。
68) 例えば董輔礽主編、前掲書（下巻）、79-80頁。
69) 李占才、前掲書、442-443頁。
70) 例えば、高銛「拉丁美洲的"発展主義"経済思潮」、『世界経済』1978年第4期、75-78頁。
71) 「関於当前的世界経済形成――宦郷同志在全国世界経済科研規劃座談会上的報告（摘要）」、『世界経済』1978年第3期、5頁。
72) 招商局は1872年に李鴻章によって設立された。
73) 毛里和子『現代中国政治』、名古屋大学出版会、1993年、140-141、145-149頁。
74) 同上書、139-141頁。毛里によれば、党内において政策決定に携わるのは、通常、（下級機関より）中央政治局員、中央書記処書記、中央政治局常務委員会委員、および総書記である。最も重要な政策決定は総書記および中央政治局常務委員会委員によって行われるという。
75) 文革終了後、生産および流通体系の荒廃が次第に明らかにされた。例えば、江頭数馬『七〇年代政変期の中国』、霞山会、1979年、112-115頁。
76) 陳雲の経歴については、于俊道主編、前掲書や、朱佳木・遅愛萍・趙士剛編著、前掲書を参照。
77) 陳雲は解放前の上海で社会の底辺の生活を経験した。この経験が、その後の彼の資本家や資本主義に対する感情に強く影響したものと考えられる。また、彼が共産党に入党したのは、上海の商務印書館時代のことであった。
78) 陳雲「堅持按比例原則調達国民経済」、前掲、『陳雲文選』第3巻、251-252頁。
79) 同上、252頁。

第3章　対外開放の開始

80) 陳雲「経済形勢与経験教訓」（1980年12月16日、中央工作会議での講話）、同上書、276-277頁。
81) 費成康『中国租界史』、上海社会科学院出版社、1991年、63および427-430頁。
82) 鄧の講話については、「解放思想，実事求是，団結一致向前看」、『鄧小平文選』第２巻、人民出版社、1994年、140-153頁。「解放思想」と対外開放との関係については、例えば、張岳琦・李次岩主編『任仲夷論叢　先行一歩──改革開放篇』（第二巻）、広東人民出版社、2000年、122-123, 185-188, 192-193頁などを参照。
83) リー・クアンユー著、田中恭子訳『中国・香港を語る』、穂高書店、1993年、87頁。
84) ジム・マン著、田畑光永訳『北京ジープ』、ジャパンタイムズ、1990年、35-36頁。
85) 李嵐清主編『中国利用外資基礎知識』、中共中央党校出版社・中国対外経済貿易部出版社、1995年、93頁の定義による。
86) 計泓賡『栄毅仁』、中央文献出版社、1999年、200頁。
87) 上海国際友人研究会・大阪編集協力委員会編『日中友好に貢献した人びと──大阪地区著名人士の事績』、日経事業出版社、2001年、576-577頁。
88) 例えば、栄毅仁は1957年に上海市副市長、1959年には国務院紡織工業部副部長に就任した。
89) 汪道涵、前掲論文、6-7頁。
90) "Entities Created To Facilitate Joint Venture Agreements." *East Asian Executive Reports*（以下、*EAER*と略す）, March 1980, p.5.
91) 中信公司の設立は1979年6月27日に正式に批准された後、7月8日に対外的に公表された。なお、1979年7月8日は合弁法が施行された日でもある。
92) 前掲、"Entities Created To Facilitate Joint Venture Agreements." 中信公司の業務内容については、"Law Establishing The China International Trust and Investment Corporation." *EAER*, March 1980, pp.20-21参照。
93) 計泓賡、前掲書、206頁。
94) 同上書、207頁。
95) 「李先念副総理在会見美国朋友時説　中国歓迎外国公司投資和合営辧工廠」、『廣州日報』1979年7月18日。
96) 招商局は、清朝末期に設立された運輸業を担う国営企業で、理事長は国務院の交通部長（蕭向前著、竹内実訳『永遠の隣国として』、サイマル出版会、1994年、254-256頁）。
97) 張光途主編『20年記憶──中国改革開放20年人物志』、華夏出版社、1999年、61頁。
98) 招商局ホームページの公司歴史、蛇口大事（http://shekou.com/gsyl/gyqls/skdsj/bnjs.htmlを参照）。
99) William P. Alford & Michael J. Moser, "Current Trends In Chinese Shipping." *EAER*, September 1979, p.11.
100) 劉田夫『劉田夫回憶録』、中共党史出版社、1995年、446頁。
101) 同上書、447頁。
102) 同上書、448頁。

103) 張光途主編、前掲書、61-67頁。
104) 彭昆仁「発展中外合辦企業　加快実現四化」、『廣州日報』1980年1月17日。
105) 前掲、招商局ホームページを参照。
106) 蛇口の規定については、"Particulars Of Joint Ventures In Shekou Industrial Zone (SKIZ)." *EAER*, April 1980, pp.19-20を参照。
107) "Guangdong roads officials suspended for impeding development." *The British Broadcasting Corporation*, 17 October 1980.
108) 劉田夫、前掲書、432頁。
109) この時、珠海県も珠海市に昇格した。
110) 「宝安県和珠海県経国務院批准分別改設為省轄深圳市、珠海市」、『廣州日報』1979年3月21日。なお、省革命委員会は文革推進のために設置された機構であるが、1979年9月、第5期全人代常務委員会第11回会議で地方の革命委員会を人民政府に改めることが決定された。これを受けて、広東省では、1980年1月1日より省人民政府に改められた（孟慶順・鄭宇碩『廣東地方政府』、天地図書、2001年、16-18頁）。
111) 藍今吾「『四化』与『西化』」、『廣州日報』1979年3月29日。
112) 劉田夫、前掲書、433-434頁。
113) 同上書、434-436頁。
114) 同上書、439-440頁。
115) 外貨収入は1978年の実績を基準と、超過分は中央30％、地方70％の比率で分配。財政は1979年の実績を基準とし、毎年中央に12億元（後、10億元に減額）を納め、残りは省内で留保できることになった。
116) 「我国経済将更快発展」、『廣州日報』1979年9月29日。
117) "Vice-premier Deng Xiaoping Meets Vice-Presidents of Encyclopaedia Britannica, Inc." *The Xinhua General Overseas News Service*, November 26,1979および前掲『鄧小平文選』第2巻、236頁の「社会主義也可以搞市場経済」を参照。
118) 「我国経済将更快発展」、『廣州日報』1979年9月29日。
119) 劉田夫、前掲書、452頁。
120) 李尓華・張柳成・趙暁燕編『中国改革開放20年大事記』、中州古籍出版社、1998年、8頁。
121) 劉田夫、前掲書、463頁。
122) 「広東省人民政府関於印発≪広東省地方外匯分成試行辦法補充規定≫的通知」および「≪広東省地方外匯分成試行辦法≫補充規定」、『広東政報』1981年第1期、30-33頁。
123) 林静「我国対外加工装配的性質和作用」、『廣州日報』1980年4月10日。
124) "Canton Fair: Visa Cards Accepted." *EAER*, October 1979, pp.4-5. なお、1980年には広州および上海で、ビザ、アメックス、ダイナース・クラブの国際クレジット・カードが部分的に利用できるようになった（"Credit Cards And Travelers Checks." *EAER*, February 1980, p.6）。
125) 劉田夫、前掲書、452-453頁。

第 3 章　対外開放の開始

126）深圳市の総面積約2000km²のうち、15％以上に相当する区域が経済特区に指定された。
127）2002年 9 月 1 日、広東省広州市社会科学院でのインタビュー。
128）劉田夫、前掲書、461-462頁。
129）張岳琦・李次岩主編、前掲書、3 -15頁。
130）劉田夫、前掲書、464-466頁。
131）例えば、薄一波の談話「在長期計画座談会上的講話」（1980年 4 月22日）（『薄一波文選（一九三七－一九九二年）』、人民出版社、1992年、374頁）では、李先念や陳雲が 5 ～ 6 ％の工業成長率が望ましいと考えていたことが述べられた。また、薄一波が1981年 8 月18日に国務院会議で行った講話、「関於経済工作的幾個問題」では、第 6 次五ヵ年計画（1981～1985年）の工農業成長率は 4 ％程度、第 7 次五カ年計画で 5 ～ 6 ％程度が望ましいと述べた（同、379頁）。
132）前掲、『中国改革開放20年大事記』、8 頁。
133）「中南海紀事——経済工作的戦略転折」、『瞭望』1981年 3 月号、2 - 5 頁。
134）橋本嘉文『中国・経済特区　深圳の挑戦』、にっかん書房、1990年、70頁によれば、実際には、工業用地の使用料は 1 m²当たり年間で、1 元、1.3元、1.6元の 3 種類があった。
135）Olin L. Wethington, "Regulations On Special Economic Zones In Guangdong Province." *EAER*, January 1981, p.8.
136）2002年 9 月 4 日、対外貿易経済合作部国際貿易合作研究院外資研究部研究員らとの面談。しかしながら、1979～1982年の 4 年間の総額や件数は統計上の数字として明記されており、こうした総額がどのように算出されたのかについてはこの調査では不明。
137）前掲『新中国五十年統計資料匯編』、63頁。
138）国家統計局貿易物資司編『1979 - 1991中国対外経済統計大全』、中国統計信息諮詢服務中心出版、1992年、11頁。
139）李嵐清主編、前掲書、88頁。
140）同上書、89頁。
141）季崇威『中国利用外資的歴程』、中国経済出版社、1999年、2 - 3 頁。
142）同上書、3 頁。
143）同上書、53-54頁。この他、石油開発が約 5 億ドルあった。
144）なお、統計上、特区と特区外との区別はなく、市全体の統計と考えられる。
145）"How China hopes to lure plants from Hong Kong." *Business Week*, March 17, 1980.

第4章　14沿海都市開放の政治過程

　合弁法と経済特区の設置によって始まった中国の直接投資導入政策は、1984年4月、14沿海都市の対外開放と経済技術開発区の設置により、急速な展開をみせた。この時、対外開放都市に指定されたのは、大連、秦皇島、天津、煙台、青島、連雲港、南通、上海、寧波、温州、福州、広州、湛江、北海の14都市であった。[1] これらの対外開放窓口の増加は、中国にとっても、国際的なビジネス展開を図る外国企業にとっても画期的な出来事であったが、そこに至るまでの道程は決してなだらかなものではなく、また、沿海部の「対外開放」の実態は限定的なレベルにとどまった。第1に、14沿海都市の開放を決定するまでには、合弁法の成立から5年、経済特区の正式承認から4年の歳月が経過していた。直接投資導入の開始から沿海都市の開放までに要した5年の歳月を、我々はどのように評価すべきなのであろうか。第2に、経済技術開発区の設置によって実質的に外国人投資家に開放された地域は、これらの都市の各々ごく一部にすぎなかった。国務院特区辦公室主任の何椿霖によると、当初、国務院が承認した沿海都市の開発面積は上海を除いて114.42km^{2}であったが、初期の着工を許可された開発面積はその5分の1に満たない21.16km^{2}であった。[2] しかも、その後の基本建設の圧縮により、これらの開発面積はさらに縮小した。こうした事情からも、経済特区条例や合弁法の制定にも似て、14沿海都市の開放は画期的であった反面、実際には名目だけが独り歩きしていた感を否めない。それは、一方では「改革開放の中国」「経済の中国」への転換の難しさを、他方では、沿海部の開放が中央政府の慎重な判断に裏打ちされていたことを示していた。

　では、実際に、14沿海都市の開放は、中国の直接投資導入においてどの程度画期的あるいは限定的な政策であったのか。この問いに答えるため、本章第1節では、対外開放をめぐる計画経済主導派と対外開放派との争点および双方の

主張を整理する。また、当時の政治経済環境が対外開放の推進にどのような影響を与えていたのかについても検討する。第2節では、対外開放派がどのように対外開放の機運を高め、沿海都市の開放を実現させたのか、また、沿海部の対外開放に関して中央政府がとった政策にはどのような狙いがあったのかについて考察する。第3節では、中国側の対外開放政策に対する外国企業側の反応について紹介する。最後に、14沿海都市開放を実現に導いた直接的・間接的要因について整理し、本章のまとめとする。

第1節　対外開放の争点と計画経済主導派・対外開放派の攻防

1　経済政策をめぐる計画経済主導派と対外開放派との対立

　1979年以降、中国は、本格的な改革開放に着手する前段階として3年間の経済調整（readjustment）を行った。これは、文革期に荒廃を極め、華国鋒の国民経済発展十カ年計画（以下、十カ年計画）によって均衡を崩した国内経済をより健全な状態に戻す作業であり、陳雲が計画部門を通じて指揮を執った。経済調整は、基本建設投資の圧縮、農業と軽工業の発展、エネルギー・交通運輸部門の脆弱性の克服を目的としていたが、その力点はとりわけ基本建設投資の圧縮と削減にあった[3]。その余波を被ったのは、中国と大規模なプラント契約を結んでいた外国企業であった。1981年1月、財政赤字と石油生産の見通しの誤りという中国側の一方的な理由により、政府は約30億ドルの外国とのプラント契約を破棄した[4]。日本の大企業にも大きな打撃を与えたこの事件は、中国の国際的な信用を大きく損なうことになった。しかし、国内の経済運営の舵を握っていた計画経済主導派指導部は、先進資本主義国との商取引よりも均衡財政の達成を優先させたのである。

　国際商取引における国家の信用を傷つけてまで強力に推し進めた経済調整であったが、3年の期限が間近に迫った頃、その成果についての計画経済主導派と対外開放派の見解は大きく異なっていた。計画経済主導派指導部は、中国経済は経済調整によっても未だ十分に健全性を取り戻してはおらず、さらなる調

第4章　14沿海都市開放の政治過程

整の継続とその徹底化が必要であると主張した。[5] 他方、対外開放派は、経済調整の成果は上がっており、当初の予定通り3年間で終了すべきであると主張した。

　両者が経済調整の成果について正反対の主張をした理由のひとつは、経済データの解釈の違いにあった。例えば、著名な経済学者の董輔礽によると、1981年の基本建設投資は1980年より20％近く圧縮され、同年の国家財政も支出超過には違いないが前年に比べると赤字幅は大きく改善していた。[6] これを以て、対外開放派は、経済調整は概ね順調にその成果を上げたと主張した。しかし、計画と実体とを詳細に比べてみると、1981年の基本建設投資は当初計画の300億元を大きく上回る442.9億元に達していた。そもそも計画経済下では、計画と実態とがほぼ一致しなければ意味がない。計画経済を重視する計画経済主導派は、実際の基本建設投資が計画を大幅に上回ったこと自体が問題であると考えた。財政赤字に関しても、例えば第5期全国人民代表大会第4回大会（1981年末）や同第5回大会（1982年末）で趙紫陽総理や王丙乾財政部長が国内外の債務を除外した額を報告して楽観的見通しを示したことに対し、計画経済主導派は財政赤字に内債・外債を含めて実態を把握すべきだと主張した。[7]

　経済調整に対する計画経済主導派と対外開放派との見解が異なったいまひとつの理由は、両者の政治的な思惑の違いにあった。改革開放が不可避であることを認めながらも、計画経済主導派は計画に固執し、経済調整を延長して計画中心の経済体制をできる限り維持しようと努めた。他方、鄧小平ら対外開放派は、近代化に必要な生産力の発展と成長を実現するためには、経済調整はこれ以上続けるべき政策ではなく、早々に経済運営を安定から成長へと転換させねばならないと考えていた。経済調整が投資や財政赤字の削減に取り組んだおかげで、中国経済は財政危機を脱しつつあった。反面、董輔礽が指摘したように、エネルギー・交通運輸の供給不足や国有企業における労働生産性の低下など多くの問題も起こっていた。こうした問題に対応するためにも、対外開放派は、経済調整は十分にその役目を果たしたと主張して計画経済主導派の抵抗を退け、改革開放の本格的な着手を目指したのである。

　計画経済主導派と対外開放派との意見対立は、最終的には、経済調整を予定

通り1981年で終えることで落ち着いた。しかし、計画経済主導派、とりわけ陳雲はこの程度の経済再建では満足していなかった。当初予定されていた経済調整期間は終わったが、計画経済主導派の意見を反映して、中央はその後も地方や下級機関による基本建設投資を厳しく監視し、行き過ぎに対しては厳しい姿勢で臨むことになった。

　さらに激しく計画経済主導派と対外開放派が対立したのは、対外開放をめぐる諸政策であった。とりわけ対外開放の象徴的存在であった深圳経済特区は、両派の最大の争点となった。中国最大の経済特区であった深圳は、高い成長率を記録すると同時に、数年で人口が10倍になるなど都市としても急膨張していた。深圳は繁栄と熱狂、混乱の町となりつつあったが、計画経済主導派の目には混乱と無秩序の部分が際立って見えた。深圳特区と資本主義世界とのヒト・モノ・カネを通じた接触は急増し、特区と内地との緩衝地帯となっていた広東省も香港との経済・ビジネス関係を構築し始めていた。深圳や広東の繁栄は、「腐敗」しているはずの資本主義的なやり方（市場経済）が、経済成長を達成する上ではかなり有効であることを明示していた。しかし、部分的な市場経済の導入は、経済の活性化をもたらしただけではなかった。とりわけ深圳経済特区からは贈収賄・密輸などの経済犯罪や、社会の公序良俗に反する現象も次々と報告された。計画経済を信奉していた計画経済主導派が経済特区の繁栄を苦々しく思えば思うほど、対外開放の負の側面に関心が集まったであろうことは想像に難くない。

　改革開放の必要性については認めざるを得ないが、計画にも固執するといった計画経済主導派の心情を、我々は陳雲の発言の随所に見ることができる。陳雲は対外開放を根本的に否定することはなく、外資導入も必要なものは認めるべきとの姿勢を通した。しかし、経済特区や外国企業の受入など具体的な話題になると、「特区を増やすことはできない」、「江蘇省のような所で特区を建設してはいけない」（1981年12月）といった発言をしばしば繰り返した。[8] 1982年1月、国家計画委員会の幹部を集めて開催した座談会で、陳雲は、かつて同委員会が国家経済の発展の速度を決定し、計画経済の主役であったことを回顧して、計画が以前ほど重視されなくなった風潮を嘆いた。彼は、「現在特区をやるこ

第4章 14沿海都市開放の政治過程

とは、各省みなやりたいと思っており、みな堤防を決壊したいと思っている。もしそうなれば、外国資本家と国内投機家がみな売り出し、大いに投機や空売りをすることは間違いなく、だからそのように進めることはできない。特区の第1の課題は経験を総括することである」と警告した[9]。また、1982年12月の第5期全国人民代表大会第5回会議で、陳雲は「経済の鳥籠論」を提唱した。鳥籠論によると、鳥（経済活動）は手で握りしめると死んでしまうし、籠がなければ飛んでいってしまう。鳥は鳥籠（経済計画）に入れておくのが適切であり、籠の大きさは必要に応じて決めればよい。陳雲は、経済活動は計画の範囲内で行うべきであり、計画の指導から乖離することはできない、と説いたのである[10]。さらに1983年10月12日、第12期2中全会では、「対外開放をする時、我々は、対外開放にともなう悪いものに十分に注意しなくてはならないとも話してきた。しかし、現在のところ、悪い結果を防止する工作はまだ十分ではない」、「外国の摩天楼や高速道路などを見て、中国は外国に及ばず、社会主義は資本主義に及ばず、マルクス主義は効果がないと考える人がいる。これらの人々については、我々は批判と教育を施さねばならない」、「中国は現在まだ貧しいが、我々は社会主義国家であり、我々の基本的な制度は資本主義よりも優れているところが多い。資本主義国家には百万長者がいるが、彼らの富は労働者を搾取して得たものである」と述べて、資本主義の国内浸透に対し強い反発を示した[11]。

　計画経済主導派の領袖であった陳雲が、表面上は外資導入を容認しながらも実際には資本主義を激しく嫌った理由は、彼の個人的体験にあった。彼は青年時代を解放前の上海で社会の底辺ともいえる貧困層の中で過ごしたが、その時の体験が資本家や外国人資本家への嫌悪感を形成していったと考えられる。解放前の中国では被搾取階層に居続けるしか生きるすべを持たなかった陳雲にとって、社会主義革命は彼の人生を変える好機となった。革命に参加して共産党政権でその手腕を買われたことにより、彼は国家経済の運営に関わる有力党員にまで昇進した。陳雲にとって、解放前の上海や租界は搾取と混乱の世界であり、そこに秩序を回復したのは共産党と計画経済であった。彼にとって、資本主義とは、ほぼすべて悪いもの、好ましくないもの、腐敗したものであった。自他を問わず厳格で、秩序と徳を重んじた陳雲は、資本主義に対する抜き難い

131

不信感を抱いていた。こうした経歴を持つ陳雲の資本主義批判には、イデオロギー的偏見だけではなく、往々にして道徳観が滲み出ていた。偏見に満ちた資本主義観を信じ続けた陳雲は、一度も視察することなく経済特区を批判し続け、その夫人の香港視察さえ許可しなかった。

彼の資本家に対する理解は、1980年12月の中央工作会議で行った発言に端的に表れていた。その要旨は、「鎖国を打破し、自力更生の条件の下で外資を利用し、技術を導入するという政策決定は疑いもなく正しい。しかし金を借りる時は十分慎重であるべきだ。なぜなら、世界の平均利率よりも低利で貸してやろうという資本家はいない。資本家にとって重要なのは利潤とリスクなのだから」というものであった。直接投資の利点に理解を示しつつも、外国資本家の力を借りて近代化を達成するという構想が、陳雲にとっては心情的に受け入れ難かったことは間違いなかろう。

最後に、計画経済主導派指導部が資本主義や経済特区を批判し続けた背景的理由として、計画部門との関係を無視することはできない。陳雲が計画経済の根幹を握る国家計画委員会を強く支持していたことや、陳雲に近い李先念が長年にわたって財政部を率いてきた人物であったことなど、計画経済主導派指導部と計画の中枢部門との間には、人脈に基づく緊密な関係がうかがえた。計画経済主導派指導部が計画部門の官僚や組織の意見を党内政治の場で代弁する役割を担っていたとすると、これらの組織は、計画の貫徹や均衡財政の達成に重きを置き、市場経済の導入という計画の枠を越える試みに対しては消極的であったと考えることができよう。

2　対外開放をめぐる計画経済主導派と対外開放派との論争

1980年代に入ると、直接投資の経済的利点に対する理解が広まる一方、経済特区の経験を基に、外国資本や資本主義の導入をめぐる計画経済主導派と対外開放派との論争は一層激しくなった。ここでは直接投資導入に関わる3つの主要な争点について紹介する。

第1の論点は、経済特区設立以前から取りざたされていたことではあったが、特区の性格に関する問題であった。例えば、深圳経済特区は租界の再来なのか、

資本主義なのか、香港化してしまうのか、といった点は、繰り返し論争の的となった。理論上、対外開放には大きな利点があるとしても、現実には経済特区の実態に戸惑いを感じた人は少なくなく、社会主義の原則に合致しないという意見も依然として強かった。こうした人々の間では、深圳経済特区が香港化し、広州がその影響を受けて深圳化し、北京が広州化するのではないかという説が広まった。

このような保守的な人々に対し、対外開放派は深圳経済特区における資本主義的な要素は非常に限定的であると反論した。対外開放派は、深圳特区の「特」は経済上の特別政策だけを指し、政治的には中国の主権の及ぶ地域であることに変わりはなく、植民地やかつての租界とは異なると主張した。また、4つの経済特区を合わせても中国の国土全体のごくわずかな面積を占めるにすぎず、特区で資本主義を実施したとしても、その影響は非常に限られており、社会主義制度の枠内で管理・調節・監督が可能であると主張した。「香港化」を恐れる人々に対しても、対外開放派は、経済特区の周辺は厳重に管理されていて内地から入るには通行証が必要であるため、「香港化」の悪影響が国内に伝播する心配はないと反論した。深圳で香港ドルが公然と流通していたことや、かつて貧しい漁村であった深圳に多様な家電製品が普及して資本主義的な生活が定着しつつあった状況についても、対外開放派は、これらは経済特区を進める上で必然的に生じる「特別な部分」の範囲にとどまっているとみなした。

第2の論点は、外国企業に対する認識の問題であった。対外開放が始まっても計画経済主導派の外国企業観に変化はなかった。彼らは、外国企業とは自らの利潤を追求するだけの外国の資本家であるとみなし、外国企業との交渉・取引にあたっては中国側が騙されないように細心の注意を払うべきだと考えていた。例えば、計画経済主導派の理論家であり、有力な指導部の1人でもあった胡喬木は、1985年初めに厦門を視察した際、「経済特区は政治特区ではなく、100％外資企業も租界ではない。合弁や100％外資企業は皆中国の法律を遵守すべきである。中国の租界は、初めは外国企業・工場の開設に始まり、清朝政府がこれに対して無関心であったため、中国の治外法権の租界を形成するに至った」と発言した。また、「（1984年に）会計検査機関が深圳の100％外資企業と合

弁企業を調査したところ、二重帳簿や偽勘定口座を用いての脱税が発覚した。注意しないと我々の権利が意味もなく失われてしまう」と外資系企業への不信感をあらわにした。

　胡喬木ほど激しい口調で批判したわけではなかったが、先進資本主義国に本社を置く多国籍企業については知識人の間でも見解が分かれていた。例えば、改革開放の経済議論に関しては先端的であった週刊紙『世界経済導報』は、1981年4月27日付で多国籍企業に関する議論を紹介した。その1つは無記名論文であるが、発展途上国が直接投資を受け入れた場合に起こり得る4つの現象を根拠として、多国籍企業とその本国の利益は受入国の民族利益と矛盾すると主張した。[18] 4つの根拠とは、第1に、多国籍企業が投資する産業分野や投資にともなう資本・雇用・技術などは、必ずしも受入国側の需要と一致するとは限らないことであった。第2に、多国籍企業は、その豊富な資金力と先進的な技術を用いて容易に受入国の重要産業部門を支配し得ることであった。第3に、多国籍企業はグローバル戦略に基づいて利潤を追求するため、大量の資本を短期間のうちに国外へ移動させて受入国の国際収支の均衡を崩し、通貨価値の下落を引き起こす可能性があることであった。第4は、多国籍企業がグローバル戦略に従って輸出入計画を立てたり子会社の利潤調節を行う結果、受入国側が損害を受けたとしても、政府は企業に干渉する権利を持たないことであった。このように、途上国と多国籍企業とは基本的に対立関係にあるという前提と、資本・技術・管理方法・国際的な販売網など巨大な資源を持つ多国籍企業は途上国にとって脅威であるという発想に基づいた議論が、一定の支持を得ていた。

　一方、同じ紙面に掲載された南開大学の滕維藻・陳蔭枋・蔣哲時による論文は、多国籍企業の利己主義的な性質について論じたが、その経済活動については反対しなかった。[19] この論文によると、1950年代から1960年代初頭にかけて急成長した多国籍企業は、豊富な資金と先進的な技術を保有し、いまや世界経済の発展に大きな影響を与える存在となった。多くの場合、多国籍企業は先進国に本社を置き、企業と先進国政府とは利害を共有した。しかし、直接投資の受入国である途上国は多国籍企業と常に利害が一致するとは限らず、場合によっては国有化によって国家の権益を守る場合もあると論じた。滕・陳・蔣論文も、

途上国と多国籍企業との対立関係を前提としていたが、多国籍企業による投資・生産活動については反対せず、途上国が支配や搾取を被らないように国際機関を通じて監視体制を整えることを提案した。

多国籍企業の巨大な影響力を懸念する外国企業観に対し、経済発展における直接投資の効果を中心に外国企業との関係を考えようとする知識人もいた。例えば、福建省社会科学院の方曉丘は、直接投資を導入する利点として、中国側には償還すべき債務が生じず、リスクは外国企業と中国側が共同で負い、中国が先進的な技術や科学的な経営管理方法を直接導入できることを強調した。その結果、製品の品質改善を促し、輸出を拡大して外貨を獲得し、競争力と経済効率を高める効果があると肯定的な評価を下した[20]。また、多様な地域から直接投資を誘致するには、政治的安定、健全な法制度、交通・電信・エネルギー面のインフラ整備が必要であるが、最も重要なものは外国企業の合法的利潤を保証する措置の策定であると指摘した。方曉丘は、直接投資の決定権は外国企業側にあることを前提として、中国がこうした国際資本の性質をどのように利用するのか、また刻々と変化する外部環境を見極めながら外資を有効に活用するにはどうすべきかについて考えねばならないと結論づけた[21]。方曉丘の見解は、外国企業誘致のためには導入窓口の設置だけではなく、投資環境整備が重要であるという1980年代半ばの中国側の認識転換を予測させるものであったが、これが政策として活かされるまでにはいましばらくの時間が必要であった。

以上の議論からもわかるように、1980年代前半の中国においては、外国企業に対する根強い不信感と、経済発展における直接投資の役割を評価する意見とが混在していた。こうした状況で対外開放を推進するためには、直接投資の経済的効果を強調するだけでは不十分であった。経済的利点に加えて、対外開放派は、直接投資導入の規模は非常に小さく中国の経済体制を脅かす存在ではないと説いて、保守的な人々の懸念を和らげる必要があったのである。

そうした議論の1つが、初保泰の「中外合弁企業を設立することに関する幾つかの理論と政策問題」（1983年5月）という論文であった[22]。この論文は、2つの根拠に基づき、外国との合弁企業は中国の社会主義を脅かす存在ではないと論じた。第1に、中外合弁企業の社会的性質は、「外国企業」でも「資本主義

的な性質の企業」でもないと定義した。この議論によると、合弁企業は中国の領土に設立され、中国政府の管轄を受けるため、「中国の企業」であった。資本構成からみても、一般的に中国側の出資比率の方が大きいため、外国企業とは言い難いとした[23]。また、合弁企業は、外資側の目的が資本の増殖であったとしても、中国側パートナー（大半は国営企業や集体企業）は人民への奉仕を目的としていたため、「完全に資本主義的な企業ではない」と結論づけた。第2に、1980年代初めの合弁企業設立状況をみると、その大半が中小企業であり、投資総額が1000万米ドルを超える大型投資は数えるほどしかなく、国営企業の規模に匹敵するものはないと指摘した。また、合弁企業の大部分は輸出が主たる目的であって国内市場を独占する可能性はほとんどないと論じた。

　経済学的観点からいえば、直接投資が一定の規模まで拡大しなければ経済発展におけるプラスの効果は期待できない。しかし、初保泰の論調から読み取れるように、当時の中国では、恐らくは政治的理由により、直接投資は目立たない存在であった方が都合がよかったのである。その理由のひとつは計画経済主導派への配慮であり、いまひとつは列強侵略の象徴であった租界とそこでの外国人による経済的支配を思い起こさせないようにするためであった。また、文革時代の極端な排外主義の名残を刺激しない配慮もあったのかもしれない。そのため、直接投資をさらに呼び込むためには投資環境の充実が必要であるという意見が一部で存在したにもかかわらず、全体としては、企業誘致努力に対する関心は低かったのである。

　第3の論点は、外資利用の効果を高めるためには、計画や管理を強化すべきか、それとも権限委譲を促進するべきかという問題であった[24]。これは、基本的には中央と地方政府・下級機関との経済権限をめぐる問題であったが、対外開放派が分権化の進行を、計画経済主導派が分権化推進よりも全国レベルでの計画達成を重視していたことから、中央・地方関係と計画経済主導派・対外開放派の関係との接点となり得る問題でもあった。対外開放が進展した最大の理由は、経済自主権の委譲により地方政府が対外開放の受益者として対外開放派の流れに組み入れられたことにあった。これにより広東省はじめ対外開放された一部の地方は自主的に外国資本を利用して経済発展することができた。一方で、

第 4 章　14沿海都市開放の政治過程

地方政府や下級機関への権限委譲は、過剰な基本建設投資を引き起こし、中央が策定した計画の遂行が困難になる局面が多々発生していた。1983年7月11日、計画経済主導派に近い宋平国務委員は、国務院各部門から基本建設の担当幹部が集まった会議において、資金の自己調達や銀行融資の拡大により、基本建設の規模がかつてないほど拡張し、統制がとれなくなっていると警告した。とりわけ、1982年の基本建設投資総額に対してプロジェクト数が大幅に増加したことを取り上げ、これらのプロジェクトのうち、本来の計画以外のプロジェクトを一律中断もしくは整理した上、必要なものだけを継続し、基本建設投資の規模を圧縮するように求めた。[25] また、改革論議で著名な経済学者の薛暮橋も、地方の自主権拡大の在り方に疑問を呈していた。彼は、「1982年に引き続き1983年も基本建設の規模が拡大するならば、1978年以前の路線に戻って数年はそこから脱出できまい」と予測し、その場合には再度の経済調整によって計画経済へ立ち返る必要があると指摘した。[26] また、地方の自主権拡大については、各地方政府が自己の財政収入の増加だけを目指して盲目的に行動する結果、生産設備の重複建設や他省の製品を省内で流通させない地方保護主義を招く原因となっていると批判的な見解を表明した。

　対外開放を後退させることなく地方への分権と国家計画との矛盾を解決するために、対外開放派は、分権化を継続しながら、同時に合弁企業を国家計画の下で厳重に管理する仕組みを構築しようと努めてきた。[27] この仕組みによると、計画部門が外国投資の重点領域を決め、五カ年計画や単年度計画で地方や各部門が具体的な外資利用プロジェクトを提示し、経済自主権の範囲内のプロジェクトについては各地方政府や国務院各部門がそれぞれ承認した。地方や各部門の権限を超えるプロジェクトについては国家計画委員会が承認し、外商側との契約には対外経済貿易部の承認が必要であった。この方法は、計画経済主導派（計画部門）、対外開放派（対外経済貿易部）、および地方政府などの下級機関の役割分担を明確にしながら、これらすべての組織が直接投資導入政策に関与する余地を与えた。しかし、対外開放派によるこうした努力も国内政治の調整を行ったにすぎず、権限の分割は外資導入の際に発生する官僚主義を助長する恐れがあった。また、地方がプロジェクトを分割すれば上級の承認を得ずに執行で

きるといった抜け道を塞ぐこともできなかったのである。

3　対外開放派の論拠

　計画経済主導派は、対外開放の中止を求めることはなかったが、直接投資の受け入れや経済特区に対しては繰り返し批判し、懸念を表明した。計画経済主導派の執拗な資本主義批判が対外開放の進展を遅らせた要因の１つであったことは間違いあるまい。それに対し、対外開放派は、新たな国際政治経済観と広東・深圳の経済実績を根拠として、対外開放の正しさを訴え続けた。毛沢東時代の硬直した発想から脱却し、1980年代における中国と国際社会との新たな関係を定義することを試みたのは、鄧小平の外交問題顧問を務めた宦郷・中国社会科学院副院長（当時）であった。彼は、1981年５月に北京で開催された三辺委員会で、生産と分業が高度に国際化し、科学技術が急速に発展した今日、鎖国政策は中国の経済・文化など各方面に深刻な損害を与えると警告した。[28] それゆえに中国は対外開放しなければならないのであり、対外開放は一過性の政策であってはならず、長期的に継続する必要があった。宦郷によれば、中国は独立自主の外交方針を堅持し、平等互恵の条件の下で外国と経済協力・貿易関係を構築する必要があった。外資導入に関しては、彼は、多くの対外開放派知識人と同じく、中国の豊富な資源と巨大な市場とが外国企業との交渉において切り札となるであろうと楽観的に予測した。[29] 既存の社会主義イデオロギーに固執せず、一貫して対外開放に積極的であった宦郷の見解は、その政治的・社会的地位からみても、国内に少なからぬ影響力を及ぼしたといえよう。

　さらに、深圳や広東など対外開放の現場から寄せられた経済実績報告が対外開放派の主張を裏づける役割を果たした。例えば、広東経済学会秘書長の曽牧野は、深圳経済特区における生産の発展は地方の財政収入を増加させただけではなく、大量の外貨を獲得して国家にも貢献したと主張した。[30] 彼によると、特区成立以来、深圳では工業化が進み、工農業生産総額が急増して1980年には２億4000万元を超え、1981年には２億8000万元を超える見通しとなった。同市の財政収入に関しては、1980年は前年比56％増加、1981年は同100％増の見込みであったという。また、『世界経済導報』（1982年１月４日付）によると、1980～

第4章　14沿海都市開放の政治過程

1981年における広東省の外資利用プロジェクトは1万件に達し、契約金額は24億米ドルに達した。また、1981年に広東省が留保した外貨は8億米ドルを超えていた。同紙は、広東が目覚ましい経済実績を上げることができた要因として、省・地区・県・社・隊の各レベルにおいて原材料やエネルギー供給に関する一定の自主権を保有していたことや、三資企業はじめ聯営、借款、譲渡、土地使用権と工場建物のリース、組立加工、補償貿易（外商が提供した設備や技術を利用して中国側企業が製品を生産し、その製品を設備や技術の代金と利子の返済に充てること）など多様かつ柔軟な形態で外資導入に専念したことを指摘した[31]。また、公表の時期はやや後れるが、広東省党委書記の任仲夷は、党の機関誌『紅旗』（1984年第17期）で、広東の工農業生産総額が1978年から1983年の間に年平均8.8％増加し、深圳経済特区の工業生産総額が過去5年間に11倍となり、その財政収入は10倍になったと報告し、広東の対外開放政策が成功していることを印象づけようとした[32]。

　対外開放を肯定する国際政治経済観や現場の経済実績を根拠として、中央対外開放派経済官僚は国内外で直接投資推進論を展開した。例えば、国務院に所属する経済学者の季崇威（当時、国家輸出入委員会委員）は、1981年12月、上海で開催された利用外資座談会に出席し、外資利用の利点について力説した[33]。季崇威は自由主義経済の立場から外資導入の利点を説き、アジアNIEsの高度成長も借款と直接投資の利用によって可能となったことを紹介した[34]。その上で、対外開放後、中国が導入した直接投資は、資本不足の緩和、中小企業の技術改造と輸出の拡大、延期・停止していた建設プロジェクトの再開、科学的な経営管理方法の導入、後進的な産業部門の近代化といった成果を既に上げていると評価した。また、外国企業の受け入れは、民族産業に競争力向上の自覚を促す好材料となっていると指摘した[35]。直接投資受け入れの利点を説く一方、季崇威は、対外開放が資産階級の腐敗した思想や生活習慣をもたらすというイデオロギー的な批判に対して、これらを過剰に意識するのは文革時代の盲目的な排外主義の名残であると反駁した。この点について彼は、社会主義制度の優越性を固く信じ、社会主義精神文明を建設し、政治思想教育を強化し、道徳を高めることによって、幹部や人民は資産階級の堕落した生活態度に抵抗できるという

精神論を説いた。[36] 季崇威は、国内で直接投資導入の利点を啓発するにとどまらず、香港メディアとのインタビューを通じて中国の対外開放とその進展ぶりを海外に宣伝するなど、精力的に広報活動を行った。[37]

4 対外開放推進への追い風と障害

　経済調整終了後、中国は文革期の経済的疲弊や華国鋒時代の経済失策がもたらした巨額の財政赤字という制約から解放され、対外開放を進展させるには比較的有利な条件が揃っていた。計画経済主導派と対外開放派は、対外開放をめぐって論争を繰り返していたが、広東や深圳の経済実績は対外開放派の主張の正しさを裏づけていた。さらに幾つかの政治的・行政的要因が対外開放の推進を有利に運ぶ条件を提供した。

　第1に、対外開放派の胡耀邦と趙紫陽がそれぞれ共産党総書記と国務院総理に就任したことにより、鄧胡趙トロイカ体制が成立したことである。これにより、中国政治の主要アクターである党・国家・軍のそれぞれ最高指導者のポストが対外開放派によって独占されることになった。第3章で紹介したように、これは、経済失策の責任を問われた華国鋒が国務院総理を辞任し、さらに党主席の地位も追われたために可能となった人事であり、鄧小平と華国鋒との権力闘争終焉の象徴でもあった。この後、対外開放派は計画経済主導派との政策をめぐる対立に直面することになるが、少なくとも中央の政局は毛沢東時代とは完全に訣別し、鄧小平体制が名実ともに成立したのである。古参幹部の影響力の大きさを考慮すれば、各部門の最高指導者のポストは必ずしもそれぞれの部門の実質上の最高権力を保証したとは言い切れない。そのような留保をつけるとしても、対外開放派主導の政権枠組みの成立は、対外開放を有利に運ぶ環境を形成したといえる。

　第2に、1982年3月の国務院機構改革により、直接投資導入政策の担当窓口が簡素化したことであった。これにより、直接投資や経済特区問題を担当してきた国家外国投資管理委員会・国家輸出入管理委員会など複数の機関が併合し、新たに対外経済貿易部として発足した。従来、直接投資の導入を担当してきた外国投資管理委員会の役割は、対外経済貿易部内に設けられた外国投資管

理局に引き継がれた。また、同年6月、国務院は4経済特区を管轄する経済特区辨公室を新設し、その主任に谷牧国務委員を任命した。経済特区の設立・運営を当初から実務面で支えてきた谷牧が、特区政策の最高責任者となったのである。

第3に、地方における対外開放派への支持の拡大であった。深圳経済特区や広東省での試験的な対外開放とその成果についての知識は、全国規模の外資利用会議、中央への定期的な報告、『人民日報』など党の機関紙の報道により、地方政府レベルにも広まった。また、国内外の様々な視察団が深圳特区や蛇口工業区を訪れ、対外開放に対する関心も高まった。こうした中で、経済特区以外の地域でも経済自主権を拡大する試みが始まり、1980年からは上海など一部の大都市に外資導入の許認可権限が試験的に委譲された。中でも広東省は全国に先駆けて大幅な経済自主権を獲得しただけではなく、毎年春秋の2回、20日間から1ヵ月にわたる広州交易会の開催が定例化しており、他の省・市・自治区よりも対外開放に有利な条件を備えていた。広東など条件的に恵まれた一部の地域が対外開放に取り組み、豊かになっていく中で、これらに触発された他の地方政府は、自らもその恩恵に浴するため、対外開放への支持を明らかにしていったのである。

これらの地方政府が最初に直面したことは、対外開放に参加するためには何から着手すべきか、対外開放政策の急変も考慮した上でどこまで対外開放派に傾倒すべきか、という問題であった。実際には、上海のように早々に中央から自主権の拡大を獲得した地域は非常に少なかった。それ以外の地域では、例えば、煙台市（山東省）のように対外開放に支持を表明したものの、まずは「思想の解放」について学習するところから始める地方政府も少なくなかった。煙台における「思想の解放」とは、地区・県・市レベルの幹部を集めて、鄧小平や陳雲をはじめとする中央指導部の第11期3中全会以後の著作を学習することであった。これらの著作は指導部内の最新の理論を理解し、それまでの毛沢東思想との折り合いを探る上で役立った。指導者の著作を反復学習したところで外国資本が入ってくるわけではなかったが、長期にわたる計画経済の後では、指導者の言葉を繰り返す社会主義時代の習慣を守る以外、なすすべを知らなか

った地方幹部の方が多かったに違いない。しかし、かつては資本主義を否定して社会主義を追求する教義であったマルクス・レーニン主義や毛沢東思想を、どのようにして資本主義の市場経済導入の大義名分としたのか。この矛盾を解決したのは、前章で述べたように、鄧小平や対外開放派が提唱した「対外開放は自力更生能力を高める」という新たな解釈、生産力重視の方針、そして豊かさの肯定であった。

このように、沿海部の地方指導者の心中には、対外開放がもたらす経済的恩恵への強い要求と、過去の経験から政策急変に対する恐れをぬぐい切れず政治的安全性を慎重に見極めようとする姿勢とが混在していた。この時代、地方政府が中央の支援なしに対外開放に乗り出すことは、政治的にも経済的にも非常に困難であった。鄧小平のお膝元である北京市でさえ、市の管轄外の中央政府組織の存在が大きく、また首都としての重要性も高かったため、大胆な対外開放を進めるわけにはいかなかったのである。

第4に、1984年12月に正式調印された中英間の香港返還合意が挙げられよう。香港問題については、対外開放の初期から中国側の外交姿勢は明白であった。1979年3月29日、鄧小平が香港総督マクリホースとの会談で新界租借の延長を拒否したことは、中国の指導部が過去の列強進出の歴史に終止符を打つ決意をしていたことを内外に示した。香港回収を明言した鄧小平は、同時に、「香港の投資家は安心してください」と発言した[44]。この会談が開催された時は、鄧小平がシンガポールの直接投資主導の経済発展について見聞し、中国政府が直接投資受入の準備に取りかかった時期でもあったことから、これは鄧が華人ならびに外国人投資家の心情に大いに配慮した発言であったことがわかる。1982年9月、鄧小平はサッチャー英国首相との会談で香港における英国による行政権の継続を拒否した[45]。香港返還は中国共産党指導部にとって最優先させるべき祖国統一問題の一部であり、しかも混乱なく遂行する必要があった。返還後も香港の現状維持を保証するため、中国政府は、台湾統一の手段として考案していた一国二制度方式を香港に適用することで対応した。香港返還を見据えた中国にとって、混乱回避のためには香港の投資家と資本を脅かす政策は避けねばならず、当然隣接する深圳経済特区に対する計画経済主導派の批判の矛先も鈍ら

ざるを得なかったといえよう。

　このように、1980年代前半には、経済調整も終わり、国を挙げての香港返還を目指す外交努力という追い風も受けて、直接投資導入を拡大するための政治的経済的条件は整っていた。しかし、現実には、対外開放地域の拡大は1984年まで待たねばならなかった。その理由は、既述の計画経済主導派指導部の抵抗に加えて、中央が経済犯罪の増加に強い危機感を抱いたことにあった。共産党指導部がとりわけ強く懸念したのは、党員が関与する経済犯罪の増加であった。中でも他地域よりも大きな経済自主権を享受していた広東省では、必然的に経済犯罪の規模も大きくなり、頻度も高かった。広州や深圳で大規模な経済犯罪が相次いで摘発されると、『人民日報』など党のメディアもこれらの事件の概要と処分を報道した[46]。これについて、「広東は香港マカオに隣接し、幹部の経済犯罪問題も他の地区より多い。これは資本主義による腐食が決定的要因であるという証明ではないか」、「多くの幹部は長年、いかなる経済犯罪に関わったこともなかった。現在では資本主義陣営による社会主義陣営への浸透とともに変化が現れているが、これは外因が決定的役割を果たしたのではなかろうか」といった意見も現れた[47]。毛沢東の矛盾論に従えば、通常は内因が決定的役割を果たしたと考えるところであろうが、外因、すなわち資本主義の浸透が決定的に重要だというあたりから、あまりに広範で深刻な経済犯罪の現象に戸惑う中国共産党の姿が察せられるのである。

　こうした経済犯罪を防止・摘発するための整党活動に精力的に取り組んだのは、計画経済主導派の陳雲と彼が率いる党規律検査委員会であった。整党活動の本来の目的は、共産党員の思想や自覚を高めることであった。しかし、党員が関与する経済犯罪が頻発するようになると、経済犯罪の取り締まりと党員としての自覚の向上が主たる目的となった。資本主義の部分的な導入に利権を見出した党員が関与する腐敗や汚職は、対外開放が進んだ地域ほど大がかりな事件として頻発し、経済特区からは金銭至上主義と風紀の乱れが伝えられた。こうした事態を深刻に受け止め、整党活動に取り組んだ計画経済主導派の動機は、マルクス主義の教義だけでは説明しきれない。少なくとも陳雲は、社会主義を

社会の秩序と道徳を回復させる思想ととらえていたようである。1982年以後、整党活動が活況を呈した背景には、経済犯罪予防への期待だけではなく、急激な改革開放への変化に適応しきれない人々の不安も少なからず存在していた。香港誌『争鳴』が伝えたところによれば、北京の幹部は、深圳が香港化し、広州が深圳化し、北京が広州化することを恐れた[48]。また、深圳を視察した共産党幹部の中には、深圳の現状と社会主義の理念とのあまりの違いに愕然とした者が少なくなかった。対外開放の必要性を理論的・経済的には理解しながらも、その余波が自身に及んでくると対処に戸惑う党員は少なくなかったのである。陳雲の好んだ整党活動は、行き過ぎれば対外開放の障害となったが、変革期の不安定な社会において取り残されたように感じていた人々に共産党の存在を思い起こさせ、ある種の拠り所を与えていたとすらいえた。計画経済主導派が主導するままに整党活動が全国的に拡大していった背景には、こうした一般党員の存在があったのである。

　経済犯罪の増加に対し、1982年頃から中共中央は「反腐蝕」の提唱から「反腐化（反堕落）」へと主張の重点を移していった。「腐蝕」とは、文革以来、外国からの修正主義や資本主義の侵入を指す時に用いられた表現である。1980年代初期の経済犯罪に関していえば、「腐蝕」とは、対外開放にともなって侵入してきた資本主義の悪影響という外的要因が経済犯罪を引き起こすことを強調した表現であった。他方、「腐化（堕落）」となると、党員個人の内面的な弱さに経済犯罪蔓延の理由を求めた表現であった[49]。改めて各党員の規律が強く求められるようになったのもこの時期であった。1982年3月8日には第5期全国人民代表大会常務委員会第22回会議が「経済をひどく破壊した犯罪者を厳罰に処する決定」を採択し、経済犯罪でも深刻な場合は無期懲役や死刑に処することを定めた[50]。また、4月には中共中央・国務院が連名で「経済領域における重大犯罪活動に打撃を与えることに関する決定」を通達した[51]。しかし、3月8日の決定から3日後には、深圳で内地企業の出先機関が密輸と脱税で摘発されたことを『人民日報』が報道する始末であり、経済犯罪取り締まりの難しさを示唆していた[52]。なお、1983年7月の中央規律検査委員会の報告によると、同年4月末の統計で、19万2000件を超える経済犯罪が摘発され、約3万人が有罪となり、

8500名以上の党員が党籍剥奪の処分を受けたという[53]。党籍剥奪処分を受けた者はその後も増加し、同年10月に陳雲が第12期2中全会で報告した際には、その数は9000名を超えていた[54]。こうした甚だしい経済犯罪の蔓延が、対外開放の拡大に関する政治的決定を遅らせていたといえよう。

第2節　14沿海都市の開放とその狙い

1　合弁に関する法整備の進展状況

　1979年に合弁法が、また、1980年に広東省経済特区条例が制定された後、直接投資導入政策の重点は様々な対外経済関連法の整備に移った。14沿海都市開放以前に成立した法律・条例としては、例えば、「中外合弁企業所得税法」（1980年9月10日公布）とその施行細則（同年12月14日公布）、「外国企業所得税法」（1981年12月13日採択）とその施行細則（1982年2月21日公布）、国家外国為替管理総局による「個人の外貨為替申請に対する審査施行細則」および「個人の外国為替管理施行細則」（1982年1月1日公布）、「中外合弁企業の登記費用納入基準についての暫行規定」（1982年2月公布、施行）、財政部が下級財政部門に出した「永住する意思のない在華外国人が中国外で得た所得に対し課税してはならない旨の通達」（1983年3月）、「華僑企業、外資企業、合弁企業の外国為替管理施行細則」（1983年8月公布、施行）、「合弁企業に対する所得税法修正」（1983年9月採択）、「合弁法実施条例」（1983年9月20日公布）などが挙げられよう[55]。

　また、1983年3月、国務院は香港に中国光大実業公司を設立することを決定した。同公司の設立目的は、外国・香港マカオ・華僑の資本ならびに中国銀行の融資を利用して先進技術や設備を導入し、国内外で合弁企業を行うことであった。なお、光大実業公司の代表には旧民族資本家で劉少奇夫人の実兄である王光英が就任した。中国国際信託投資公司の董事長兼総経理に就任した栄毅仁の先例に倣い、ここにも国内外に幅広い人脈を持つかつての有力資本家を対外開放の看板として用いようとした対外開放派の戦略がうかがえるのであった。

　一連の法整備のうち、最も重要なものは、1983年9月に公布・施行された合

弁法実施条例であった。1979年に成立した合弁法を補完するために制定された合弁法実施条例は、16章118条から成り、合弁企業設立手続きについて詳細に解説するとともに、幾つかの項目では合弁企業と計画経済との関係に触れていた。例えば、実施条例第54条は、インフラ整備を含む合弁企業の基本建設計画は、承認後、該当する主管部門の基本建設計画に組み込まれることにより、その主管部門から優先的に実施を保証されると定めた。第56条は、合弁企業は生産経営計画として物資購入・製品販売・外貨収支・賃金などに関する計画を主管部門に提出すると定めた。このうち、合弁企業の物資購入計画に関しては、国内調達と輸入分について別途の手続きが必要であった。また、合弁企業が外貨不足になった場合は、第75条により、地方政府または主管部門が各々留保する外貨で解決し、それが不可能な場合は対外経済貿易部と国家計画委員会の承認を経て計画に組み入れることで解決すると定めた。このように、中国側は、合弁企業を計画に取り込むことにより、企業の設立・生産開始にともなって起こる外貨不足などの問題が解決でき、それが外商側への投資保証にもつながると考えていた。しかし、外国投資家にしてみれば、合弁事業が国家計画の一部になると中国政府が企業経営に関与する余地を拡大することになるため、一律に歓迎できる話ではなかったのである。

　他方、対外開放の面では全国に先んじていた経済特区や広東省は、法整備の面でも中央より進んでいた。これらの地方政府は、経済自主権を活用して、より具体的な投資環境整備や輸出で獲得した外貨の省内配分といった経済行政に関わる法令についても独自に法令を定めていた。また、次章で詳述するように、この時期には深圳特区を内地から隔離するための第2国境線（管理線）建設が始まり、深圳では香港と一体化した経済発展、あるいは内地の社会主義計画経済と切り離した経済発展が現実に進行しつつあった。それは、市場経済の導入が遅々として進まない内地と特区とを切り離して、「豊かになれるところから先に豊かになる」という鄧小平の先富論に合致した対外開放派の選択であった。同時に、経済特区にみられる資本主義的な腐敗が内地に及ぶことを強く憂慮した計画経済主導派の選択肢でもあった。この時期、中央が対外経済関連法案の制定に手間をかけている間に、深圳特区や広東では制度化を上回る速度で対外

開放の実態が先行していたのである。

　1983年3月、国家経済委員会と対外経済貿易部は、「さらに中外合弁企業を立派にやることに関する報告」を国務院に提出し、合弁企業の実績と問題点を指摘した。この報告は、外資利用の実績について、資本形成のみならず、国内の技術的空白を埋め、既存企業の技術改造を実現し、他国の経験に学んで企業の経営管理方法を改善し、製品の品質を高めて輸出拡大を実現したと述べた。問題点としては、計画性のない外資の利用や、契約内容が不明確なために生じた損失の問題、企業の経営自主権の不足により生じた問題、合弁交渉の過程で解決しなくてはならない問題が多すぎて交渉自体が頓挫することが多いことを指摘した。

　さらに、報告は、合弁事業設立に関する中国側と外商側との意図が異なることについて以下のように説明した。中国側は、外資が国内市場を席巻して民族工業に打撃を与え、国家が損失を被るのではないか、あるいは政治的に外資は危険なのではないかと懸念している。しかし、合弁企業の形態をとることにより、中国が外資を利用しても国家の債務負担は増加せず、利益・損失・リスクを外資側と共同で負うことによって外資側の積極性を引き出す効果が生まれる。他方、外商側の最大の関心は販売市場と投資利潤率にある。外商側の対中投資に関して、統制が厳格で国内市場に参入できないこと、所得税の減免期間が短いこと、外資への原材料供給価格が割高で中国企業に比べて不利な状況に置かれていること、土地使用費が高いことを不満に思っている。

　こうした問題点について、1983年5月、国務院は第1回全国利用外資工作会議を開催して検討した。この会議で、劉志誠・対外経済貿易部外資局副局長は、初期の経験を総括して外資誘致を促進するために政策を緩和しなければならないと説いた。具体的には、税制面の優遇、合弁企業による国内販売の一部承認、合弁企業の輸入設備・物資・材料にかかる関税や工商税の一律免除、合弁企業が国内調達する物資の国内市場価格での提供（一部の製品を除く）、合弁企業による事務・生活用品の国内調達の保証、外国政府および中国銀行の中低利融資によって輸入した材料や設備にかかる関税と工商税の免除、広州交易会への参加や割当額の面で国営企業並みの便宜・待遇を合弁企業に与えること、一度承

認を得た合弁企業の融資案件や輸入設備・材料については再度の報告・承認手続きを省くことが提案された[60]。このように、対外経済貿易部を中心に一部の経済官僚の間では、直接投資導入政策の定着・拡大のためにはさらなる外商の誘致が必要であるという認識が広まり、外商の要望を聞き入れて対中投資におけるハードルを低くする努力が始まったのである。

　経済特区設置後、14沿海都市を開放するまでは、直接投資導入政策には大きな展開こそなかったが、法整備の充実を図ったこと、また、外国企業の経済活動を理解する努力を国務院レベルでも行ったことなど、一定の進展が観察された。経済官僚がしばしば用いる「初期の経験」が明らかにしたのは、華僑・華人投資の限界であった。中国国内に血縁・地縁関係を持つ華僑・華人は親族や知人から得た口約束を根拠に対中投資をしたが、その多くは長期的な投資ではなく、広東での小規模な組立加工や補償貿易にとどまっていた。広東や深圳はこうした小規模な華人資本を歓迎し、そこから得られる利潤を省内でいかに分配するかに腐心し、そのための制度づくりに熱中した。他方、鄧小平や中央対外開放派が想定していた直接投資導入政策の成功図とは、国家に匹敵する規模の経済力と影響力を持つ多国籍企業が中国に続々と投資をすることであった。しかし、多国籍企業は華僑・華人投資とは異なり、文書によらない口約束が投資リスクの軽減につながるとは考えなかった。非華人資本を誘致するには、欧米先進国に倣って法的枠組みによる投資の保証を提供せざるを得ないことに、少なくとも対外経済貿易部などの一部の官僚は気づき始めていたのである[61]。

2　対外開放地域の拡大

　対外経済貿易部や財政部を中心に着々と進んでいた外国企業誘致のための法整備は、1983年10月に始まった精神汚染反対キャンペーンにより、一旦中断を余儀なくされた。このキャンペーンは、第12期2中全会（10月11～12日開催）における鄧小平の「党の組織戦線および思想戦線上の差し迫った任務」と題する講話が発端であった。講話の内容や会議直後の『人民日報』の報道によれば、鄧小平の真意は残存する文革期の左翼的傾向を戒めることにあった[62]。しかし、当時、北京に駐在していたジャーナリストの丸山勝によると、会議で正式

第4章　14沿海都市開放の政治過程

に採択された「整党についての決定」を差しおいて、精神汚染一掃を呼びかけた鄧小平の講話の一部が独り歩きを始め、計画経済主導派による精神汚染反対キャンペーンが始まった。鄧小平の講話によると、精神汚染とは党内左派を指していたが、10月23日に計画経済主導派指導部の王震中央政治局員が南京で講話を行った際、「左を討つよりもまず右を是正すべき」と述べたため、排除すべき対象が右派か左派か不明確になり、社会的混乱を引き起こすことになった。混乱の原因は、王震が「当面の思想戦線がまず重点的に解決しなければならない問題は、右の、軟弱なたるんだ傾向を正すことである」と発言したことであった。当初、精神汚染反対キャンペーンで批判すべき対象は左（文革派の流れをくむ人々）であると考えられていたが、王震の講話後は右（革命に反対する保守的な人々）こそ批判の対象ではないかと解釈されるようになったのである。このキャンペーンは党中央委員会総会で始まったために党の方針とみなされ、また、計画経済主導派指導部が挙って推進したことから急速に全国に広がったため、王震の講話が引き起こした混乱も瞬く間に各地へと広がっていった。やがてキャンペーンは労働組合・教育・軍・文芸活動の諸分野に及び、人道主義（ヒューマニズム）を資産階級の啓蒙活動の手段とみなす1960年代以来の傾向が再び強まった。ブルジョア的思想とみなされてきた人道主義を庇護し、社会主義疎外論を唱えた王若水らは批判にさらされた。人道主義をめぐって対立が深まったことで、事態は急速にイデオロギー的色彩を強めていった。この間、対外開放に関する目立った進展はみられず、時折、谷牧国務委員、田紀雲副総理、胡啓立中央書記処書記などが深圳特区を視察するにとどまった。

　計画経済主導派指導部が推進した精神汚染反対キャンペーンは、精神汚染の解釈をめぐって混乱し、大衆は批判を回避するために新しいものや資本主義を連想させるものを避けるようになり、対外開放も停滞した。こうした混乱が人々の日常生活にまで影響を及ぼすようになると、キャンペーンの行き過ぎに対する批判も現れた。『中国青年報』の評論員は、「女性がパーマをかけたり花を育てたりすることもブルジョワ生活様式であり、精神汚染の表れである」と批判する風潮を取り上げ、生活を快適にすることと精神汚染とを混同して批判する傾向は極めて有害であると警告した。この運動が混乱を極め、経済活動や

149

社会に深刻な影響を及ぼすようになると、運動の早期収拾が課題となった。
　その兆候は、11月後半より現れた。まず、第12期2中全会以来、積極的に精神汚染に関する議論を報じてきた『人民日報』が、11月23日以降、胡耀邦の訪日とその積極的な外交活動に関する報道に大きく紙面を割くようになった。また、キャンペーンを推進してきた計画経済主導派の鄧力群宣伝部長が、農村では精神汚染のスローガンを掲げないことを党中央が決定したと発表するなど、運動に一定の抑制が効き始めた。さらに、河南省党委書記の劉正威が「勤労で得た富をすべて拝金主義と混同すべきではない」と主張するなど、有力な党幹部がキャンペーンの行き過ぎを公然と批判し始めた。他方、中央でも、李先念国家主席が英国の賓客に対して対外開放は不変であると告げるなど、改革開放再開への機運が徐々に見え始めた。運動の主旨が曖昧なまま展開したキャンペーンへの不満や批判は急速に高まり、計画経済主導派はこれを収拾せざるを得なくなった。1984年1月3日、計画経済主導派の理論家であった胡喬木中央政治局委員は、「人道主義と疎外の問題に関して」と題する講話を中共中央党校で行い、ブルジョア思想を散布する人はごく少数にすぎないと表明した。胡喬木の講話以後、『人民日報』はこのキャンペーンに関する記事をほとんど掲載しなくなった。1月27日、同紙は上記の胡喬木講話を紙面5頁にわたって掲載し、キャンペーンは正式に終息した。
　キャンペーンの収束が明らかになり始めた1984年1月24日、鄧小平は王震・楊尚昆両中央政治局員を率いて深圳経済特区を訪問した。一行は数日かけて深圳特区と蛇口工業区を視察した後、1月29日には珠海経済特区に入り、さらに2月7日から10日まで福建省の厦門経済特区を訪問した。鄧小平が深圳滞在中の1月27日、中央では精神汚染反対キャンペーンの終息宣言が出され、対外開放の加速を深圳から訴えるための演出は十分に整っていた。この視察期間に、鄧小平が深圳に送った題字「深圳の発展と経験は我々が経済特区を樹立した政策が正しかったことを証明している」は、対外開放の加速を訴える力強いメッセージとなった。鄧小平の厦門視察が終わった2月10日、北京では党中央と国務院が2週間に及ぶ全国経済工作会議を開催し、効率と利益を重視する経済中心路線の強化を確認した。2月24日、鄧小平は中央指導部に対し、「経済

第4章　14沿海都市開放の政治過程

特区を立派に行い、対外開放都市を増やす」旨の談話をした[73]。鄧は、蛇口工業区の目覚ましい発展を賞賛して、その原因が「時は金なり、効率は生命なり」という方針と、500万米ドル以下のプロジェクトは自己決定できる自主権にあったと指摘した。また、大連・青島・海南島をはじめ、幾つかの港湾都市を開放する案を提起し、これらの地域で経済特区に準ずる政策を実行するよう要請した。鄧は一部の沿海地方を先に発展させて豊かにし、高収入高消費の政策を実行すべきであると説き、先富論をより広範に実施することを提唱したのである。鄧小平の談話を反映して、2月27日の『人民日報』は、蛇口工業区の発展状況を称える記事を掲載し、「効率、効率！効率なくして何が『四つの近代化』だ」「効率について語らなかったら、それは犯罪だ」と評した[74]。こうした対外開放拡大論の勢いに乗って、国務院で経済顧問を務めていた経済学者の許滌新は、100％外国資本企業も奨励すべきであるという見解を表明した[75]。

　沿海都市の対外開放と経済特区のさらなる発展を狙った鄧小平は、外交の場も利用した。『日本経済新聞』によると、3月18日、胡耀邦総書記と日本の伊東正義日中議員連盟会長（当時）が会談した際、総書記は、大連（遼寧省）から北海（広西荘族自治区）まで沿海の幾つかの都市で特殊な政策を実施すると言明し、経済特区に近いものになると語った[76]。この会談の模様を伝えた『人民日報』は、鄧小平の意見に中央の同志はみな賛成しているという胡耀邦の談話を紹介したが、沿海部の対外開放については触れていない。しかし、これに先立つ胡啓立中央書記処書記と野田毅自民党議員との会談でも鄧小平が大連と上海を経済特区に近いものにするという発言が中国側から出ていたことから、当時、中央政府は既にどの都市を対外開放するのかほぼ決定しており、しかもその実行可能性が非常に高い段階に達していたと考えられる[77]。また、3月23日から26日まで日本の中曽根康弘首相が第2次円借款を手土産に訪中した際、胡耀邦総書記は、経済特区での独自通貨発行について語った[78]。胡耀邦が特区通貨構想を口にした背景には、対外開放がかつてなく勢いづいていたことを示すとともに、この勢いを借りて特区通貨も実現させようとする対外開放派の願いが込められていたとも推察されよう。中曽根と会談した鄧小平も、日本側の報道によれば、国際問題よりも日本企業誘致と対外開放政策の強化に専ら時間を割いたとい

う[79)]。また、外交の表舞台にこそ立たなかったが、谷牧国務委員は3月3日から7日にかけて天津に赴き、外資利用に関する指導を行うなど、沿海都市開放の準備は順調に進んでいたのである[80)]。

　1984年3月26日から4月6日まで、党中央書記処と国務院は「沿海部分都市の座談会」を開催した。この座談会で、沿海部の14都市（大連、秦皇島、天津、煙台、青島、連雲港、南通、上海、寧波、温州、福州、広州、湛江、北海）を対外開放することが決定された。その後も対外開放地域拡大の傾向は続き、政府は海南島の開放を具体的に検討し始めた他、1985年1月には珠江、長江、閩南の3デルタ地帯を開放した[81)]。14沿海都市の開放から1カ月余り後の1984年5月、中国はシンガポールの前第一副総理、呉慶瑞を中国沿海開発経済顧問に任命した[82)]。就任までの時間の短さと、以前から鄧小平がシンガポールの経済発展モデルに関心を示していたことなどから、呉慶瑞を招聘する案は沿海都市開放の準備段階からの構想であった可能性が高い。1985年5月、顧問としては初めて訪中した呉慶瑞は、鄧小平中央顧問委員会主任、趙紫陽総理、万里副総理、呉学謙・宋平・谷牧国務委員ら中央指導部と相次いで会見し、「四つの近代化」実現への提案と尽力を請われた。中国側は、国家計画委員会、国家経済委員会、対外経済貿易部、旅遊局（観光局）、中国人民銀行（中央銀行）、国務院特区辦公室、中国国際信託投資公司の責任者を相次いで呉慶瑞と面会させ、中国経済の実情を説明した。こうした中国側の熱意に応えて、呉は1985年5月の訪中で上海・深圳・珠海・広州を視察したのみならず、同年だけで合計4回訪中している。

　対外開放後の14沿海都市には、広東省や深圳経済特区に倣って一定の経済自主権が付与された。北京など一部の大都市や主要部門への権限委譲も含め、1984年の段階では、外資導入プロジェクトの審査認可に関して以下のような権限委譲が実現した[83)]。経済特区を除き、権限の大きい順から、上海・天津市が3000万米ドル、北京市・遼寧省・広州市・大連市は1000万米ドル、その他の省市（重慶、瀋陽、武漢など）・上記以外の沿海開放都市および国務院の関係部・委員会・部級の公司は500万米ドルまでのプロジェクトに関しては、独自で外資導入を許可できることになった。

　また、14沿海開放都市のうち、当面は温州と北海を除く12都市に経済技術開

発区を設置することが決定した。経済技術開発区とは、経済特区に準じる対外開放地域を指し、中央はこれらを所管する地方政府に外資導入権限を委譲し、外国投資家には税制面の優遇措置を与えた。ここでいう地方政府とは、例えば大連経済技術開発区の管理委員会は大連市政府の出張所と位置づけられていたように、多くの場合は沿海開放都市に指定された各市政府と考えられる。

　経済技術開発区と経済特区との違いは、第1に、前者には港湾都市や商業都市としての歴史があり、深圳よりも質の高い人材や産業基盤に恵まれていたことであった。とりわけ上海や大連は、豊富な資源や工業が発達した広大な後背地にも恵まれていた。第2に、外資の進出分野に事実上の制限がなかった経済特区とは異なり、経済技術開発区では比較的小規模な投資で効果が現れやすい既存企業の技術改造と中小プロジェクトに重点を置いたことであった。第3に、投資環境整備については、14沿海都市の中から最も効果が現れやすい地域を国務院が選択し、優先的にインフラ整備を行ったことであった。経済自主権を得たとはいえ、自力で経済技術開発区を整備する財政力を持たなかった14沿海都市の地方政府は、中央官僚と指導部の頻繁な視察を受けて、その判断を待つしかなかったのである[84]。

　国務院が14沿海都市の経済技術開発区を選択的に整備せざるを得なかった第1の理由は、中央の財政状況にあった。1984年5月の第6期全国人民代表大会第2回会議での王丙乾財政部長の報告によると、1983年の財政は予算を上回る43億4600万元の赤字を計上していたにもかかわらず、1984年には30億元の黒字目標を設定していた[85]。均衡財政を原則とする財政部がこれ以上の財政支出を認める可能性は非常に小さかった上、仮に14沿海都市すべてにインフラ整備を行えば巨額の投資が必要となることは明らかであった。そのため、最初に開発工事に着手した土地面積は、11沿海開放都市（上海・温州・北海を除く）のうちの15km²にすぎなかった。中央は、これらの土地を2年かけて整備し、3年目には生産額10億元、輸出額1億ドル以上、財政収入2億元を稼ぎ出した[86]。また、中央は、小規模な投資で行える既存企業の技術改造や中小プロジェクトを中心に漸進的に経済技術開発区を建設する方針を定め、しかも各プロジェクトの実施には国務院への報告とその承認を義務づけた。小規模なプロジェクトを推奨

した理由は、目に見える対外開放の効果を優先したためであったと考えられよう。

　経済技術開発区の整備を限定的なものにせざるを得なかった第2の理由は、計画経済主導派と対外開放派とを問わず、対外開放窓口の拡大にあたっては慎重な運営を望む人々が少なくなかったことである。対外開放の実質的な総責任者であった谷牧も、沿海部で経済特区方式の外資導入を行うことには消極的であったという[87]。また、精神汚染反対キャンペーンを展開しても対外開放派を抑えることができなかったばかりか、かえって対外開放に勢いをつける結果を招いてしまった計画経済主導派を余計に刺激しないためにも、経済技術開発区の慎重な運営は望ましい方法であったといえよう。

　財政支出以外の面では、中央は14沿海開放都市への支援を惜しまなかった。国務院は、深圳経済特区の経験を各地で活かすために、これらの都市の幹部を深圳に派遣した[88]。1984年6月初め、谷牧国務委員は、深圳市に14沿海開放都市の責任者を集めて沿海都市経済開発研究討論会を開催し、人材と経験の不足が対外開放における最大の課題であると指摘し、深圳の経験から学ぶように指示した[89]。この時期、谷牧は、14沿海都市の開放について、経済を迅速に発展させ、先進国との技術格差を埋めるには、外国の資金・技術・管理方法を導入するしかない、対外開放都市の幹部は躊躇することなく外国資本と技術を導入しなければならない、中央は金は出さないが政策は与える、その政策を活用してインフラ建設の資金を調達するのはこれらの都市自身であると語っていた[90]。こうした谷牧の発言は、かつて1979年に鄧小平が経済特区設立を含む広東の経済自主権拡大を容認した際の発言を髣髴とさせるものであった。

　国務院から財政を含む直接的な支援を早期に受けることができた幾つかの沿海開放都市は、積極的な対外開放に努めた。例えば、大連市では、市幹部が深圳で計画建設・党工作・体制改革について研修を受け、その幹部たちが中心となって対外開放の体制づくりに取りかかった。間もなく大連市は経済技術開発指導小組、開発建設公司、経済技術発展公司を発足させた[91]。1984年8月、大連市を視察した中央幹部の万里・谷牧・李鵬は、市の取り組みを評価し、沿海開放都市の技術導入と技術改造の加速を宣言した[92]。同月、国務院の承認を得て、

第 4 章　14沿海都市開放の政治過程

国家工商行政管理局は外資企業の登記権限をすべての経済特区、14沿海開放都市、海南行政区に拡大した[93]。10月、谷牧は、視察報告として、煙台と青島が順調に発展していると一定の評価を与えた[94]。また、彼は、10月4日に中信公司が主催した中外経済協力討論会の開幕式で、香港を含む11カ国・地域から参加した財界人、弁護士などの専門家、友好団体に対し、中国の近代化建設を促進するため外国の資金や先進技術や科学的管理経験を歓迎すると述べた[95]。また、10月11日、鄧小平は日本の竹入義勝公明党委員長（当時）と会談し、「対外開放の政策は長期にわたって不変であり、今世紀中は不変、次世紀の最初の50年も不変、その後50年も変えることは難しいだろう」と語った[96]。10月25日、北京で開かれた全国商業貸付工作会議では、銀行部門が経済特区・海南島・14沿海開放都市と経済技術開発区に特別融資を行うことを決定した[97]。これらの地域では、100％外資や合弁の商業サービス業、商業・食料部門による輸入原材料の加工、補償貿易も融資対象となり、開発融資や商業インフラ融資も許可された。11月前半、10日間にわたる中国開放都市投資商談会が開催され、多くの香港企業を含む1174社が世界各地から参加し、仮契約を含めて441件、2.5億米ドルの契約が成立した[98]。同月15日、国務院は「経済特区および沿海14港湾都市における企業所得税および工商統一税の減免税に関する暫行規定」を公布し、12月1日から施行した[99]。これにより、14沿海開放都市内の経済技術開発区以外の区域で三資企業を行う場合は所得税率を8割に減税すること、経済技術開発区内における生産的な三資企業は企業所得税を15％とすることが定められた（ただし、何を以て「生産的」とするのか、その定義は明記されなかった）。

　14沿海都市の対外開放は、段階的な経済技術開発区の設置とインフラ整備、中央指導部による頻繁な視察、人材養成や政策上の優遇措置といった国務院の支援を受けて、深圳経済特区のような華やかさはないが着実に進行した。一方、対外開放に弾みをつけるため、対外開放派が深圳経済特区を最も先進的な地域として位置づけたことは、深圳のみならず全国的な対外開放熱を引き起こした。例えば、1984年3月31日の『人民日報』によると、直接投資導入の鍵は良好な投資環境にあり、深圳が突出した実績を上げることができたのは、投資家に合法的な利益を保証し、優遇措置を与えたためであった[100]。例えば、先進技

155

術型プロジェクトへの直接投資には上級部門の承認を経て合弁法の枠を越える特別優遇を図ったことや、外資導入を妨げていた幾つかの規定は「特事特辦（特別なことは特別にやる）」の精神で深圳市が大胆に改革したと報じた。その結果、深圳では1983年から1984年2月までに調印された直接投資契約の大部分が工業関連プロジェクトとなり、1000万米ドル以上の大型プロジェクトも調印されたという。また、対外開放熱の影響としては、鄧小平のお膝元である北京の陳希同市長が、1984年より外商は北京で100％外資の工場を経営することができると宣言したことなどが挙げられよう。こうして全国的に対外開放ブームが広がった1984年末、中国は英国と香港返還の合意文書に正式調印したのである。

第3節　外国企業の反応

　1984年、中国の直接投資契約額は26.51億ドル（前年比1.5倍以上、なお本節の以下の単位は米ドル）、実行額は12.58億ドル（同約2倍）となり、1983年の実績を大幅に上回った。そのうち、4経済特区の契約額は8億ドル余り、実行額は約3.43億ドルであった。また、14沿海開放都市の契約額は約9.19億ドル、実行額は2.25億ドルを超えた。従って、4経済特区と14沿海開放都市を合わせると、中国の直接投資契約額の約65％、投資実行額の約45％を占めていた（図4-1）。なお、国内で最も直接投資が集中していた深圳経済特区は、単独で約5.33億ドルの契約額と1.84億ドル以上の実行額を獲得した。14沿海開放都市を有する各地方政府がそれぞれ受け入れた外国資本実行額（直接投資以外を含む）をみても、1983年に比べ、1984年のそれは格段に大きく、対外開放都市の指定と投資誘致との間には強い相関関係があったことが推察される。直接投資導入実績からみると、最も早く対外開放した深圳経済特区が圧倒的な存在感を示していたが、やがて、14沿海都市という対外開放の新参組と既存の経済特区との外資誘致競争が独自の外資優遇政策の乱発につながっていった。そのため、外国企業側は、中国の外資誘致政策は一貫性がなくわかりづらいという不満を抱くようになった。

第 4 章　14沿海都市開放の政治過程

図 4-1　1984年の直接投資導入額に占める経済特区と沿海都市の比率

【契約額】
- 深圳経済特区　20%
- 深圳以外の 3 経済特区　10%
- 沿海14都市　35%
- その他　35%

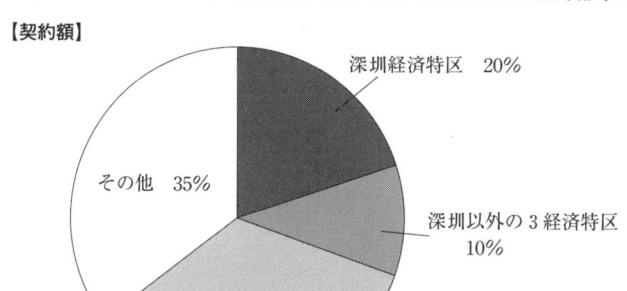

【実行額】
- 深圳経済特区　15%
- 深圳以外の 3 経済特区　13%
- 沿海14都市　18%
- その他　54%

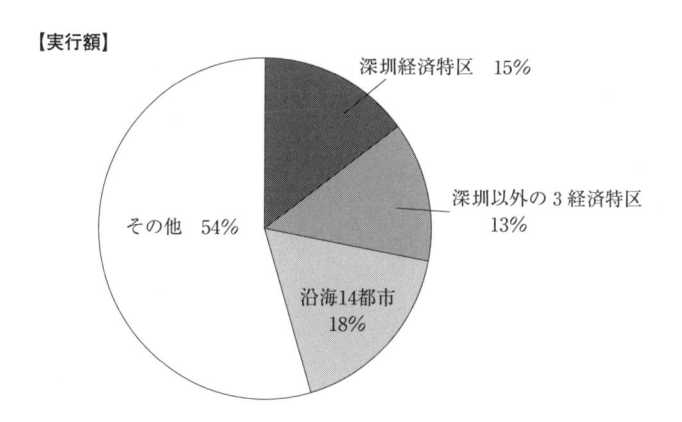

（出所）国家統計局貿易物資司編『1979-1991中国対外経済統計大全』、中国統計信息諮詢服務中心出版、1992年、357頁および前掲、『新中国五十年統計資料匯編』、63頁。

　14沿海都市の開放は、対外開放にかける対外開放派指導部の強い信念を表してはいたが、実際には外国投資家への対応は後回しになりがちであった。そのため、外国企業側の対中投資に対する不安は解消することなく、むしろ進出企業が増えれば増えるほど中国の投資環境の貧弱さが国際的に広まっていった。外国企業側の不満は、対外開放派幹部と外国の政治家や大企業幹部との会見を

157

通じて中国側へ伝えられる場合もあれば、産業・学術交流目的の中外共同シンポジウムの中で問題点として指摘されることもあった。また、14沿海開放都市における外国企業担当窓口も、外国投資家の中国観と投資環境上の問題点を現場から分析する機会を提供することになった。

ここで、企業側の不満の例として、1984年秋の「中国の対外開放政策と中日経済技術協力討論会」で指摘された問題点を紹介しよう[104]。この討論会では、日本興業銀行頭取（当時）の中村金夫が、日本企業の対中進出を阻む問題として8点を指摘した。日本側が指摘した問題点とは、第1に、合弁企業の創業に関して不確実性が高いことであった。中国事情に精通していなかった日本の企業は、いきなり合弁事業に着手するよりも、組立加工などを通じて中国側の生産技術の向上を待ち、その上でさらなる協力関係を構築するという段階的な対中進出の方が望ましいと考えていた。第2に、高品質の原材料や部品の安定供給が保証されていないことに対する不満であった。また、品質の不安定さにもかかわらず、中国国内における部品調達率が高すぎることも日本側の不満となっていた。第3に、技術とその特許の問題であった。日本企業は、合弁の際に日本側が供与する技術を中国側が国際標準よりも低く評価することに不満を持っていた。第4に、国内市場開放の見通しが不透明であることが指摘された。他の外国企業と同様に、日本企業にとっても、対中進出の魅力はその巨大な国内市場にあったのである。第5に、合弁企業の契約期間が短すぎるという問題であった。特に日本企業は長期的な視野で投資を行うため、10年から30年を限度とする既存の合弁法は日本企業の対中進出を妨げる可能性があると指摘された。第6は外貨バランスの問題であり、中国国内市場への販売で獲得した人民元を外貨に交換できるか否かが問われた。第7は、会計・財務制度や裁判制度の未整備の問題であった。これらの問題は中国が国際的な商慣習を遵守する上で欠かせない要素と考えられていたため、外国側は中国側の対応に注目していたのである。第8に、合弁企業における中国側代表者の資質の問題であった。企業経営に不適切な人物が党の指名によって外国との合弁企業に送り込まれてきた場合、合弁企業の経営に支障が出ることを日本側は恐れたのである。

これらの問題の中でも、とりわけ、国内市場開放と外貨バランスの問題は多

くの外国企業にとって対中進出を決定する鍵であった。そもそも外資が中国市場に参入できなければ、あるいは中国進出が赤字になるとわかっていれば、対中投資の旨味は少なく、宦郷が描いた「巨大な市場を持つ中国に外資が殺到する構図」は成立し得なかった。しかし、この２つの問題は、中国側にとっても慎重に対処する必要があった。国内市場の開放によって外国製品が国内に氾濫すれば、計画経済主導派を中心として排外主義的な傾向が強まる恐れがあり、また国際競争力の弱い民族産業の存亡にも関わる問題であった。さらに、外貨バランス政策の緩和は、外貨の蓄積に固執する中国政府の姿勢を考慮すれば、容易に外資側に譲歩できる性質の問題ではなかった。

　日本企業だけではなく、中国への直接投資の大半を占めた香港企業からも多くの不満が出ていた。例えば、香港までの直通電話代が高すぎること、投資関連法が未整備であっただけではなく、とりわけ地方では法令を明らかにしたがらない傾向があること、優遇条件の内容が企業側の期待に十分応えていないこと、中国の労働生産性が香港よりもはるかに低かったこと、使用権は獲得できても土地自体は買えないこと、自由港でないこと、外貨に持ち出し制限があったことなどである。[105] このように、対中進出の窓口は増えたけれども、投資環境が一向に改善しない中国側の姿勢に、外国投資家は不満を募らせていった。また、対中進出企業が増えるにつれて、企業側の不満の声はますます表面化していったのである。

第4節　本章のまとめ

　1980年代初期、中央指導部では鄧小平体制が整い、国務院改革も実現して対外開放の行政権限は特定の部局に集中するようになった。対外的には香港返還交渉が進行しており、混乱なき返還実現のために中国政府は香港の投資家に対する配慮をみせた。国内では、経済特区における高度成長の事実を知った地方政府が対外開放への関心を高め、積極的な支持を表明する地方幹部も出現した。このように対外開放派にとって有利な条件が幾つも揃っていたにもかかわら

ず、対外開放を次なる段階へと推し進めることは容易ではなかった。

　対外開放の進展を模索する対外開放派に対し、計画経済主導派は経済調整の延長を通じて可能な限り計画経済を維持しようと努めた。計画経済主導派は、直接投資導入の必要性は認めながらも、投資主体である外国企業をマルクス主義の教義における資本家と置き換えて議論し、資本主義や外国企業に対する警戒感を煽った。とりわけ、最も外国の民間資本が集中していた深圳経済特区の経済的・社会的混乱を厳しく糾弾した。さらに、深圳や広東で党員が関与した経済犯罪が多発すると、陳雲が率いる党規律検査委員会の発言力が高まり、整党活動の勢いが増すことになった。経済犯罪を資本主義の悪影響がもたらした現象であると断定した計画経済主導派は、計画が秩序で市場は混乱であるという主張を展開し、党にも社会にも規律を求めた。こうした主張は、改革開放を支持しながらも、社会の変化に適応することが難しかった一般の人々にとって比較的受容し易いものであったといえる。

　市場原理の導入に抵抗した人々に対して、対外開放派は、資本主義的な要素を過小評価することで計画経済主導派との摩擦を回避し、直接投資導入政策と経済特区の存続を図った。彼らは、対外開放や外国企業の経済活動は非常に限られた地域における「特別な事」の範囲にすぎないと主張し、計画経済主導派の批判をかわそうとした。その一方で、鄧小平の外交顧問・宦郷は、閉鎖的経済の弊害を説いて対外開放の正当性を強調した。宦郷が指摘した国際政治経済の変化と広東や深圳における急速な経済成長の実績は、対外開放派が計画経済主導派に論駁する根拠となった。

　情勢が一転する契機をつくり出したのは、計画経済主導派の方であった。精神汚染反対キャンペーンが社会的混乱を引き起こしたことで、計画経済主導派の勢力は後退せざるを得なくなり、1984年1月、同キャンペーンの終息と同時に対外開放派が動き出した。その先陣を切った鄧小平は、深圳を訪問して対外開放に勢いをつけ、外交の場を利用して積極的に前宣伝をした。指導部による政治的パフォーマンスは対外開放派に有利な情勢をつくり出す上で大きな効果を奏し、間もなく14沿海都市の対外開放が実現したのである。

　実際の沿海都市開放は、経済特区の利弊と財政的制約のために中央政府主導

で漸進的に進んだ。それまでの経験から、中央は、地方政府への権限委譲がしばしば地方の勝手な資源配分を招くことを学んでいた。地方への権限委譲が中央の計画を大きく攪乱する要因になると、計画経済主導派がこれを計画強化の口実として利用する恐れがあったため、対外開放派も沿海部開放に際しては慎重かつ限定的に政策を進めざるを得なかった。

しかし、14沿海都市の開放によって、対外開放熱は全国的に広がり、深圳は国内で最も先進的な地域モデルという評価を獲得した。また、対外開放窓口の拡大は、中国側と外国企業側とのコミュニケーション・ルートを増やし、対外開放派官僚に外国企業の声を届ける機会を増やした。その結果、中国が門戸さえ開けば外国企業が殺到すると考える人たちは依然として多かったが、一部では中国が変わらなければ、あるいは変わったことを法制度の形で示さなければ外国企業の懸念を払拭することができないと考える人々も現れたのである。

1) 経済技術開発区は、当初、温州と北海を除く12都市、14カ所（上海に3カ所）に設置された。
2) 胡俊凱・梅敏慧「経済技術開発区建設要量力而行──訪国務院特区 辦公室主任何椿霖」、『瞭望』1987年第17期、19頁。なお、114.42km^{2}は東京都の総面積の5%強、あるいは京都府宇治市の面積に相当する。21.16km^{2}は東京の中野区と狛江市を合わせた面積、あるいは京都市上京・中京・下京の3区を合算した面積に相当する。
3) 江逸「陳雲方案能解経済難題嗎」、『争鳴』1981年第3期、42-45頁。なお、ノートンは経済調整を readjustment（再調整）あるいは reorientation（政策転換）と表現し、その基本的な考え方は重工業向け投資を削減してその分の投資を農業および消費部門に充当し、より緩やかな経済成長路線へ移行することであったと述べている（Barry Naughton, *Growing out of the Plan: Chinese Economic Reform 1978－1993*. Cambridge: Cambridge University Press, 1995, p.76.）。
4) 陳建世「中共停止輸入日本工廠合約的背景」、『争鳴』1981年第3期、50-52頁参照。プラント契約破棄の経緯については、田中明彦『日中関係1945－1990』、東京大学出版会、1991年、第5章第1節を参照。
5) 薄一波が1981年8月18日、国務院会議で行った講話、「関於経済工作的幾個問題」、『薄一波文選（一九三七－一九九二年）』、人民出版社、1992年、378-380、391-392頁。薄一波は、大躍進後の1962年の調整と1979年から始まった経済調整とを比較して、後者の方が各種補助金の支給など国家の負担が大きいこと、基本建設の圧縮にもかかわらず設備導入を続けたためにその支払いと維持費がかかったこと、改革開放後は中央が資金不足でも地方が経済自主権をてこに盲目的な基本建設を拡大したことなどの理由により、改革

開放決定後の経済調整の方が財政状況は厳しく、緊縮財政を続行するべきであると主張した。
6) 董輔礽主編『中華人民共和国経済史』（下巻）、経済科学出版社、1999年、117-118頁。
7) 羅氷「人大的幕後新聞」、『争鳴』1982年第1期、8-10頁、許行「五届四次人大引起的問題」、『争鳴』1982年第1期、18-20頁、羅氷「趙紫陽報告受批評」、『争鳴』1983年第1期、13-15頁を参照。1981年11月末から開催された第5期全国人民代表大会第4回会議で趙紫陽総理と王丙乾財政部長が報告した1981年の財政赤字27億元には内債約120億元と外債約80億元が入っていないという指摘があった。同様の問題は、翌年の第5期全国人民代表大会第5回会議でも生じた。
8) 1981年12月22日、陳雲が省・自治区・直轄市党委第一書記座談会で行った講話、「経済建設的幾個重要方針」、『陳雲文選』（第3巻）、人民出版社、1995年（第2版）、306-307頁。
9) 1982年1月25日、陳雲が国家計画委員会の責任者と懇談した際の講話、「加強和改進経済計画工作」、前掲、『陳雲文選』、311頁。
10) 1982年12月2日、陳雲が第5期全国人民代表大会第5回会議の上海代表団と懇談した際の講話の要点、「実現党的十二大制定的戦略目標的若干問題」、前掲、『陳雲文選』、320頁。
11) 1983年10月12日、第12期2中全会における陳雲の発言、「在党的十二届二中全会上的発言」、前掲、『陳雲文選』、332頁。
12) 陳雲の人となりについては、羅氷「中共核心改組記——華国鋒辞職真相与新的三頭馬車」、『争鳴』1981年第2期、9頁や、朱佳木・遅愛萍・趙士剛編著『陳雲』、中央文献出版社、1999年、于俊道主編『生活中的陳雲』、解放軍出版社、1999年を参照。伝記の記述に関しては、かつての政治的権威者に対する賞賛が目立つが、羅氷も陳雲について「穏健で見識があり、品徳は高尚で、実学の人。低級な趣味は持たず、特殊化もせず、党員の階級的自覚がこれほど強い党員は、中共の中でも得難い」と評価していた。
13) 羅氷「左右夾撃胡耀邦」、『争鳴』1985年第6期、8頁。
14) 1980年12月16日、中央工作会議での陳雲の講話、「経済形勢与経験教訓」、前掲、『陳雲文選』、276-277頁。
15) 李文・石新華「把大連建成東北対外窓口」、『人民日報』1984年6月29日。
16) 魏顔「深圳与香港化」、『争鳴』1982年第7期、12-13頁。
17) 羅氷「深圳「地震」与党内闘争」、『争鳴』1985年第8期、10-11頁。
18) 「跨国公司厳重損害東道国家的民族利益、而且還損害経済発達国家的利益和其母国的公衆利益」、『世界経済導報』1981年4月27日。
19) 滕維藻・陳蔭枋・蔣哲時「対跨国公司実行国際監督的必要性」、『世界経済導報』1981年4月27日。
20) こうした利点について、方暁丘は直接投資の他、補償貿易でも得られるとして推奨した。方暁丘「浅談利用外資的優恵政策」、『国際貿易問題』1983年第1期、16頁。
21) 同上、13頁。

第 4 章　14沿海都市開放の政治過程

22) 初保泰「有関建立中外合営企業的幾個理論、政策問題」、『国際貿易問題』1983年第 5 期、19-22頁。
23) 同上、19頁。初保泰は、これを論証するため、初保泰は最も早く内地に設立された合弁企業28社を選び、その中で外資側出資比率の方が高い企業は 1 社、中外双方が半分ずつ出資した企業が11社、中国側出資比率の方が高い企業は16社であったという調査結果を披露した。
24) 例えば、呉念魯「対我国利用外資戦略問題的探討」、『国際貿易』1984年第 5 期、23-26頁など。
25) 魯牧「厳格控制基建規模　限期清理在建項目」、『人民日報』1983年 7 月12日。1978年を基準として、1982年の基本建設投資総額は10%しか増えていないのに、プロジェクト数は56%増加し、とりわけ中小プロジェクトが4.5万件から 7 万件へ急増した。
26) 薛暮橋「目前我国経済形勢的分析和瞻望」、『人民日報』1983年 6 月 3 日。
27) 初保泰・董薇園「挙辦中外合資企業与民族経済的発展」、『人民日報』1983年 5 月20日。
28) 宦郷「中国要走自己的建設社会主義道路」、『世界経済』1981年第 4 期、4 頁。なお、三辺委員会とは、日米欧の大企業のトップが参加して討議を行う国際的な会議で、1973年にチェース・マンハッタン銀行のロックフェラーが設立したものである。
29) 例えば、前述の福建省社会科学院の方曉丘も、多くの外国資本は中国の広大な市場、豊富な資源、安くて豊富な労働力に高い関心を持っており、資本主義世界では長期的な経済停滞によって資金のだぶつきが生じているため、中国にとって外資を利用するには有利な条件が揃っていると指摘していた（方曉丘、前掲論文、12頁）。
30) 曾牧野「令人感奮的深圳特区」、『世界経済導報』1981年 9 月28日。
31) 「広東利用外資出現新局面」、『世界経済導報』1982年 1 月 4 日。聯営について特に定義はされていないが、一般には複数の企業による共同経営を指す。なお、補償貿易の定義については、李嵐清主編『中国利用外資基礎知識』、中共中央党校出版社・中国対外経済貿易出版社、1995年、93頁を参照。
32) 任仲夷「解放思想，積極改革，更加開放」、『紅旗』1984年第17期、2 頁。
33) 「利用外資　利大于弊」、『世界経済導報』1982年1月25日および「尽量多用一些外資加快経済建設」、『世界経済導報』1982年 2 月 8 日。
34) 季崇威『中国利用外資的歴程』、中国経済出版社、1999年、37-40頁。季崇威は外資利用の一般的利点として、新興工業部門の発展、輸出拡大、人材育成や技術・管理水準の向上による国際競争力の向上、就業機会の拡大、後進部門・地域の開発などを指摘した。
35) 同上書、43-48, 50頁。
36) 同上書、50-51頁。
37) 「向中国投資的十個問題」、『世界経済導報』1982年 5 月 8 日。
38) 董輔礽主編、前掲書（下巻）、103-104頁によると、一定の行政機構の簡素化は進んだが、外国資本の資金提供先によって中国側の担当窓口が異なるなど、依然として官僚主義的な煩雑さは解消されていなかった。例えば、世界銀行の融資は財政部、政府間借款は外国貸款（借款）管理局、国際通貨基金の融資は中国人民銀行、国際商業ローンは中国銀

行の担当となっていた。また、外資プロジェクトの審査認可は国家計画委員会と国家経済委員会の管轄であった。

39)「中国、経済特区弁公室を新設」、『日経産業新聞』1982年6月26日。
40) 徐家柱「国務院決定拡大上海外貿自主権」、『人民日報』1983年5月17日。
41) 何之「交易会縮小内情和港商的担心」、『争鳴』1982年第4期、13頁。
42) スーザン・シャークはこの現象をバンドワゴンと表現した。Susan Shirk, " Internationalization and China's Economic Reform." in Robert O. Keohane and Helen V. Milner (eds.,), *Internationalization and Domestic Politics*. Cambridge: Cambridge University Press, 1996, pp.199-205.
43)「進一歩清理"左"的思想　做改革的促進派」、『人民日報』1983年7月4日。
44) 許家屯著、青木まさこ・小須田秀幸・趙宏偉訳『香港回収工作』(上巻)、筑摩書房、1996年、93-94頁。
45) 同上書、96-97頁。
46)「張英受賄索賄為詐騙犯大開緑灯官僚主義失職涜職国家蒙受損失」、『人民日報』1984年4月8日。例えば、広州市電信局党委書記の密輸、深圳市新華電子公司副経理の不正、広東省輸出入公司と香港投資家による大規模な不正事件などが報道された。
47) 王謹「中紀正継調査徹底追及責任者」、『人民日報』1982年3月11日など。
48) 魏顔「深圳与香港化」、『争鳴』1982年第7期、12頁。
49) 植直「中共中央変調記――従強調『反腐蝕』到強調『反腐化』」、『争鳴』1982年第6期、16-18頁。
50)「対経済罪犯量刑従重　対国家工作人員従厳」、『人民日報』1982年3月10日。
51) 岡部達味・天児慧編『原典中国現代史』(第2巻)、政治(下)、岩波書店、1995年、161-163頁。
52) 王謹、前掲、「中紀正継調査徹底追及責任者」。
53) 中共中央紀律検査委員会「関於打撃経済領域中厳重犯罪活動工作的報告」、『人民日報』1983年7月27日。
54) 1983年10月12日、第12期2中全会における陳雲の発言、「在党的十二届二中全会上的発言」、前掲、『陳雲文選』、331頁。
55) Timothy A. Gelatt & Richard D.Pomp, "Foreign Enterprise Income Tax Law Adopted." *EAER*, January 1982, pp.3,5-7, "Notice Regarding Exemption From Tax Reporting And Payment Of Individual Income Tax For Income Gained Outside China By Personnel Of Foreign Nationality Working In China." *EAER*, July 1983, p.26.
56)「中華人民共和国中外合資経営企業法実施条例」(何椿霖主編『中国経済特区与沿海経済技術開発区年鑑1980-1989』、改革出版社、1991年、475-489頁)、王殿国「国家計画与中外合営企業計画的関係」、『世界経済導報』1983年9月26日。
57) 例えば、広東省内の外貨分配については、1981年1月8日に広東省人民政府が公布した「広東省地方外匯分成試行規則補充規定」を参照(『広東政報』1981年第1期、30-33頁)。その他、同年3月には、広東省経済特区管理委員会・深圳特区・広東省関連部門

が共同でつくった 8 草案が広東省人民政府の審査にかけられた。『中国経済特区年鑑（深圳・珠海・汕頭・廈門及粤閩経済資料匯編）（1979－1982）』、≪中国経済特区年鑑≫出版社、1983年、368頁参照。また、1981年11月、広東省人民政府は「広東省利用外資項目審批権限和分工的規定」を公布し、生産的な組立加工や補償貿易については各地・市に300万ドル以下の案件を処理する権限を与え、50万ドル以下の案件については県級の審査でよいとした。また、非生産的な合弁企業についても別途定めた（『広東政報』1981年第 4 期、113-115頁）。

58)「関於進一歩辦好中外合資経営企業的報告」、『広東政報』1983年第 2 期、71-81頁参照。同報告は、国発［1983］45号文件として1983年 3 月16日に公布された。

59) 李嵐清主編、前掲書、57頁および「従十個方面放寛了利用外資政策」、『世界経済導報』1983年 9 月26日。

60) 合弁企業が物資を国内調達する場合に国内市場価格が適用されない一部の製品とは、金・銀・白金・石炭・石油・木材を指した。

61) 例えば、「中外合営企業合同的適用法律与争議解決」、『世界経済導報』1983年 9 月26日は、合弁企業の契約について、中国の法律の遵守と中国の主権や利益を損なわないことを前提としながらも、外国投資家の実際の経済的利益についても十分に考慮すべきという見解を示した。

62) 鄧小平の講話全文については、「党在組織戦線和思想戦線上的切迫任務」（1983年10月12日）『鄧小平文選』（第 3 巻）、人民出版社、1993年（第 1 版）、36-48頁を参照。この解釈について、例えば、金春明「党的歴史的重大転変」、『人民日報』1983年10月24日、「北京為全面整党做準備」、『人民日報』1983年10月14日、「中共中央招開党外人士座談会」、『人民日報』1983年10月24日など、南京での王震の講話が発表されるまでは、批判の主たる対象は明らかに「左」であった。

63)「整党についての決定」の内容については、岡部達味・天児慧編、前掲書、171-172頁に掲載の「整党についての決定」や、天児慧『中華人民共和国史』岩波新書、1999年、135頁などを参照。

64) 丸山勝「中国"精神汚染キャンペーン"始末記」、『THIS IS 読売』1984年 4 月号、118頁。

65) 同上。王震の講話全文については、「防止和清除思想戦線精神汚染高挙馬克思主義社会主義旗幟」、『人民日報』1983年10月25日を参照。

66) 例えば、辛敬良「歴史唯物主義和人道主義」、『人民日報』1983年11月21日。

67) 岡部達味・天児慧編、前掲書、150-152頁。

68)「党中央確定在農村不提清除精神汚染口号」、『人民日報』1983年12月10日。

69)「勤労到富同"一切向銭看"不能混淆」、『人民日報』1983年12月17日。

70)「宗教与精神汚染是両回事 我対外開放政策是既定国策」、『人民日報』1983年12月17日。

71) 胡喬木「関於人道主義和異化問題」、『人民日報』1984年 1 月27日。

72)「全部経済工作以提高経済効益為中心」、『人民日報』1984年 2 月24日。

73) 1984年2月24日、鄧小平が広東・福建・上海などを視察後、帰京して中央の責任者と懇談した際の談話の一部、「辦好経済特区，増加対外開放城市」、前掲、『鄧小平文選』、51-52頁。
74) 李国平「蛇口，我們的蛇口」、『人民日報』1984年2月27日。
75) Ron Alpe, "Foreign Banks Allowed To Open Branches In SEZs." *EAER*, May 1985, p.14。1984年2月、国務院の上級アドバイザーであった許滌新は、100％外資企業であれば、(合弁企業のように) 中国側が質の高い経営陣を用意するという人材面の難題に苦慮する必要がなく、外国投資家も完全な企業経営権を得た方が満足してうまくいくであろうから、100％外資を奨励すべきであると主張した。
76) 「中国、矢継ぎ早に対外開放策」、『日本経済新聞』1984年4月10日、「廈門経済特区範囲拡大為整個市若干沿海城市採取某些特殊政策」、『人民日報』1984年3月19日を参照。
77) 前掲、「中国、矢継ぎ早に対外開放策」。
78) 「経済特区に独自通貨も検討」、『日本経済新聞』1984年3月25日。次章で論じるように、当時、特区通貨発行の是非は国内で論争の渦中にあり、最終的には実現しなかった構想であった。
79) 前掲、「中国、矢継ぎ早に対外開放策」。
80) "Leadership Appearance; Gu Mu Conducts Investigation in Tianjin." *The British Broadcasting Corporation*, March 10, 1984.
81) 「中国、四経済特区への外資導入」、『日本経済新聞』1985年1月18日。1984年末には、谷牧が南京や武漢など揚子江流域の内陸都市を開放する構想について言及したという。
82) 胡俊凱「呉慶瑞談中国対外開放」、『瞭望』1986年第1期、32-33頁。
83) 董輔礽主編、前掲書 (下巻)、104頁。
84) 中央指導部や谷牧は頻繁に沿海都市を視察した。1984年8月には万里・谷牧・李鵬が大連を訪れ、同年9月には谷牧が煙台と青島を訪問している (以上、矢吹晋「対外開放政策の展開――「経済特区」から「沿海地区発展戦略」まで」、小林弘二編『中国の世界認識と開発戦略――視座の転換と開発の課題』、アジア経済研究所、1990年、156頁参照)。
85) 「関於1984年国民経済和社会発展計画草案的報告」、『人民日報』1984年6月3日。
86) 李嵐清主編、前掲書、294頁。
87) 前掲、「中国、矢継ぎ早に対外開放策」。
88) 姚達添「谷牧説：時間不到半年工作進展很大」、『南方日報』1984年10月3日。
89) 「沿海城市経済開発研討会在深圳開幕」、『人民日報』1984年6月6日。
90) "State Councillor on Opening 14 Coastal Cities to Foreign Investors." *The Xinhua General Overseas News Service*, June 6, 1984.
91) 李文・石新華「把大連建成東北対外窓口」、『人民日報』1984年6月29日。
92) 矢吹晋、前掲論文、156頁。
93) 同上。
94) 姚達添、前掲、「谷牧説：時間不到半年工作進展很大」。

95)「中国歓迎国外的資金和先進技術」、『南方日報』1984年10月5日。
96)顧文福・丁文「中国実行対外開放政策長期不変」、『南方日報』1984年10月12日。
97)「対特区和沿海城市開発区実行特殊信貸政策」、『南方日報』1984年10月26日。
98)「開放城市投資洽談会成果豊碩」、『人民日報』1984年11月17日。1174社の、64％に相当する747社が香港マカオからの参加であり、その中には中国銀行グループや招商局・光大実業公司など、中国政府系の香港駐在企業も多数参加していた。
99)「中華人民共和国国務院関於経済特区和沿海十四個港口城市減征、免征企業所得税和工商統一税的暫行規定」、『人民日報』1984年11月18日、「中央対外開放的決策符合実際大得人心」、『南方日報』1985年1月18日。
100)銭漢江「引進更多外資　発展特区経済」、『人民日報』1984年3月31日。
101)「独資開辦工廠外商可来北京」、『人民日報』1984年4月5日参照。
102)国家統計局貿易物資司編『1979－1991中国対外経済統計大全』、中国統計信息諮詢服務中心出版、1992年、357頁および国家統計局国民経済綜合統計司編『新中国五十年統計資料匯編』、中国統計出版社、1999年、63頁より算定。
103)前掲、『1979－1991中国対外経済統計大全』、296頁より算定。
104)「中国長期堅持対外開放　中日経済合作前途広闊——在中国対外開放政策和中日経済技術合作討論会上的発言摘要」、『人民日報』1984年11月27日。
105)魏顔、前掲、「深圳与香港化」、13頁。

第5章　深圳経済特区発展の功罪
――開発発展戦略の見直し

　1984年に14沿海都市の開放が決定したことにより、中国の直接投資導入政策は新たな段階へと突入した。この決定と3デルタ地帯の対外開放（1985年1月）は、外国投資家に4経済特区（深圳・珠海・汕頭・廈門）以外にも中国進出拠点の選択肢を提供することになった。新たに開放された地域の中には、伝統的に工商業の拠点であった上海や天津といった地域も含まれており、これらの都市はインフラ整備・人材と原材料の確保・後背地の規模などの面で外国人投資家に好条件を提示することができた。他方、対外開放地域の拡大は、中央に新たなインフラ整備の財政的負担を強いるだけではなく、外国直接投資の誘致において他地域を圧倒してきた深圳経済特区の優位を相対的に低下させ、直接投資誘致競争の到来を予測させた。深圳特区の優位の相対的低下は、同特区の経済発展にともなって顕在化した様々な構造的問題に関する議論を活発化させた。深圳への批判は従来のイデオロギー的な論調にとどまらず、輸出の低迷や外資導入上の問題点に関して経済学的な観点から議論され、特区に外向型経済への転換を迫る風潮が高まった。その過程で、深圳特区の運営をめぐる中央と地方との思惑の違いが明らかとなり、1985年の深圳特区批判は計画経済主導派と対外開放派の対立よりもむしろ中央・地方間の対立を強く反映することとなった。本来、深圳経済特区は中央対外開放派と広東省幹部が基軸となって実現させた対外開放の一大プロジェクトであったが、設立からわずか5年ばかりの間に、なぜ両者の間に深刻な離齬が生じることになったのであろうか。
　本章では、深圳経済特区の発展過程をふり返り、広東省や深圳市がどのように特区を運営してきたのか、また、中央は経済特区がどのように在るべきと考えていたのか、それぞれの意図を明らかにし、中央・地方の対立の原因とその帰結について論じる。第1節では、深圳特区の経済実績の紹介、経済的繁栄を

もたらした要因についての分析、投資環境の紹介を通じて、同特区の経済発展の実態を描写する。第2節では、深圳の混乱や経済犯罪の多発を憂慮した中央政府が、第2国境線（管理線）と経済特区通貨によって特区と内地とを厳重に分離しようとした試みとその帰結について論じる。第3節では、1985年の特区批判の経緯をふり返り、中央が特区に外向型への転換を強く求めた理由と、深圳側の対応について検討する。第4節では、深圳経済特区をめぐる問題とこれに関連する中央・地方関係について上記の議論を整理し、本章のまとめとする。

第1節　深圳の経済発展

1　経済実績

　1978年、中国は人口2～3万人の小さな漁村にすぎなかった広東省宝安県を総面積2020km^{2}の深圳市に昇格させ、中国最大規模の深圳経済特区（総面積327.5km^2）を設置した。特区とその周辺には内地から大規模な労働力移動が起こり、急激な都市化が進んだ。1979年には深圳市の人口は暫住人口（特区滞在期間が1年以上で市内に正式な戸籍を持たない人々）を含めて31万人を超え、5年後の1985年には88万人を突破した。[1]　また、経済特区地域に限ってみると、成立時には約9.4万人であった人口は、1983年初めには20万人（そのうちの半数は特区内に正式な戸籍を持っていなかった）へと膨張し、1985年には47万人に達する勢いであった。[2]　人口急増の主因は内地から流入してきた暫住人口や流動人口（特区滞在期間が半年以下の人々）であり、女性は軽工業部門に、男性は建設業に従事して深圳特区の繁栄を支えた。

　同特区の経済成長の様子は、深圳市が公表した幾つかの経済指標にも明らかであった。例えば、深圳市のGDP（図5-1）をふり返ると、1979年には1億9638万元（その11.78％が工業部門、8.68％が建築業部門による貢献）であったが、1982年には8億2573万元（同、11.55％と26.52％）と4倍以上になり、1985年には39億222万元（同、26.17％と15.75％）へと増加した。[3]　市のGDPの急成長にともな

第5章　深圳経済特区発展の功罪

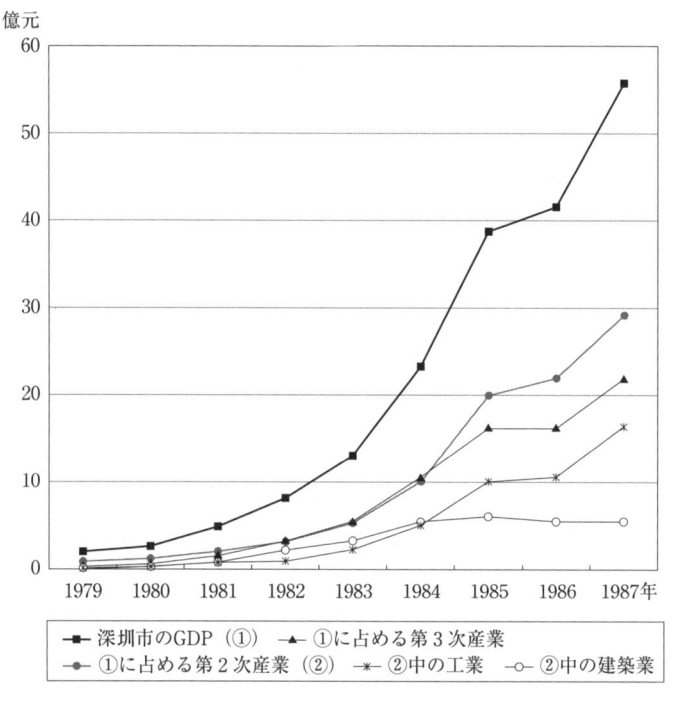

図5-1　深圳市のGDP（1979～1987年）とGDPに占める産業の比率

図5-1　深圳市のGDP（1979～1987年）とGDPに占める産業の比率
（縦軸：億元）
凡例：
- ■ 深圳市のGDP（①）
- ▲ ①に占める第3次産業
- ● ①に占める第2次産業（②）
- ＊ ②中の工業
- ○ ②中の建築業

（出所）深圳市統計信息局編『深圳市統計信息年鑑1998』、中国統計出版社、1998年、110頁より作成。

い、1人当たりGDPも急増した。深圳市の統計によると、1979年には606元であったが、1983年には2512元、1984年には3504元へと飛躍的に増加した。なお、括弧内に示した数値と図5-1が示すように、GDPに占める建築業の比率は1982年以降1984年まで工業のそれを上回っており、この産業が1980年代前半の深圳の高度成長をもたらした主因であったことがわかる。その背景には、貧しい漁村であった宝安県を近代的な工業都市へと変貌させるために、五通一平（航路・海路の開通、鉄道・道路の開通、水の供給、電気の供給、通信施設の供与、土地整備）と称した土地開発やインフラ整備を重点的に行わねばならなかったという事情があった[4]。そのため、特区設立当初は、人民解放軍2万人を投入して集

図5-2　深圳市の全社会固定資産投資額と基本建設費

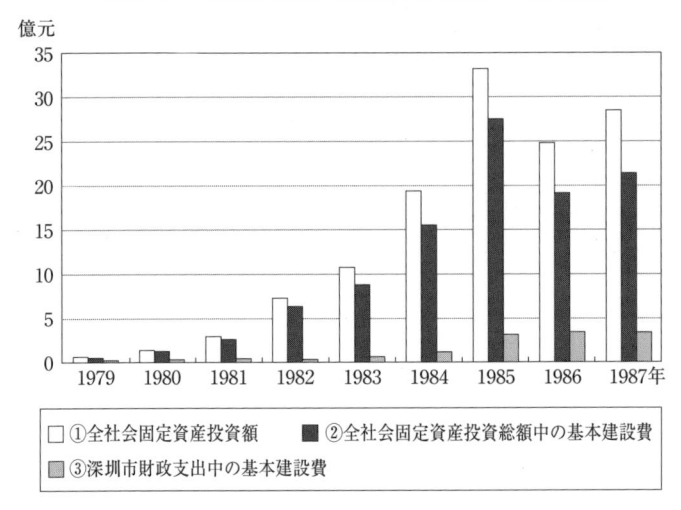

□①全社会固定資産投資額　　■②全社会固定資産投資総額中の基本建設費
■③深圳市財政支出中の基本建設費

（出所）前掲、『深圳市統計信息年鑑1998』、195および295頁より作成。

図5-3　深圳市の工業生産総額（1979～1987年）

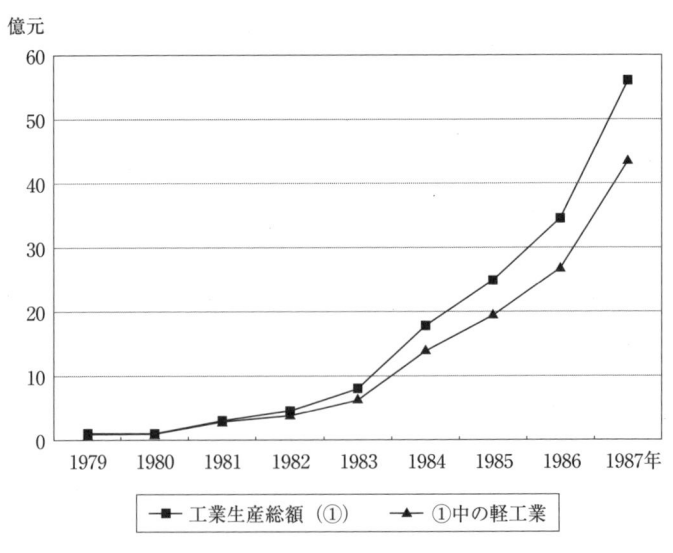

－■－　工業生産総額（①）　　－▲－　①中の軽工業

（出所）前掲、『深圳市統計信息年鑑1998』、139頁より作成。

中的に開発を行った。また、内地から特区へやって来た労働者や技術者を収容するための住宅も早急に建設しなくてはならなかった。羅湖や蛇口などの商工業地域内に設けられた住宅区域の開発プロジェクトには、香港の不動産開発業者が大挙して参入した。土地開発に深く関わる基本建設支出は市財政の中でも最大の支出項目であり、例年、財政支出総額の30～53％を占めた。しかし、図5-2が示すように、深圳市の全社会固定資産投資額（図5-2中の①）に占める基本建設投資（同②）は同市が実際に自己負担した範囲（同③）を大きく超えており、市の開発は外部資金に支えられていたといえる。基本建設投資は、初期の経済特区建設において経済成長の牽引力であったため、建設規模の大きさが重視されていた。

　市の工業生産額は1979年の7128万元（そのうち軽工業は88.48％）から1982年には3億8833万元（同88.72％）へ、1984年には17億2132万元（同80％）へと急速に増加した（図5-3）。括弧内の数値と図5-3が示すように、深圳の工業生産額の大半は軽工業部門に依存しており、その比率が最も高かった1981年には94.31％に達した。同市の工業の中心は、電子、繊維、食品飲料加工、金物、建材などの労働集約型産業であった。また、香港中文大学の調査グループによると、深圳には、1977年にはわずか15種類の軽工業しか存在しなかったが、1981年には120種類以上の労働集約型産業が定着しており、外資導入が業種の多様化に大きく貢献していた。

　市の財政は、大規模な基本建設投資にもかかわらず、比較的順調に推移した（図5-4）。例えば『深圳特区報』（1985年8月22日）が「1984年の深圳市の財政収入は1978年のそれの28倍になった」と報道するなど、財政収入の急増は対外開放の政策の正しさを宣伝する際の格好の材料となった。深圳市の財政収入の急増は、歳入の大部分を占めた工商税収（工業製品の販売や商業小売への課税による歳入）が飛躍的に伸びたことに起因しており、特区製品や輸入品を購入するために殺到した内地のバイヤーが特区の経済的繁栄に大きく貢献していたと推察される。なお、後述のように、深圳特区には外資系企業や国内企業が殺到したが、特区進出企業に適用された広範な優遇税制により、1980年代前半には企業所得税収入の増加は見込めなかった。

図5-4　深圳市の財政収支（1979〜1987年）

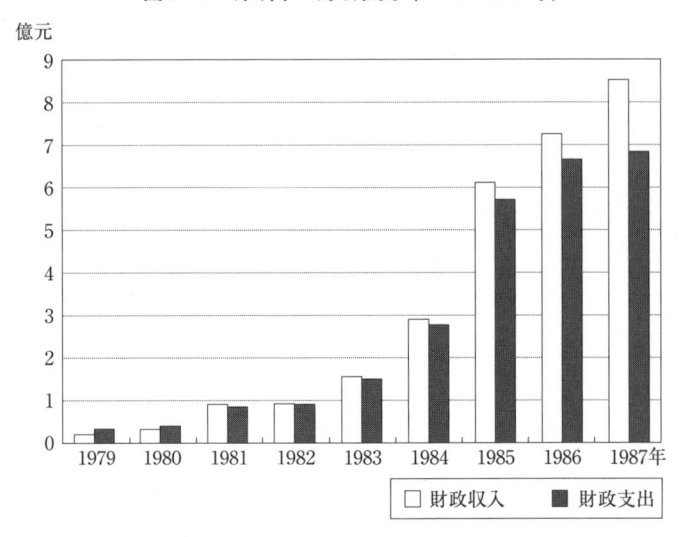

（出所）前掲、『深圳市統計信息年鑑1998』、254-258頁より作成。

図5-5　深圳市の直接投資導入額（1979〜1990年）

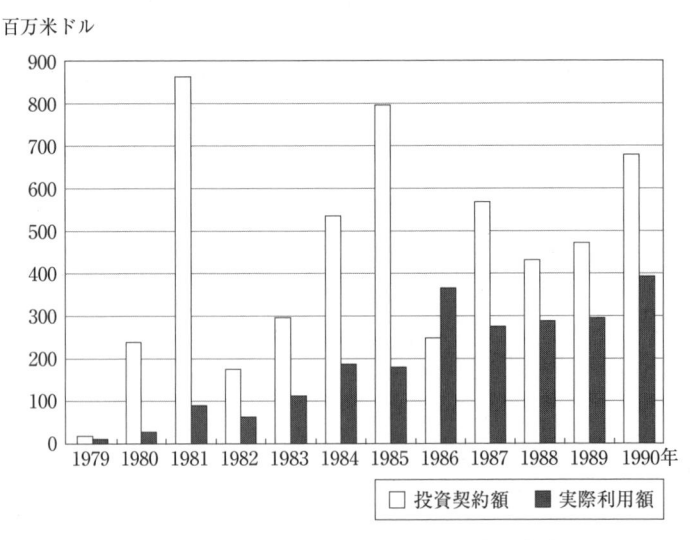

（出所）前掲、『深圳市統計信息年鑑1998』、275および279頁より作成。

第 5 章　深圳経済特区発展の功罪

　経済特区設立の目的であった直接投資導入については図5-5に示す。中国最大の経済特区として中央から大幅な投資許認可権限を付与された深圳の外資導入額は、国内の他の地域に比べて突出していた。同市の直接投資導入プロジェクトは、契約ベースで、1980年には303件（契約額2億7122万米ドル）であったが、1985年には1203件（同10億2647万ドル）に達した。EAERによると、全国の直接投資契約額の約40％を深圳特区が誘致していた(1984年6月時点での概算)。ただし、この概算には三資企業以外に補償貿易なども含まれていたと考えられる。三資企業に限定した場合の直接投資契約額でみると、全国における深圳の割合は、1984年末まで毎年17～22％の幅に収まっていた。なお、全国の投資実行額からみると、深圳市の比率は毎年10％台であった。都市の規模や伝統的な産業基盤を考慮すれば、深圳は直接投資契約額および実行額の両面において他地域よりも大きな貢献をしてきたといえよう。

　こうした成果を上げた反面、深圳の外資導入には幾つかの問題もあった。第1に、1986年を除き、直接投資の実際利用額はその契約額にはるかに及ばなかったことである。また、実際利用額は1982年の一時的減少を除けば概ね増加基調であったが、契約額は1981年と1985年に急増した後、それぞれ翌年には大幅に減少するなど、直接投資流入の実態は不安定であった。第2に、深圳市への直接投資は香港資本もしくは香港経由の外国資本に過度に依存していたことである。土地と労働力という生産要素に恵まれなかった香港の企業は、その不足を補うに十分な深圳特区の利点を逸早く見抜いて対中進出を果たした。香港中文大学グループの調査によると、1981年8月末、深圳特区への投資総額のうち、91％が香港資本、5.5％がそれ以外の華人資本、3.5％が非華人系の外国資本であった。地理的近接性に加えて、華南一帯の言語的・文化的紐帯や地縁・血縁関係が香港の華人資本を深圳へ導いたと考えられよう。また、深圳特区で投資件数が最も多かった業種は製造業であったが、投資額が最大であったのは不動産業（39.5％）であり、観光業（28.3％）がそれに続いていた。製造業の投資額は投資総額の16.3％にすぎなかった。市当局の統計に基づく図5-6においても、1985年を除き、工業プロジェクト1件当たりの投資契約額が不動産業・商業の契約額を大幅に下回っていたことは明らかである。これは、深圳特区で

175

図 5-6 深圳市における工業と不動産・商業プロジェクトの
1件当たり平均投資額の推移（契約ベース）

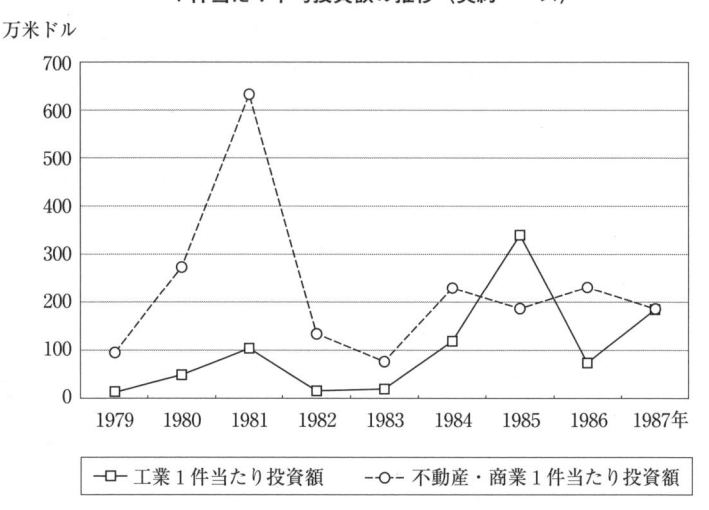

―□― 工業1件当たり投資額　　―○― 不動産・商業1件当たり投資額

（出所）前掲、『深圳市統計信息年鑑1998』、271-272、275-276頁より作成。

図 5-7　深圳市の輸出入額（1979～1989年）

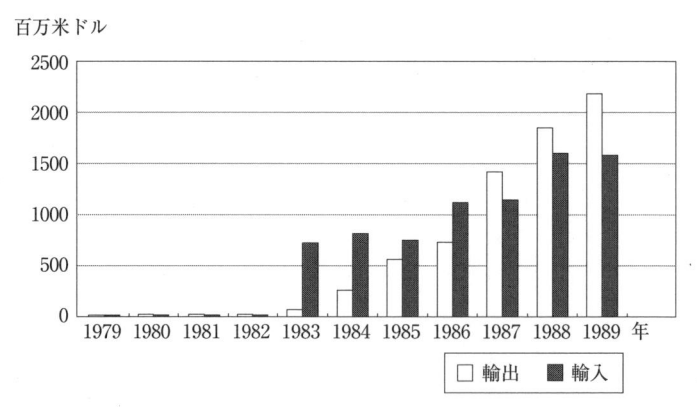

□ 輸出　　■ 輸入

（出所）前掲、『深圳市統計信息年鑑1998』、284頁より作成。

は補償貿易や組立加工の形態をとる外資導入工業プロジェクトが多かったこととも関係していた。以上より、深圳特区の外国直接投資導入には、①香港を中

心とする華人資本が中心、②製造業よりも不動産業が多い、③三資企業よりも補償貿易や組立加工が中心、④契約額は大きいがその多くが実行されていなかったという特徴があったといえる。

　貿易に関しては、図5-7が示すように、1982年までは輸出入とも大きな変化はなく、工業生産額の急増に対して輸出が伸び悩んでいたことから、特区で生産された工業製品の大半は国内向けに販売されていたことが推察される。1984年当時、深圳特区の製品輸出比率は20％余りにすぎず、残りは国内向けに販売されていたという報告もあり、製品を輸出して外貨を稼ぐという特区設立当初の目的とはかけ離れた状態にあったといえる[13]。また、1983年から翌年にかけて深圳市の輸入が急増し、大幅な貿易赤字を記録した。深圳の貿易収支が改善の兆しをみせ始めたのは、中央政府から外向型への転換を強く迫られた1985年以降のことである。

　深圳特区の高度成長は地域の物価を押し上げた。『深圳特区報』によると、1981年の野菜の平均小売価格は1978年より30％上昇しており、国内で最高レベルのインフレであったという[14]。また、1980年代に深圳特区を精力的に取材した『人民日報』記者の林里は、「広州・深圳間の列車の切符が1984年初めは6.5元であったのに、5カ月後には9.8元と50％も値上がりした」と報告した[15]。しかし、幾つかの工業製品については深圳特区の方が内地よりも安価であった。例えば、1984年当時、北京で1巻き4元のカラーフィルムは広州で2.5元、深圳特区では2元であった。また写真の現像は北京では10日を要して1枚1元、広州や深圳では30分から1時間で仕上がった上、1枚当たり0.2〜0.7元であった[16]。内地よりも輸入原材料を入手し易く加工業が進んだ深圳特区では、一部の軽工業品の生産コスト削減が価格に反映されていたのである。

　これまでの議論から、1980年代前半の深圳経済特区の高度成長は工業製品の輸出によるものではなく、特区設立のための基本建設に依存していたことは明白である。現地で発達した工業の大半は労働集約型産業であり、外資導入形態も委託加工や補償貿易が多かったため、生産活動を通じて技術移転を実現することは稀であった。しかし、外国直接投資導入の件数と投資額の面で最も国家に貢献し、短期間で高い経済成長率を達成し、香港に模した近代的な高層建築

が林立するようになった深圳特区は、当時の中国では最も先進的な都市として人々の目に映った。輸出面で顕著な実績がなくとも、香港との間で人や物資が頻繁に往来する状況は、特区を対外開放の象徴として印象づけた。『人民日報』をはじめとするメディアは、深圳の直接投資導入・貿易総額・工業生産額などの実績に注目し、過去と比較してどれほど成長したのかについて大きく取り上げた。また、特区工作担当の経済官僚も特区の利点を宣伝することに躍起となった。1985年1月17日、北京で開催された第6期全国人民代表大会常務委員会第9回会議で、谷牧国務委員は、4経済特区が外商と契約したプロジェクト数は4700件以上、契約額は20億米ドルに達し、実際利用額は8億4000万ドルに上ったと報告した[17]。とりわけ深圳経済特区については、1984年の工業生産額(13億元)が1979年の20倍以上に達したことや、外資利用額が5億8000万米ドルに達し、70社以上の三資企業が設立されたことを高く評価した。こうした経済実績こそ対外開放の正しさの証明であり、中国がイデオロギー的制約から脱却する上で必要なものであった。

2 繁栄の要因

これらの経済的繁栄を深圳にもたらした第1の要因は、中央が深圳特区に内地よりも大幅な経済権限を認めた特殊政策であった。特区では、社会主義計画経済と市場経済との併存、外資を利用した経済発展、市場調節と輸出を主とする経済活動、外資に対する優遇措置、地方政府に対する一定の金額以下のプロジェクトの許認可権限が認められており、その権限の大きさは省レベルに匹敵した[18]。特区建設推進のため、中央は特区における銀行融資の規模拡大、歳入および外貨収入の新規増加分の全額留保、特区が輸入する基本建設用の物資の免税措置を認めた。また、請負制と競争原理の導入、部分的な価格の自由化、能力給の導入が実施された[19]。これらの特殊政策により、特区では、直接投資や土地開発プロジェクトが調印されると、内地よりも円滑に工事着工や起業に至ることが可能となった。また、外資系企業の進出にともなう能力給や競争原理の普及により、金銭的報酬が労働生産性と結びつけて考えられるようになった。香港誌『争鳴』は、「深圳特区の建築部隊は内地からやって来た人々であるの

に、特区での建設速度は内地の2.5倍である」と評し、その理由を深圳特区には報奨と懲罰という資本主義の物質的刺激があるからだと論じた[20]。中央が委譲した大幅な経済権限により、深圳では、内地では認められていなかった多くの「特殊な扱い」を合法化し、人々に対外開放の恩恵を実感させることができたのである。

　深圳繁栄の第2の要因は、大量の国内資本の進出であった。内地の企業にとって深圳特区に進出することは他では得がたい利点があった。そのひとつは、特区では、内地企業も外資とほぼ同様の優遇措置を享受できたことである。例えば、特区に企業を設立した場合、原材料・設備などの生産に必要な物資を減免税扱いで輸入することができた。内地では物資不足が恒常化しており、輸入手続きが煩雑で高関税が適用されていたため、内地企業にとって深圳特区への進出は合理的な選択であった。一方、恒常的な資金不足と脆弱な産業基盤の問題を抱えていた深圳特区側にとって、内地企業の進出は原材料・資本・人材を確保する手段であった。特区側は内地企業の進出を歓迎し、優遇所得税15％の適用や、新規企業で納税が困難な場合は減税や免税の便宜を与えた[21]。この他、土地使用費、利潤留保、外貨留保などの優遇措置も外資同様に与え、特区に設立した企業で働く従業員の戸籍移動や辺境証取得の上でも便宜を図った。ただし、大量の国内資本の経済特区進出にともない、一部の内地企業が香港投資家と共謀して経済犯罪に加担する事件が多発するという副産物も生じた。1983年3月末には、中央の14部局、20の省・市・自治区、80の県・市が深圳特区へ進出し、合わせて457件のプロジェクトを契約もしくは実行した[22]。これらの内地企業による投資予定総額は6億4957万元と1億2696万香港ドル（そのうちの1億6874億元は実行済み）であった。内地企業の特区進出は拡大の一途をたどり、1984年半ばまでに中央の部・委員会に所属する内地企業だけでも約16億元を深圳特区に投資した[23]。

　深圳の繁栄を可能にした第3の要因は、香港との密接な経済関係の構築にあった。深圳特区にとって香港は貿易相手であり、資本の提供者であり、外国企業と中国側とを引き合わせる仲介者であった。同時に、資金調達のための最も身近な国際金融センターであり、経営管理や市場経済に関する知識の宝庫であ

り、華人送金や観光客の主たる供給地でもあった[24]。香港・深圳間のヒト・モノ・カネの往来は同時並行的かつ急速に進展した。例えば、深圳市は、市の経済発展計画や人材育成に関して香港の学者や専門家から意見を求めた[25]。香港からも総督を筆頭に香港政庁の官僚や香港商工界の代表団が頻繁に深圳を訪問し、同市と香港との経済関係強化に努めた。また、深圳市政府は香港政庁と直接協議を行って、円滑な物流と外資系企業関係者の出入国の便宜を図った。1982年3月、両者は香港・深圳間の国境道路と羅湖橋（香港・深圳の国境にある陸橋で、出入国手続きを行う場所）の開放時間について協議し、4月に「深圳・香港間の通路を増設することに関する協議書」に調印した。5月には羅湖税関の通関時間を夜8時半まで延長することを決定し、10月から実施した[26]。1982年7月には、香港・深圳間の国境での出入国手続きを大幅に簡素化して従来の通関業務を深圳特区周辺に設置予定の第2国境線（管理線）に移す計画が明らかとなり、深圳と香港との経済関係は一層緊密化すると予測された（次節参照）[27]。

　金融の分野でも香港と深圳は密接な関係を構築しつつあった。そのひとつは香港からの直接投資であり、いまひとつは香港ドルの流通であった。1982年当時、深圳特区における外資利用建設プロジェクトは計画中のものを含めて700件に上り、投資予定総額87億香港ドル（約3600億円）の大半が香港企業によるものであった。この時期、地価の安い深圳に住んで香港に通勤するという生活様式が提案され、深圳でのマンション建設ブームの一翼を担った[28]。また、アジアで最も国際的な通貨の香港ドルが深圳特区をはじめ広東の省都・広州でも流通し始めていた。特区内のほぼすべての大型商店や娯楽場では香港ドルや外貨兌換券を受けつけており、中には人民元は受け取らないと公言するデパートもあった。深圳特区に隣接する蛇口工業区のショッピング・センターは香港ドルしか受け取らなかったという。特区内の一角を占める沙頭角区では香港ドルの闇取引が公然と行われており、闇市場での交換レートは公定レートから大きく乖離していった。1984年頃には、外貨を持たずに内地から特区へ来た人々が多大な不便を強いられるまでに、香港ドルは勢力を増していた[29]。

　特区に繁栄をもたらした第4の要因は、この地域を管轄した広東省の強い対外開放志向と、任仲夷省党委書記の広東運営の方針であった。1980年から広東

省党委書記を務めた任仲夷は、中央が送り込んだ東北人であったが、開明的な人物として知られていた。任仲夷は中央の政策を柔軟に解釈して対外開放の進展を図り、「特区では特別な政策を行う」ことや経済的に豊かになることを奨励した。彼は、「排汚不排外（腐敗したものは排斥すべきだが外国のものを一概に排斥してはならない）」「三真論（特殊な政策は真に特殊でなくてはならず、柔軟な措置は真に柔軟でなくてはならず、一歩先を進むことは真に先を行くことでなくてはならない）」「三個更加（対外的にはさらに開放し、対内的にはさらに政策を緩和し、下級に対してはさらに経済権限を委譲する）」「四個打破（保守的な思想の打破、条条塊塊（行政指揮系統が、中央の各主管部門を長とする縦割りの分断（中央主管系統）と、省・市・県などの各レベルごとの分断（地方系統）とによって二重に分断されている状況）による行政指揮系統の分断状況の打破、官僚主義の打破、経済活性化を妨げる各種の不合理な古い枠組みの打破）」「三不論（特殊化せず、特権を持たず、党紀や国家の法令を遵守しない『特殊な党員』にならない）」といったスローガンを次々に打ち出し、広東の対外開放を推進した。[30] 任仲夷は、現場では対外開放を鼓舞し、中央に対しては一貫して対外開放と広東の特殊かつ柔軟な政策の継続と拡大を主張し続けた。計画経済主導派指導部が厳しい緊縮財政を強いた経済調整期には、任仲夷は中央で「経済調整の主旨を広東も尊重して不要不急の基本建設は圧縮する」と述べたが、続けて「政策は朝令暮改であってはならない」と主張し、広東の擁護に回った。このように、任仲夷は広東の行きすぎを制するよりも、対外開放の進展を優先させた。その理由は、彼が赴任した当時は依然として対外開放に対する不信感が根強く、対外開放に勢いをつけることを優先させる必要があり、他方で彼自身が中央と広東のパイプ役となるために広東人の信頼と支持を取りつける必要があったからである。広東省党委書記在任中、任仲夷は省レベルで獲得した経済権限をさらに下級の行政単位に委譲し、対外開放の恩恵を末端にまで拡大しようと試みた。任仲夷は広東語を解さないよそ者であったが、彼のやり方はやがて広東人の受け入れるところとなった。

　また、任仲夷は自分の側近を主要ポストに就けて、省内における自らの政治基盤の確立にも努めた。省レベルでは、長年、広東省の幹部を務めてきた劉田夫が1983年4月に省長（省内第2の権力者）を辞任し、任仲夷とともに広東へ赴

任していた帰国華僑の梁魂光が後任となった。[31] 梁魂光は中央で国務院軽工業部部長を務め、広東赴任後は広州市長に就任した経験を持つ人物であった。[32] また、やはり任仲夷の人脈といわれた梁湘が1981年3月に深圳市委第一書記に就任し、同年10月に深圳市長も兼任した。また、5番目の経済特区候補と考えられていた海南島には部下の雷宇を送り込んだ。こうして中央対外開放派の支持を得た任仲夷が対外開放最前線の最重要ポストを押さえたことは、深圳特区や広東での対外開放推進に有利な条件を形成したと考えられる。

　任仲夷の広東運営は対外開放を大きく飛躍させたが、他方で海南島の大量密輸事件が起きるなど、急激な対外開放が省内で大規模な経済犯罪を誘発する側面もあった。しかし、当面の間、中央対外開放派は任仲夷の広東運営を黙認した。対外開放の拡大と定着を最優先させた対外開放派にとって、計画経済主導派を説き伏せる最大の論拠は深圳経済特区の発展と経済成長であった。対外開放派指導部は14沿海都市と3デルタ地帯の対外開放が実現するまで、深圳経済特区の問題点を深く追及することはなく、むしろ成果を強調した。深圳に対する対外開放派指導部の姿勢が変わり始めたのは、対外開放地域の拡大が実現して特区の「特殊性」が相対的に低下し始めた時期であった。それは海南島大量密輸事件の検挙とも重なり、1980年代半ばには、特区の問題点は対外開放派指導部にとって看過することのできないレベルに達していたといえよう。以後、中央は、深圳が輸出や外資導入や工業発展の面で当初の目的を達成していなかったことを公然と指摘し、その是正を求めるようになったのである。

3　対中進出拠点としての深圳経済特区

　対外開放後、深圳特区は中国で最も資本主義に近い存在となり、外国企業や投資家にとっては最も有力な対中投資拠点となった。外資系企業にとって深圳の魅力とは、香港と隣接しながらも、香港よりも大幅に生産コストを節約できる投資条件を備え、非常に限定的ながらも中国市場に進出する機会を提供していたことであった。中央から投資の審査・許認可を含む大幅な経済権限を獲得していた深圳特区は、内地よりもはるかに寛大な投資優遇措置を外商に提供することができた。例えば、外商側が完全に企業の経営活動を掌握すること

第 5 章　深圳経済特区発展の功罪

ができる100％外国資本企業の設立は内地では許可されていなかったが、深圳特区では可能であった。実際には最初から100％外資企業や合弁企業を選択した外商は少なく、多くの場合はリスクや負担の少ない合作企業や組立加工・補償貿易の形態を選択した。[33] また、広東省や深圳特区側も合弁企業にこだわらず、比較的誘致し易い補償貿易や組立加工の形態での外資流入を奨励した。[34] その結果、深圳特区では合弁企業よりも合作企業（同地区への直接投資総額の60％以上を占めた）および「三来一補」と呼ばれた来料加工（原材料委託加工）・来件加工（部品加工）・来様加工（サンプル加工）・補償貿易が主流となった。[35]

また、深圳特区は、外資系企業に課する所得税を大幅に引き下げた。外商が内地に合弁企業を設立した場合、国家への納税分30％と地方政府への納税分3％の合計33％を納付しなければならないが、深圳経済特区に進出した場合の課税率は15％であった。[36] 外資優遇税制はさらに細分化され、1983年1月からは、深圳特区での投資額が500万米ドル以上あるいは先進的な技術を用いたプロジェクトで投資回収に長期間を要する外資系企業に対し、それぞれ20～50％の減税または1～3年の免税を適用し、地方税を一律免除した。また、1982～1985年の間に深圳特区に進出した企業に対しては、進出地域に応じて土地使用費を30～50％免除した。[37] 後に、先進技術を用いる投資プロジェクトで、とりわけ中国に有利な合弁企業であると認定されると、利潤創出後、2年間は所得税免除、その後3年間は所得税半減（7.5％）となった。[38] このように、外資導入の進展にともない、広東省経済特区条例の公布時には具体的ではなかった投資条件が次第に明らかになっていった。同条例が明記していなかった合弁期間についても、深圳特区では15年間を限度とし、その後は出資比率に応じて資産を分配することに決まった。

さらに、広大な土地と豊富な労働力という中国の比較優位も外国企業を引きつけた。深圳の土地使用費は、地域・用途によって異なるが、総じて香港の工業団地よりも大幅に安かった。[39] 例えば、香港の新界にある大埔工業団地では、1m²当たり年間700元相当（1980年1月）だったが、半年後には825元に上がり、さらに1年後には925元に上昇した。他方、深圳特区では工業用地が1m²当たり年間10～30元、商業用地が同70～200元、商品住宅用地が同30～60元、観光

183

施設用地が同60〜100元といった水準であった。また、蛇口工業区の工業用地は21.5〜43元であり、深圳特区よりわずかに高値であったが、それでも香港に比べれば相当に安価であった。こうした土地のリース化が中国で最も進んでいたのは深圳であり、土地使用費を徴収して特区建設資金に回した他、土地を金額で評価して合弁企業設立時の中国側投資の一部とした。また、深圳には香港よりも安くて豊富な労働力があった。1982年11月20日の『日経産業新聞』によると、深圳の労賃は香港の60％程度であった。安い労働力の源は暫住人口であり、彼らは特区内に滞在できる一定期間（通常3〜5年）を過ぎると帰郷・移動したが、新規労働力が絶えず流入してきたため、企業側は常に安価な労働力を補充することができた。

　他方、外国企業が深圳経済特区に進出する上での問題点も少なくなかった。そのひとつは、「安い労働力」に要する賃金以外のコストであった。例えば、中国人従業員の賃金の一部が従業員自身の手に渡らず、国家に納入されたことは、外国企業にとって納得し難いことであった。一般に、外資系企業で働く従業員は名目賃金の70％を直接受け取り、5％は福利厚生費として控除され、25％は労働保険およびその他の経費として国家（実際の窓口は地域の労働服務公司）に納めることになっていた。しかし、企業側にはこの25％の使途が全く知らされておらず、実際に従業員に還元されたのか、あるいは間接税なのか不明であった。また、中国政府が雇用に関する企業の自主権を厳しく制限していたことも外資系企業の不満であった。当初、従業員の募集・雇用は特区の労働服務公司に一任しなければならなかったため、外資系企業が優秀な労働者を選抜して確保することも、効率の悪い従業員を解雇することも困難であった。初めて外資系企業で働く中国人の中には、中国の国有企業や集団企業で働いていた時の習慣が抜けず、勤務態度が怠惰な者も存在した。また、品質管理に対する理解が徹底していなかったために不良品発生率も高かった。職場のモラルの欠如や労働生産性の低さを考えると、安価な土地使用費と労働力にもかかわらず、深圳の生産コストは香港のそれに匹敵するといわれた。こうした状況に地方政府が取り組み始めたのは1982年以後のことである。同年1月に公布された広東省経済特区労働規定により、経済特区労働局の承認を得た外資系企業は、自ら

従業員の募集や採用試験を行ったり、3～6カ月の試用期間を設けたり、1カ月分の給与と引き換えに従業員を一時解雇することが可能となった[45]。しかし、中国人従業員や共同経営者の労働生産性や効率に対する関心の薄さを一朝一夕に解決することはできず、実際の労働コストを押し上げていたことは間違いあるまい。

　いまひとつの重要な問題点とは、合弁企業設立手続きの煩雑さであった[46]。例えば、外国投資家が特別な人脈を介さずに深圳経済特区で合弁企業を起こす場合、最初に訪問するのは深圳市対外経済聯絡辦公室などの外商受入窓口であった。十分な現地調査の後に投資家が投資を決意したならば、外商受入窓口に相当する行政機関から合弁のパートナー候補の紹介を受ける。パートナーが決定したら意向書を取り交わすが、これは法的拘束力をともなうものではなく、両者の誠意を表す文書にすぎない。意向書を交わす傍ら、投資家は銀行・保険会社などの金融機関と財務に関する協議を行う。これらの交渉を終えた後、ようやく投資契約の具体的な内容、例えば、原材料の輸入と国内調達の比率、工場用地と建物の確保、従業員の研修、製品の生産・販売、販売利益の分配、所得税の減免税措置の適用、利潤の再投資や海外送金などについて中国側パートナーや関連機関と交渉に入る。ここまでの段階で外国人投資家が訪問もしくは交渉すべき担当部局は十数カ所に上り、起業に必要な各関係機関の承認をすべて取りつけるには膨大な時間を要した。さらに投資家の煩わしさを増したのは、幹部や行政機構の数が多すぎて誰が担当者（部局）であるのか外部からはわかりづらいことであった。例えば、1980年代初期の深圳市政府は、6～7人の副市長や300人を超える指導幹部を抱える肥大化した組織であった[47]。また、縦割り行政が地方行政を分断し、地方行政も省・市・県など各級ごとに分割していた「条条塊塊」と呼ばれる中国固有の政治体制も、現場における条例・法令の解釈の相違を生じさせる要因となった。こうした複雑な行政機構や権限の所在の不明瞭さは、「中国の行政制度は不透明でわかりづらい」という不評を外国企業の間に広めることになった。1982年、深圳市は幹部職を従来の3分の1に削減する改革を行い、他方で直接投資導入と土地開発を担当する深圳市発展公司を設立して権限の集中と効率化を図った。しかし、それで直接投資の実施に

関する事務手続きの煩雑さが完全に解消されたわけではなかった。[48]

　さらに、対外開放の進展により、対中投資を望む外国人投資家にとっての深圳の魅力は徐々に色褪せようとしていた。香港との近接性を除き、深圳の利点とは、人件費・地代がともに高騰した香港や未開放の内地の不便さと比較した場合の相対的な評価にすぎなかった。1984年の14沿海都市の開放が対中投資の新たな候補地を外商に提供することになり、深圳特区での賃金上昇やインフレが生産コストに反映し始めると、対外開放における深圳の優位性は次第に崩れる傾向にあった。1980年代半ば、対外開放の進展にともない、深圳特区は経済発展戦略を見直す必要性に直面していたのである。

第2節　ヒト・モノ・カネの管理の試み

　本節では、中央対外開放派が経済特区の経済的・社会的混乱を収拾し、秩序ある経済発展を達成するために試みた2つの管理手段について検討する。第1の試みは、人とモノの管理を目的とした第2国境線（以下、管理線）の設置であった。第2の試みは、深圳特区における金融秩序の混乱の収拾と外貨の闇取引の一掃を目的とした特区通貨発行構想であった。本節では、これら2つの「管理」の実験について中央と地方は各々どのように関与していたのか、それぞれの実験はどのような結末を迎えたのかについて論じる。

1　管理線の設置

　1981年4月、深圳経済特区と内地とを隔てる管理線の建設工事が始まった。管理線設置の目的は、特区と内地との物流を管理することと、特区経済を内向型から外向型へと転換させることであった。当時、経済特区には多数の国内資本が進出し、内地の買いつけ業者が大勢出入りしていた。経済特区に外資系企業を呼び寄せるための関税の減免措置は国内転売を目的とする製品輸入にも利用され、特区は自動車や家電製品など消費財の輸入窓口となっていた。深圳の工業生産額の増加分は、恒常的な物資不足にあった内地が吸収し、輸出は伸び

第 5 章　深圳経済特区発展の功罪

悩んでいた。特区で生産した工業製品を輸出して外貨を稼ぐという設立当初の目的から乖離した現状を放置すれば、計画経済主導派の批判を招き対外開放そのものが停滞する可能性もあった。こうした状況から脱却して、外資を利用した経済発展を遂げ、外国の技術や管理経験を導入し、輸出で外貨を獲得するという特区本来の目的を果たすため、また、経済犯罪が内地へ浸透することを防ぐため、中央は特区と内地とを物理的に切り離そうと試みた。それが管理線建設の発端であった。

　1984年8月、中央が約2億元を投じた管理線の工事が竣工し、テスト運用が始まった[49]。東は小梅沙から西は南頭まで、経済特区の周囲には81.2kmの巡回道路と高さ2.8mの鉄条網が整備された[50]。管理線上には6ヵ所の検問所があり、それぞれに税関・国境警備隊・武装警察が駐留し、武装した職員が巡回道路をパトロールした[51]。1985年2月24日から26日まで深圳で開催された座談会で、谷牧国務委員は、膨大な資金と時間をつぎ込んだ管理線への期待を語り、その目的として、①投機的取引・密輸・外貨の闇取引などの経済犯罪を防止すること、②特区の経済構造を消費型から生産型へ、内向型から外向型へと転換させること、③特区・香港間の通関業務の円滑化を図り、特区の投資環境を改善することを挙げた[52]。3番目の目的を達成するため、酒類とタバコ以外の物資については、これまで特区と香港との国境税関で行われていた通関業務を将来的には管理線上で行う計画を立てた。管理線は、香港からの原材料・設備の輸入手続きを迅速にして、特区内の外資系企業への便宜を図り、同時に、特区製品の大半を国際市場に仕向けることが目的であった。

　この管理線をめぐる議論について、計画経済主導派はどのように考えていたのであろうか。計画経済主導派指導部の1人、姚依林副総理は、1985年3月28日、香港・マカオの記者との会見で「深圳経済全体に占める工農業生産の比率は比較的低く、基本的な経済力は脆弱であり、外貨創出能力は非常に限定的である。他方、特区と内地との取引量は非常に大きく、特区経済の3分の2は内（地）向き、3分の1が（対）外向きである」と評した[53]。また、彼は、深圳特区の密輸、脱税、外貨の闇取引などの問題が内外から批判を浴びているとも指摘した。姚依林の発言からも、計画経済主導派は、管理線による物流の管理を、

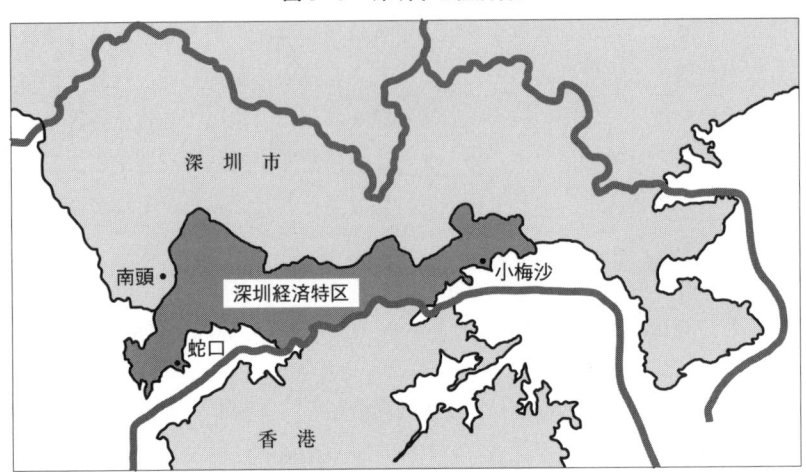

図 5-8 深圳市と経済特区

（出所）星球地図出版社編『広東省地図冊』、星球地図出版社、2006年、104-105頁をもとに作成。

内地に浸透してくる資本主義の影響や特区の経済的混乱を限定的なものにとどめるための手段とみなして、その建設に一定の理解を示していたと解釈できよう。管理線の設置とその運営に関しては、中央では対外開放派と計画経済主導派とを問わず、ほぼ合意が成立していたのである。

　一方、深圳特区にとって管理線は必ずしも歓迎できるものではなかった。香港との経済関係を緊密化することについては深圳側にも異論はなかった。中央がそうした方針を明らかにする以前から、深圳は交通インフラの整備や香港から入国する人々の出入国手続き簡素化を実現して、実質的に香港との人の往来や物資・資金の移動を拡大してきたからである。しかし、当時の特区の繁栄と経済活動を支えていたのは、香港でも外資系企業でもなく、内地企業の進出や内地との商取引であった。香港誌『廣角鏡』は、深圳の財政収入の大半は貿易への課税、とりわけ内地との取引に課せられた税収から生じたものであり、管理線の導入は確実に財政収入を減少させるであろうと予測した。[54] 深圳側も、管理線の適用がこれまで特区の繁栄を支えてきた内地の資本・商品取引・人の往来を遮断することになると懸念した。[55] 実際、そうした深圳側の消極性を反映し

て、管理線の工事も実用化も当初の計画（1983年末の工事完了と1984年1月からの実施予定）よりも大幅に遅れていた。しかし、深圳の消極的姿勢にもかかわらず、1984年8月、中央は管理線の試験的運用を開始したのである。

2　特区通貨の構想

　1980年代前半の深圳経済特区では、兌換性を持たない中国の公式通貨である人民元、内地で外国人が使用していた外貨兌換券、国際通貨の香港ドルという3種類の通貨が流通していた。ある報告によると、1983年には、深圳特区に流通する貨幣の50%が人民元であり、残りの50%は香港ドルと外貨兌換券が占めていたという[56]。複数通貨の流通は、外国人投資家を混乱させただけではなく、外貨の闇市場を出現させて地域の金融秩序を不安定化させた。とりわけ香港ドルや米国ドルの需要が高く、例えば、公定レートで1ドル＝1.7～1.8元（1982～1983年）の米ドルは、特区の闇市場では1ドル＝4.5～4.8元で取引されていた[57]。特区で香港ドルが流通し、外貨の闇市場が発達した原因は、第1に、人民元に兌換性がなく国際的な決済通貨として通用しなかったこと、第2に、人民元を過大評価した公定レートは既に対外開放後の中国経済の実態に合致しなくなっていたこと、第3に、特区のみならず内地でも外貨需要が大きかったこと、第4に、内地では入手困難な外貨が深圳特区では比較的容易に入手できたことである[58]。

　深圳経済特区の金融秩序の混乱を目の当たりにした中央指導部や金融管理部門は、外貨の闇市場が国家の外貨収入の減少をもたらすだけではなく、人民元の価値を下落させて中国の国家としての威信を損なうと憂慮した[59]。1981年、中央は広東・福建両省に対し、当面、特区通貨は人民元を中心とし、外貨は指定された範囲内でのみ使用可能と通達した。しかし、その後も特区内に流通する外貨の勢力は増加する一方であった。こうした事態に対応するため、中央では、既に1979年後半から経済特区の流通通貨を統一するための議論を重ねており、3つの案が提出されていた[60]。第1は、特区から外国通貨を排除し、流通通貨を人民元に統一する案であった。しかし、原材料や設備の輸入など外貨需要が大きい外資系企業に外貨の収支均衡を義務づける一方で、特区での流通通貨を兌

換性のない人民元に統一すると、外資系企業の外貨調達が一層困難となり、投資環境が悪化することは容易に予測できた。また、特区のインフレが人民元を介して内地に浸透する恐れもあり、第1案で問題が解決する見込みはなかった。第2の案は、人民元を切り下げて公定レートを闇レートに近づける方法であった。しかし、通貨を切り下げると、工業製品を大量に輸入していた中国では（元換算では）貿易収支が悪化し、外商との合弁企業設立時の中国側の出資負担が増えるため、この案も現実的な選択肢とはいえなかった。第3は、特区だけに通用する兌換性を持つ通貨を発行して特区内の流通通貨を統一し、外貨の闇市場を一掃する案であった。新通貨で輸出入の決済ができれば、特区内の金融秩序が安定するだけではなく、特区に進出した外資系企業の外貨収支を改善することにも役立つと考えられた。早速、中央は特区通貨に関する研究に着手した。経済調整の終了後、1982年1月に中国人民銀行（中央銀行）が深圳に調査団を派遣してこの構想の実現可能性を調査した。調査団は、深圳では未だ条件が整っておらず、通貨発行は重大問題で多方面との折衝が必要であると指摘して、結論を急ぐべきではないとの回答を出した。1983年初め、中央政府は再び深圳に調査団を派遣した。調査団には、国務院経済研究センターの銭俊瑞、北京国際経済研究センターの宦郷、外交部法律顧問の邵天任、人民銀行貨幣発行局の王慶彬、金融研究所の楊培新、中国銀行国際金融研究所の姚蘊芳、対外開放派知識人の間で人気のあった『世界経済導報』紙編集長の欽本立らが参加した。この調査団が特区通貨の発行に前向きな回答を出したことにより、中央は具体的な検討に乗り出した。

　資料的制約により、議論の詳細を追うことは難しいが、少なくとも14沿海都市の対外開放が決定した時期には、中央対外開放派の間でも特区通貨発行案は現実的選択肢として一定の支持を得ていたと考えられる。例えば、1984年3月24日、訪中した日本の中曽根康弘首相（当時）と会談した胡耀邦総書記は「深圳で特区通貨を発行する予定である」と発言し、その目的が特区と国内の経済活動を切り離すことにあると示唆した。[61] 6月、日本経済新聞社訪中団との会見で、胡総書記は、「特区通貨を1985年中に発行する予定である」と明かした。[62] 同年7月、国務院は中国人民銀行深圳特区支店が特区中央銀行の役割を担

第 5 章　深圳経済特区発展の功罪

うことを承認した。中央での議論が活発化するにともない、広東省や深圳の地方幹部の間でも特区通貨構想への関心が高まった。1985年2月、特区通貨に先駆けて、広東省が省内通貨として50元紙幣と100元紙幣を発行した。3月1日には梁湘深圳市長が年内に特区通貨を発行すると公表し、その後も深圳市当局は折に触れて年内発行を主張した。長年、経済特区の責任者を務めてきた谷牧国務委員は、1985年2月末に深圳で開催した座談会で、管理線の設置と特区通貨の発行を深圳特区の外向型経済への転換を促進する手段と位置づけ、「特区通貨は半年間の試験期間を設けて効果をみる必要がある」と述べた。谷牧自身、特区通貨の導入で深圳の金融秩序を回復する案に幾ばくかの期待を抱いており、また、深圳特区で実験的に始めた諸政策の前例に倣い、特区通貨の発行も実験可能な試みであると認識していたといえよう。

　しかし、中央では特区通貨構想に対して必ずしも意見は統一していなかった。1985年3月中旬、深圳を視察した全国政治協商会議委員が北京に戻って全国人民代表大会の担当者と特区通貨問題について協議したが、合意には至らなかった。中央での議論の紛糾と、1985年初めより高まった深圳特区への批判により、通貨発行に対する中央対外開放派の姿勢は次第に慎重路線へと傾き始めた。他方、深圳市側は特区通貨の発行が経済特区の投資環境を大幅に改善すると主張し、通貨発行権限も「特殊政策」の一部として中央に認めさせようとする姿勢を崩さなかったため、両者の意見に歩み寄りはみられなかった。1985年3月12日、ニューヨークを訪問していた谷牧国務委員は、特区通貨を短期のうちに発行することは困難であると表明した。3月28日には計画経済主導派の姚依林副総理が記者会見で「特区通貨の発行時期については未定であるが、準備中である」と述べた。3月30日と4月1日には、陳慕華・中国人民銀行行長と何椿霖・国務院特区辦公室主任が、それぞれ特区通貨の問題について見解を述べたが、両者とも「特区通貨については検討中であり、いつどのように発行するか全く決まっていない」と繰り返した。これに対し、深圳市側は、通貨発行の実現を強調し、日本貿易会訪中団にもその旨を告げた。しかし、中央ではこの問題に関する前進はなかった。1985年5月、谷牧は香港財閥の包玉剛と会見した際、特区通貨の発行は慎重にしなければならないと発言し、発行を当初予定の

191

7月から大幅に延期したことを告げた[69]。同時期、国務院経済研究センター顧問の許篠新も「1、2年のうちに特区通貨を発行する」と発言し、実現可能性が遠のきつつあることを示唆した[70]。この後、特区通貨に関する議論は報道されなくなった。代わりに、1985年8月、中国人民銀行深圳支店が深圳特区に外貨調整センターを設置する案を出し、深圳市側はこれに強い関心を示した。この案は、外貨の過不足に陥った企業同士が外貨と人民元を交換する場を提供するものであり、特区の投資環境の改善と外貨の闇取引の一掃を目的としていた。既に特区通貨発行構想の実現可能性は非常に狭まっており、深圳市はより現実的な外貨調整センター設立案へ乗り換えた。11月、「深圳経済特区外貨調整暫定規定」が成立し、12月12日、新設のセンターで初取引（成約額100万米ドル）が成立した。以後、1988年5月に国家外貨管理局が正式承認するまでの間、同センターは試験的な運営を続けた[71]。再度、特区通貨が話題に上ったのは、深圳特区の外向型経済への転換が正式に決定した後のことであった。第2回全国特区工作会議（1985年12月25日～1986年1月5日）の閉会後、谷牧は、「特区通貨構想を深圳以外の経済特区や沿海開放都市にも適用できるものにしたい」という考えを表明した[72]。谷牧は、依然として特区通貨の発行に執着していただけではなく、すべての対外開放地域を巻き込もうとしたのである。この発言は、特区批判の収束を好機ととらえ対外開放を次の段階に推し進めようとした谷牧の勇み足であった印象を否めないが、結果的には特区通貨構想の命を縮めることになった。1986年4月、谷牧は特区通貨の発行を棚上げすると声明し、この構想に自ら終止符を打った。その理由について、彼は「当初、深圳で特区通貨を発行して3種類の通貨が流通する状況を解決する予定であったが、この問題は大変複雑で、賛成する人もいれば反対する人もいる」と述べ、中央で合意形成できなかったことを認めた。また、「（特区通貨の発行は）たとえ深圳の問題を解決することになっても、他の特区や沿海開放都市も直面するであろう共通の問題を解決することにはならない」と述べ、対外開放の大局からみれば、特区通貨の問題は深圳の地域レベルの問題にすぎなかったという最終的判断を示した[73]。

　こうして、中央対外開放派が検討してきた特区通貨構想は潰え、代わりに中国人民銀行深圳特区支店の提案による外貨調整センターが実現した。その背景

には、特区通貨発行による人民元の不安定化と通貨発行権限の分散化を強く危惧した中国人民銀行の意向があったと考えられよう。当初、中央対外開放派がこの構想を支持していたのは、何椿霖国務院特区辦公室主任が指摘したように、特区の投資環境を改善し、3種類の通貨が流通する混乱を収拾するためであった[74]。しかし、特区通貨の実現にともなうリスクは期待される効果以上に大きかった。第1に、通貨発行には多くの技術的な問題を乗り越える必要があった。例えば、投資環境の改善や通貨の闇市場の一掃という目的を達成するためには、特区通貨は兌換性を持つ必要があった。しかし、最も根本的な問題は人民元に兌換性がないことであり、兌換性を持つ特区通貨を発行しても第2の「香港ドル」になる可能性が高かった。また、特区通貨をどの国際通貨にリンクさせるのか、人民元との関係をどのように位置づけるのか、という問題も解決しなくてはならなかった。さらに、中国人民銀行深圳支店あるいはその監督を担う深圳市政府には、通貨価値を安定させるに足る能力（例えば特区の貿易収支、外貨準備高、通貨発行量、通貨流通量などを適正な水準に保つ能力）が十分に備わっていないと指摘する意見も多かった[75]。第2に、特区経済の脆弱さという問題が存在した。例えば、深圳特区の慢性的な外貨不足の主因は、輸入が急増したにもかかわらず、特区の工業製品の3分の1程度しか輸出されていなかったことである。また、最大の外貨獲得手段であった直接投資も、外商の出資は設備や原材料の形態で提供されることが多く、外貨の現金収入は統計数字よりもはるかに少なかった[76]。第3に、特区通貨の発行は金融の根幹に関わる問題であっただけに失敗は絶対に許されなかったことである。仮に失敗すれば、深圳特区が混乱するだけではなく、対外開放路線が停滞したり人民元が打撃を受ける可能性があった。谷牧や深圳市の熱意にもかかわらず、特区通貨の発行はその恩恵が深圳に限られるのに対し、リスクは国家の金融部門全般に及ぶことが明らかな構想であったために実現しなかったのである。

第3節　外向型経済への転換

1　特区への批判と輸出振興の要求

　精神汚染反対キャンペーンの終息と14沿海都市の開放によって中国経済はかつてない活況を呈し、高い経済成長率を記録した。国内建設の規模は次第に大きくなり、原材料を輸入して国内建設に用いた結果、輸入が急増した。市民生活でも消費ブームが起こり、1984年後半から、地方政府は競ってカラーテレビなどの家電製品を日本から大量に輸入した[77]。輸入の急増は中国の貿易赤字を拡大し、外貨準備高の減少をもたらした。一方、14沿海都市の対外開放を本格化するためには新たなインフラ整備を行う必要があり、中央の財政支出負担は一層増大した。そのため、中央は、既に大きな経済自主権を保有していた経済特区に対して建設資金の自己調達を強く求めるようになった。1984年5月に開催された全国特区工作会議は、経済特区が直面している問題として、建設資金の不足、経済秩序の混乱、不合理な経済構造を挙げた。そうした制約の中で経済建設を行うには、特区の建設資金は外資の導入と利用を中心とし、経済構造は三資企業を中心とし、企業の製品販売は輸出を中心とし、経済活動は国家のマクロ管理下での市場調節を主体としなければならないと、会議は結論づけた[78]。

　三資企業の誘致と輸出振興を柱とする経済特区建設の鍵は深圳特区の経済構造調整にあった。特区設立の本来の目的とは、外国資本を大幅に導入して基本建設を行い、外資を利用した経済発展を図り、積極的に外国の先進技術を導入し、工業と輸出を振興し、輸出を増やして外貨を獲得することであった。そうした経済活動を通じて、中央は、経済特区が「4つの窓口（技術・管理・知識・対外政策の窓口）」の役割を果たすことを期待していた。これらの目的を実現するために、中央は深圳特区に大幅な権限委譲を認め、外資系企業への優遇措置を定めた広東省経済特区条例を公布したのである。しかし、中央の目論見は2つの点で外れた。

　第1に、深圳特区には外国企業よりもはるかに多くの国内企業が殺到した。

計画経済体制下における内地の恒常的な物資不足、輸入手続きの煩雑さ、外貨調達の難しさに直面していた内地企業は、特区での輸入手続きの簡便さ、比較的容易な外貨調達、外国企業との接触による資本・技術・管理知識の取得に注目して深圳特区に進出した。また、外国企業と合弁もしくは合作企業を設立すれば、外資系企業として各種の優遇措置を享受することもできた。その結果、深圳特区には国内企業が殺到し、特区建設は外国資本よりも国内資本が中心となったのである。

　第2の誤算は、外資導入における華人資本の役割であった。香港の華人資本は深圳特区への直接投資の主役となったが、その多くは不動産開発や商業、もしくは組立加工などの労働集約型産業に集中した。彼らが労働集約型産業に集中した理由は、人件費や土地使用費における香港の比較劣位を補うためであり、また、組立加工や補償貿易は短期的な利潤回収が可能で投資額も少なかったためである。このような華人資本を大量に誘致しても、中国への技術移転や深圳の産業構造の高度化には結びつかなかった。数年間の実験を通じて、中央や深圳特区が学んだことは、華人資本の限界と非華人資本誘致の必要性であったといえよう。対外開放地域の拡大路線が定着した1980年代半ば、中央対外開放派は、深圳の現状と逼迫した中央財政に鑑みて、深圳経済特区に外向型への転換と自律的な経済発展の実現を迫る必要があると判断したのである。

　1984年11月から1985年1月にかけて、趙紫陽総理、胡喬木中央政治局委員、胡啓立中央書記処書記、万里副総理、李鵬副総理ら中央指導部が相次いで深圳特区を視察した。視察後、趙紫陽総理は、外引内聯への支持を表明する一方、「深圳、広州、珠海などでは設備や原材料の大半が輸入された後に国内へ転売されているため、外貨不足に陥っている」と対外開放地域の問題点について指摘した。[79] 1985年2月には計画経済主導派の薄一波中央顧問委員会副主任が深圳を視察し、特区の工業発展や製品輸出の状況に関心を示した。[80] 同月、深圳で座談会を開催した谷牧は、深圳の発展には党と全国の支持が不可欠であると強調し、深圳市の独走を暗に戒めた。また、深圳が置かれている状況は数年前とは異なり、国際市場での競争と国内の14沿海開放都市および3デルタ地帯との競合関係に直面していること、この事態を打開するためには製品の国際

競争力を強化して積極的に国際市場に進出する必要があること、深圳は内向型から外向型経済に転じて輸出を伸ばし、外貨獲得に励まなくてはならないことを力説した。さらに、1985年4月の講話で谷牧は、「何を輸出すべきかを決めてから、どんな原材料や半製品を加工すべきかが決まる」「経済特区、14沿海開放都市、3デルタ地帯は中央に条件を要求するのではなく、中央が既に与えた政策の活用を考えて国家にどのような貢献ができるかを自ら考えるべきであり、外貨を使うだけではなく、輸出で外貨を稼ぐことを考えるべきであり、所轄地域が豊かになることだけを考えるのではなく、国内の経済活動と対外経済活動の有機的な結合を考え、内地の発展を支援すべきである」と述べ、対外開放の推進には計画性と管理と規律が必要であると強調した[81]。このように谷牧が厳しく輸出振興を求める発言を繰り返した背景には、計画経済主導派や他の地方政府から深圳特区の経済構造に関する批判が続出していたという事情があった。中央では、深圳特区設立後5年経過しても輸出や外貨収入が伸び悩み、技術移転による産業構造の高度化という成果が現れないことについて苛立ちを表明する意見が出始めていた。江蘇省代表の汪氷石は、「(深圳特区では) 外資導入の際の調査研究が不十分で、内地に対する配慮も足りず、外資の消化や新機軸を出すことも不十分であり、外資導入の管理知識も不足し、外貨バランスは赤字である」「(深圳特区は) 国家の外貨を持ち出して外国の部品を購入し、それを組み立てて中国人に売り、金を儲けている」と批判した[82]。事実、深圳特区の基本建設投資に占める外資の利用額は少なく、一説によると、1979～1984年の基本建設投資のうち、外資は24.3%にすぎなかった[83]。また、特区の基本建設費の大部分が中央の資金であったことも問題となった。1985年3月から4月にかけて同特区を視察した姚依林副総理は、蛇口工業区責任者の袁庚や深圳市長の梁湘を前にして「経済成長の速度は速すぎてはならない」と警告を発し、深圳の経済発展がこれまで国家の「輸血（財政的支援）」に頼ってきたことを批判した。姚依林の指摘に不満を抱いた深圳市は、7月、深圳秘書長を通じて「(特区の基本建設費に占める) 中央の資金は7%、銀行融資は90%であり、中央からの財政支援に頼って特区建設を進めてきたという説は当たらない」と反駁した[84]。しかし、中国の銀行はすべて国有であったことや特区への融資を優先し

第5章　深圳経済特区発展の功罪

てきたことを考え合わせると、深圳の建設資金が直接的にも間接的にも国家の財政支援に大きく依存してきたことは否定し難い事実であった。

　谷牧が2月の座談会で深圳に外向型経済への転換を強く要請したいまひとつの理由は、彼自身が当初から特区に外向型経済を構築する信念を持っていたことであった。彼が固執した管理線や特区通貨もすべて深圳特区の外向型への転換を図るためであった。谷牧が強い決意で外向型経済の構築に臨んだ理由は、特区の経済成長こそ対外開放政策の正しさを証明するものであり、それゆえ深圳特区は見せかけの経済成長ではなく、真に健全かつ堅実な経済を構築する必要があったからである。対外開放が一定の地域的拡大を達成した1980年代半ば、これ以上問題を放置すれば対外開放路線の拡大に支障が出ると判断した中央対外開放派は、深圳の経済構造調整に挑む姿勢を明らかにした。

　1985年4月から5月にかけては、各種座談会や政治協商会議で深圳の経済発展に関する問題が議論された。例えば、政治協商会議の参加者が、深圳特区は「七多七少（①合作企業が多く、合弁企業が少ない。②香港マカオ資本が多く、外国の大企業の資本が少ない。③中小プロジェクトが多く、大型プロジェクトが少ない。④第3次産業への投資が多く、輸出型工業製品が少ない。⑤長期交渉して未決のプロジェクトが多く、成立件数が少ない。⑥契約額が多く、実行額が少ない。⑦外貨の導入は多いが、自ら稼いで利用した外貨の量は少ない）」の状況にあると指摘し、改善を求めた。[85]また、この時期、海南島大量密輸事件の調査が中央で進行しており、広東省に対する風当たりも強くなっていた。事件を引き起こした海南行政区の幹部のうち、主犯格の雷宇海南行政区党委書記が任仲夷広東省党委書記の親しい部下であったことから、雷宇の処分が任仲夷の解任につながるのではないかという噂が広まった。[86]就任以来、広東省と中央とのパイプ役を務めてきた任仲夷が自らの政治的進退を問われる状況に陥り、中央に対して深圳特区の弁護を期待できる有力人物は他に見当たらなかった。こうした状況で中央から度重なる改善要求を突きつけられ、深圳市も党委員会と市政府を挙げて問題に取り組まざるを得なくなったのだと考えられる。

　各方面から深圳の問題点が指摘され、海南島事件の全貌が明らかになりつつあった頃、鄧小平の発言に国内外の注目が集まった。1985年6月末から7月に

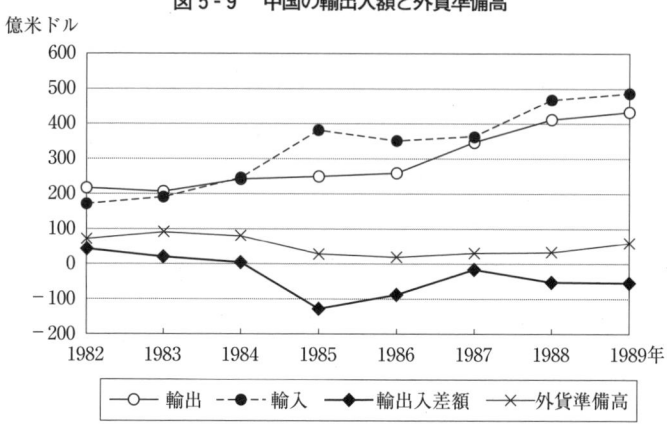

図5-9　中国の輸出入額と外貨準備高

（出所）国家統計局国民経済綜合統計司編『新中国五十年統計資料匯編』、中国統計出版社、1999年、72-73頁を参照。ただし、外貨準備高には金保有高は含まれていない。

かけての外国の訪中団との会見の中で、鄧小平は「経済特区は成功するかどうかまだわからない。失敗しても教訓を得ることができる」（1985年6月29日のアルジェリア民族解放戦線代表団との会見）、「中国の経済改革は現段階では実験としかいえない」（1985年7月2日のオザル・トルコ首相との会見）と発言した。[87] 過去においては経済特区を手放しで賞賛してきただけに、これらの発言は、経済特区に対する鄧小平の評価が変わったのではないかという憶測を招いた。しかし、今回の特区批判がイデオロギーよりも経済構造に関わる問題に集中していたこと、これらの問題の解決が中国の経済発展戦略に関わる重要なものであったことは対外開放派が深く認識していたことであり、鄧小平の発言もこうした議論を踏まえた建設的批判であったと考えられる。今回の特区批判を収拾するには、鄧小平の政治的擁護ではなく、深圳側の問題改善への努力と具体的な成果が必要であった。

この後も、深圳特区を取り巻く環境は厳しさを増していった。7月上旬には国務院が経済特区と14沿海開放都市の代表者会議を開催し、経済特区の基本建設投資を大幅に圧縮することを決定した。これにより、中央は深圳特区の1985年度基本建設費を25億元から前年度並みの16億元に圧縮し、他の経済特区にも

同様の措置を適用した[88]。また、谷牧は、7月上旬に日本の桜内義雄前外相（当時）や北原安定日本電信電話公社副総裁と会見した際、経済特区と対外開放都市の計画を大幅に見直していることを明らかにし、「当面は沿海開放都市のうち、条件的に優れた上海・大連・天津・広州の4市だけを開放する」と表明した[89]。

中央が特区の基本建設費を削減し、14沿海都市の対外開放を一部延期せざるを得なかった理由は、地方への経済自主権の委譲が進んだ結果、地方政府間で輸入競争が起きて国家の貿易赤字が急増したためであった。図5-9が示すように、中国の輸入は1985年に急増（同年の輸入総額は約382億ドル）し、貿易赤字は131億ドルを超えた。同年上半期には日本からの輸入が約60億ドル（前年同期比108%増）に達したが、対日輸出は伸び悩み、この半年間だけで28億ドルの対日赤字が発生した[90]。対日赤字の主因は日本からの洗濯機・テレビ・冷蔵庫などの家電製品の輸入であり、1985年7月末、谷牧は訪日して中曽根康弘首相に不均衡な貿易関係の是正を求めた[91]。谷牧は、日本側の大幅な輸出超過は両国関係の正常な発展を脅かす規模に達していると指摘し、中国に物を売り込むよりも投資をするように迫った。彼は、中国側は投資環境を整備し、中日投資保護協定を早期に締結し、日本側の求めていた合弁期間の延長や合弁企業の利潤送金手続きの簡素化について検討中であると表明した[92]。

2　外向型経済の定義と深圳市の対応

1985年8月1日、『人民日報』が海南島大量密輸事件に関する中央の報告を掲載し、前代未聞の大規模な密輸事件の経緯は全国に知れ渡った。中央規律検査委員会の調査報告によると、海南区党委と区政府は、1984年1月1日から1985年3月5日の間に、車両8.9万台（7.9万台が輸入済み）、テレビ286万台（同34.7万台）、ビデオ25.2万台（同13.4万台）、オートバイ12.2万台（同4.5万台）の輸入を承認した。輸入物資の多くは海南島の開発に用いられることなく、規定を破って他地域へ転売された。調査報告によると、判明した輸入自動車の転売先だけでも27省・市・自治区に及んだ。また、これらの輸入資金を調達するため、海南島幹部が巨額の外貨闇取引や不正融資に関与していたことも明らかとなっ

た。この大量密輸事件の首謀者の1人が任仲夷広東省党委書記の部下、雷宇であった。事件が起こった広東省では省常務委員会拡大会議を開催し、次期省党委書記の林若の指導の下、省の党・政府の指導幹部、引退した指導幹部、市・地区・省直轄単位の責任者270名以上が参加して海南島事件とそれまでの対外開放政策の総括を行った。この後、広東省では、人事の異動が相次いだ。8月には、梁魂光が高齢を理由に省長を辞任し、副省長の李建安、梁湘、劉俊杰も高齢を理由に辞任した。また、深圳市長は梁湘から李灝へと変わった。9月には、省党委書記を務めてきた任仲夷が高齢を理由に引退し、広東省出身の林若が新書記に就任した（なお、8月初めの省常務委員会拡大会議の主催者が林若であったことから、少なくとも8月以降は林若が省党委書記の職務を事実上担っていたと推察される）。これまで深圳経済特区の運営に深く関わってきた幹部の影響力は大幅に弱まり、新たな指導部が外向型経済への転換を図ることになった。

　一方、中央では対外開放派の経済学者たちが外向型経済の望ましい在り方を模索していた。1985年8月9日と12日の『人民日報』では、中国社会科学院副院長の劉国光が深圳特区の外向型経済への転換を訴える論文を発表した。劉国光は、①資金源は外資を中心とし、工業投資全体の50～60％を外資とする、②特区企業が生産する製品総額の70％以上を輸出し、国内販売される残りの部分は技術レベルの高い製品を中心とする輸入代替製品とする、③対外貿易収支を黒字化する、という3つの基準で外向型経済を定義した。これらの基準に照らして深圳の状況を分析すると、工業よりも商業・不動産業が発展していたこと、特区で生産された製品の30％しか輸出しておらず、70％が国内向けに販売されていたこと、技術水準の低い輸出加工業が工業分野の中心であったことが問題点として浮かび上がり、劉国光はこれらの問題点の是正が必要であると主張した。

　製品の70％を輸出すべきであるという劉国光の厳しい要求に対し、広東省側は外向型経済をより緩やかに規定しようとしていた。10月7日に『人民日報』に掲載された広東省体制改革辦公室の王琢の論文は、外向型一辺倒では特区と内地との隔絶を招くとして、「二つの扇、一つの要」モデルを提唱した。「二つの扇」とは内地と国際市場を指し、「一つの要」とは両者の接点である深圳特

区を指した。王の論文は1984年11月に趙紫陽が支持した外引内聯の発想をモデル化したものであり、特区は輸出を中心としながらも内地と国際市場とを連結する要となるため、双方に対して開かれていなければならないと主張した。このモデルにおける特区の役割とは、①産業構造は輸出で外貨獲得できる産業を主体とし、②製品の輸出と国内販売の割合は、特区の外貨需要に応じて幾分黒字となることを原則とし、③資金源は外資の利用を中心とするが、国内資本も合わせて利用することであった。[100]王琢の論文は、外資の利用と輸出振興に重点を置いた外向型経済モデルを否定するものではなかったが、具体的な基準を設けようとはしなかった。

　劉国光の外向型モデルは中央対外開放派の見解を、王琢の「二つの扇、一つの要」モデルは広東省（深圳市）側の要望を各々反映していたが、最終的には劉国光モデルを長期的目標として、当面は製品輸出比率60％の外向型経済構築を目指すことに議論は落ち着いた。劉国光モデルが提示した70％の輸出比率と外資中心の建設という厳しい基準は、短期的には実現可能性が低く、1985年秋以降は中央でも劉国光モデルに固執しない傾向が現れた。中央の姿勢がやや柔軟になったことは、例えば、国家科学技術委員会顧問の楊浚の話にもうかがえた。「……深圳の問題は同市だけの問題ではなく、全国の問題であり、深圳特区の任務を立派に行うことは全国の支持を必要とする。深圳の任務を立派に果たせば全国に対する推進力となり、香港の繁栄と安定の維持に対しても重要な要因となる。……深圳の長所は香港に隣接し、情報が円滑に伝わり、輸出入が便利なことである。短所は資源が乏しく、技術力が弱いことである。こうした短所を克服するためには外引内聯の方法をとることが望ましい。内地の豊富な技術力と結合し、我が国の豊富な天然資源を利用し、外国の先進技術・設備を導入し、深圳特区の優位を十分に発揮し、国際競争力のある製品を開発すること、これが深圳の外向型の道である。……特区製品の国内販売については、輸出を中心とするべきであるが、国内販売も容認すべきであろう。もし特区の製品の品質が内地のものより良ければ、それらの製品を輸入品に代替すべきで、こうした企業も外向型の範疇に入れるべきであろう[101]」。

　特区設立の準備段階から一貫して携わってきた谷牧も、産業基盤の脆弱な漁

村から出発した深圳が短期間で工業都市へ変貌を遂げることの困難さを十分に理解していた。一方で、彼の外向型経済構築への思い入れは強く、それは「工業基盤の貧しい深圳が完全に外向型に変わるには時間が必要である。しかし、外貨創出により国家に貢献しなければ特区を始めた意義がない」という発言にもにじみ出ていた。中央官僚であった谷牧には対外開放の全体像が視野に入っており、それゆえ、対外開放の拡大にともなって深圳の特殊性や優位性が薄れることも早い段階から認識していたといえる。谷牧は、外向型への転換こそ、深圳が国際市場での競争や他の開放地域との競合関係で優位に立ち、将来の経済発展を継続できる唯一の道と考えていたのである。

1985年11月5～10日にかけて、国務院特区辦公室が「深圳経済特区が外向型工業を発展させることに関する座談会」を開催し、中央の18部門の責任者、深圳市委書記の梁湘、同市長の李灝、珠海・汕頭・厦門経済特区の各代表が参加した。この座談会では、「特区は全国の特区であり、全国は特区を支持しなければならないし、特区は全国に奉仕しなければならない」ことを改めて確認した。また、今後の目標として、深圳が迅速に外向型工業を発展させ、地理的・政策的優位を活かして絶えず投資環境を改善し、外引内聯を行い、内地の技術と資源の優位に依拠して、先進的かつ専門的な工場を重点的に発展させ、合理的な産業構造を構築し、国際市場で競争力のある製品を開発し、変化に対応できる能力を備えた外向型の工業体系を形成することを掲げた。

この後に開催された第2回全国特区工作会議（1985年12月25日～1986年1月5日）では、「経済特区は第7次五カ年計画（1986～1990年）の間に外向型に転換し、『4つの窓口』の役割を果たす」こと、および「特区の工業投資は外資の導入を中心とし、先進技術の導入を中心とし、製品は輸出を中心とし、国際競争力のある主力製品を開発し、工業完成品の60％以上を輸出し、外貨収支の均衡を図り、さらに黒字に転化させる」ことを決定した。また、同会議では、「新たな政策制定にあたっては、既存の法令に留意して矛盾のないようにする。もし矛盾が生じる場合は、国益を損なう場合を除き、既決の契約プロジェクトは満期まで契約通りに行う」と決定し、外向型経済の構築が外資との既決の契約に影響しないことを保証した。

全国特区工作会議の主旨は、1986年2月7日に「経済特区工作会議紀要」として国務院から承認を受け、下級機関へ転達された。紀要は、「第7次五カ年計画の間に、特区は中央と国務院が指示した精神を貫徹し、外引内聯工作をさらに立派に行い、工業を主とし工業と貿易を結合させた外向型経済の建設に努力し、『4つの窓口』の役割と内地への還元作用を十分に発揮しなければならない」と強調した。こうして深圳特区の第7次五カ年計画に外向型経済への転換という目標が明確に刻まれることになったのである。

　1986年1月17日、深圳市政府は全市計画工作会議を開催し、固定資産の規模を厳格に統制し、外向型経済への発展を加速する方針を決定した。これにより深圳市の1986年度の基本建設投資予算額は、前年度に引き続き、16.5億元に抑制された。また、基本建設投資の規模圧縮と外向型経済への転換を両立させるため、発電所や重点プロジェクトの建設を優先させるなど効率的な資金配分を定めた。その結果、1986年には、基本建設投資に占める生産的なプロジェクト（工業、交通運輸業、農業、林業、牧畜業など）への投資は1985年の44.2％から47.5％へ増加し、工業投資は1985年の16％から27％へと増加した。また、同年の工業生産総額は35.6億元で前年比33.3％増加、輸出された工業製品の総額は18.2億元（組立加工は2.44億元）で前年比83.5％増加した。深圳市の工業製品の輸出比率は1985年の37.1％から51％へと増加した。

　この後、深圳市は外向型経済への転換を実現するための具体策を実行した。例えば、1985年以後、深圳特区では、プロジェクトの審査・認可にあたり、操業後の製品輸出比率60％を達成するよう企業側に厳しく求めた。他方、輸出志向型の企業に対しては特別な優遇措置を供与して輸出比率向上に努めた。例えば、①外向型工業のプロジェクトに対しては必要な基本建設を優先的に行い、一時的な資金不足の際には特別融資を提供する、②製品輸出型の外資系企業に対しては、土地使用費を最初の5年間は免税、次の5年間は50％減税とする、③三資企業に対しては工商税を一律免除し、その中でも70％を超える製品輸出比率を達成した企業には所得税（通常、特区企業の場合は15％である）を5％に減額する、④生産業種に指定された事業で経営期間が10年以上の場合、設立申請を特区税務機関が認可して後、利益を計上した年から2年間は所得税免除、そ

の後3年間は所得税を半減すると決定した。[108]
　また、深圳市政府工業辦公室は、外向型経済へ転換するために幾つかの具体的な方針を定めた。例えば、大型の商談会や展覧会を頻繁に開催して外資誘致に役立てること、100％外国資本企業と合弁企業を優先的に誘致すること、大型で技術レベルが高く、製品を輸出して外貨獲得に貢献するプロジェクトを優先的に誘致すること、外国の大企業を誘致する際には関税と土地使用費の面でさらなる優遇を提供することを決定した。[109]
　こうして、深圳特区の運営方針は、外資導入と輸出振興を柱とする外向型経済の構築という明確な目標を持つことになった。製品輸出比率を幾分緩和したとはいえ、深圳側が中央の方針に従って外向型経済の建設に励むことになった理由は、第1に、中央対外開放派との協調的関係を維持するためであった。中央対外開放派と広東・深圳は中央・地方の緊張関係を内在させながらも計画経済主導派に対してある種の同盟関係を築いてきた。この同盟関係に亀裂が入ることは、中央への政治的経済的依存を断ち切れなかった特区にとってぜひとも回避しなければならなかった。第2の理由は、管理線の導入であった。管理線の正式運用が始まると、深圳特区への国内資源の流入が一定の制限を受けることは避けられず、深圳は国際市場との経済関係を構築していかざるを得ないと考えられた。中央対外開放派の狙いは部分的に効果を奏しつつあったのである。第3に、他地域の対外開放によって外国投資家の対中進出拠点の選択肢が増え、投資対象地域としての深圳の魅力が相対的に低下していたことであった。対外開放後間もない14沿海開放都市に比べて、深圳では賃金が徐々に上昇する傾向にあり、産業インフラも脆弱であることなど不利な点を抱えていた。また、14沿海開放都市の一部に設置された経済技術開発区での外資優遇政策の充実も、国内の直接投資誘致合戦の激化を予測させた。このような状況において、深圳特区も産業立地としての自らの国際競争力を強化して国際市場に活路を開く必要に迫られていたのである。

第5章　深圳経済特区発展の功罪

第4節　本章のまとめ

　本章では、直接投資導入政策の定着過程における深圳経済特区の発展状況と問題点を紹介し、外向型経済への転換に至る過程を検討してきた。これまでの議論から、深圳特区は設立後間もない時期から経済構造に歪みが生じていたこと、中央対外開放派は1980年代初期から問題点を認識しており、管理線や特区通貨構想を通じて深圳特区の外向型経済への転換を望んでいたことが明らかとなった。14沿海都市と3デルタ地帯の開放により、対外開放地域の拡大という目的を一定程度達成した後、中央対外開放派は計画経済主導派の批判さえ利用して、特区内の経済構造上の問題点の是正と外向型経済の確立を急ぐために深圳に圧力をかけ続けた。

　これに対して、深圳側は自らの権限を強化する試み（特区通貨の発行構想）には積極的であったが、既得権益を侵害する試み（管理線の導入）に対しては消極的であった。しかし、管理線の導入や対外開放の拡大によって次第に追い込まれていった深圳特区は、中央対外開放派の圧力を受けて、最終的に外向型経済への転換に着手せざるを得なくなった。谷牧は、当初、深圳の混乱を収拾するためには、管理線建設、特区通貨の発行、外向型への転換を一体化した政策として実行する必要があると考えていた。しかし、特区通貨の発行が技術的に難しく、国家主権の象徴である人民元に負の影響を与える可能性が高いとわかると構想の中止に同意した。谷牧の決断を促した最大の要因は中央で合意形成に至らなかったことであり、ここでも経済開発戦略における政治的実行可能性の重要性がうかがえた。さらに、深圳の経験により、対外開放派は華人資本の限界を知った。外向型経済を成功させるために、従来の華人資本頼みの直接投資導入から脱却して、製造業への大規模な投資を期待できる非華人資本を誘致するという新たな課題に取り組むことになったのである。

　本章では、対外開放派を事実上率いていた谷牧の言動を追うことにより、経済開発における経済官僚の役割を一定程度明らかにした。深圳に外向型経済を

構築することを主張し、実行に移そうと何度も試みた谷牧の固い意志を鑑みれば、外向型経済の在るべき明確な姿は試行錯誤の中から生まれたものであったにせよ、彼が当初から輸出振興型経済発展の実現を目指していたことは疑う余地がなかった。谷牧ら中国の対外開放派官僚は、奇跡的な高度成長を実現したアジアNIEsの経済官僚に比する賢明さと政治力を以て、深圳に輸出振興と三資企業の誘致という新たな経済発展戦略の目標を定着させることに成功した。この新たな目標は、それまでの対外開放の実験と同様に、間もなく深圳から沿海部へと広まっていくのであった。

1) 高同星・胡徳・方真主編『中国経済特区大辞典』、人民出版社、1996年、108頁。なお、深圳市統計信息局編『深圳統計信息年鑑1998』、中国統計出版社、1998年、96-97頁によると、88万人余りの市人口のうち、40万人以上が臨時人口であった。
2) 林里『経済特区風雲録』、中央文献出版社、1998年、24頁。
3) 深圳市のGDPおよび1人当たりGDPについては、前掲、『深圳統計信息年鑑1998』、110頁を参照。
4) 五通一平については、『中国経済特区年鑑（深圳・珠海・汕頭・厦門及粤閩経済資料匯編）（1979-1982）』、≪中国経済特区年鑑≫出版社、1983年、155-158頁の蛇口工業区に関する記述を参照した。なお、排水溝やガスの供与を含めて七通一平とすることもあった（同書、146-149頁参照）。
5) 三井田圭右『中国・深圳経済特区』、大明堂、1992年、51頁。
6) Kwan Yiu Wong (ed.), *Shenzhen Special Economic Zone: China's Experiment in Modernization*. Hong Kong: Hong Kong Geographical Association, 1982, pp.52-58. 同書は香港中文大学の中国研究者による調査をまとめた文献である。
7) ただし、1985年8月22日付の『深圳特区報』によると、1984年末の深圳市全体の工業生産総額は約18億元であった（「劉国光在≪人民日報≫継続著文論述　深圳特区発展面臨新段階」、『深圳特区報』1985年8月22日）。
8) 黄鈞堯「深圳特区工業類型的選択与配置」、朱剣如編『中国最大的経済特区——深圳』、廣角鏡出版社、1983年、60頁。
9) Yen-Tak Ng and David K.Y.Chu, "The Geographical Endowment of China's Special Economic Zones," in Kwan Yiu Wong (ed.), ibid., pp.47-48.
10) 前掲、「劉国光在≪人民日報≫継続著文論述　深圳特区発展面臨新段階」。
11) Ron Alpe, "Foreign Banks Allowed To Open Branches In SEZs," *EAER*, May 1985, pp.11-16. なお、三資企業の比率については、前掲、『深圳統計信息年鑑1998』、275、279頁、国家統計局国民経済綜合統計司編『新中国五十年統計資料匯編』、中国統計出版社、1999年、63頁を参照して算出した。

第 5 章　深圳経済特区発展の功罪

12) David K.Y.Chu, "The Politico-economic Bacjground to the Development of the Special Economic Zones," in Kwan Yiu Wong (ed.), ibid., pp.26-28.
13) 1980年代後半に深圳市経済学会会長を務めた梁文森氏による（梁文森著、小島末夫訳「深圳経済特区の経済発展とその経験」、『中国研究』1989年17号、10-11頁）。
14) インフレについては、朱剣如編、前掲書、附録一（深圳経済特区大事摘録）、168-169頁、馬如龍「『皇馬褂』与『特殊工人』──深圳特区的工人問題」、『鏡報』1981年8月、18-19頁、林里、前掲書、24-28頁など参照。
15) 林里、前掲書、87-89頁。
16) 林里、前掲書、88頁。
17) 「外商投資四個特区　去年協議廿億美元」、『文匯報』（航空版）1985年1月19日。
18) 李嵐清主編『中国利用外資基礎知識』、中共中央党校出版社・中国対外経済貿易部出版社、1995年、270-271頁参照。天児慧ほか編『岩波現代中国事典』、岩波書店、1999年参照。
19) 蘇東斌主編『中国経済特区史略』、広東経済出版社、2001年、69-70頁参照。
20) 許行「経済特区──資本主義運作的試験場」、『争鳴』1983年第9期、53頁。
21) 「就深圳特区収税政策等問題　市税務局負責人答記者問」、『深圳特区報』1985年8月17日。
22) 「内地企業在深圳建廠辦店日益増加」、『人民日報』1983年7月18日。
23) 陳文鴻「深圳的問題在那裡？」、『廣角鏡』1985年第2期、51頁。
24) 江頭数馬『中国の経済革命と現実』、学文社、1990年、167-168、175-176頁。
25) 朱剣如編、前掲書、167頁。
26) 梁筱菊「深圳経済特区年表（1979～89年8月）」、『中国研究』1989年第17号、97頁、「旅客従羅湖橋出境今起可延至晩上八時半」、『南方日報』1982年10月1日、朱剣如編、前掲書、166頁。また、同年には香港・深圳間を結ぶ主要道路の一部、文錦渡旅客運輸口岸も正式開業した。
27) 「中国の"出島"深圳経済特区、開発急ピッチ」、『日本経済新聞』1982年7月17日夕刊。なお、「中国広東省深圳市、香港との経済交流拡大」、『日経産業新聞』1982年9月17日は、管理線の建設が始まったことを報道した。
28) 「外国企業呼び込み作戦（7）中国・深圳（上）経済特区は建設ブーム」、『日経産業新聞』1982年11月19日。ただし、朱剣如編、前掲書、173頁によると、1982年11月末までに深圳市が客商と調印した不動産プロジェクトは39件、外資導入額61.5億香港ドルであった。
29) 林里、前掲書、26-27、88-89頁。
30) 王廉『任仲夷評伝』、広東人民出版社、1998年、「前言」6頁および本文121-122、131-138頁。
31) 同上書、260-262頁。
32) 曾有「広東人事和劉田夫」、『争鳴』1983年第5期、14頁。
33) こうした傾向についてはCharls Abrahams, "Partnerships In Zhongguo." *EAER*, March

1982, p.7でも報告されている。
34) 「"三来一補"該裏不該貶」、『南方日報』1982年10月15日によると、1982年10月、広東省は深圳に近い東莞県（現、東莞市）で全省対外組立加工・補償貿易交流会を開催し、三来一補の発展を支援した。
35) 三来一補の定義については、朴貞東『経済特区の総括』、新評論、1996年、36頁を参考にした。
36) 楊征美「対外資企業給予優恵待遇」、『深圳特区報』1985年11月11日。この課税率は、特区設立を規定した1980年の広東省特区条例には明記されておらず、後日公表されたものと考えられる。
37) 羅湖小区・蛇口工業区は30％、上埗区、水庫区、沙頭角区は40％、上記以外の各区は50％の土地使用費を免除すると発表した。また、丘陵地や沼沢など未整備の土地を使用する場合は1～5年の土地使用費免除を与えると発表した（朱剣如編、前掲書、174頁）。
38) 楊征美、前掲、「対外資企業給予優恵待遇」。
39) 朱剣如「土地使用費定価与深圳発展策略」、同編、前掲書、83-90頁参照。
40) なお、深圳と蛇口では納付方法は異なっていた。
41) 「外国企業呼び込み作戦(8) 中国・深圳（下）関心高める日本企業（終）」、『日経産業新聞』1982年11月20日。
42) 三井田圭右、前掲書、32-35頁参照。ただし、すべての暫住人口が入れ替わったわけではなく、暫住証明書の有効期限が過ぎても特区に残る人もいた。この他、半年以下の特区滞在が許されていた流動人口、親族訪問などを目的とする臨時人口、証明書を持たず無分別に流入する民工潮（当時は盲流と呼ばれた）がおり、特区への出入りは厳しく管理されたにもかかわらず、実態としては厳密な人口管理は非常に困難であったことがわかる。
43) Bruce L.Otlley & John Bruce Lewis, "Labor Law In The SEZ's: Moving Toward Western Norms." *EAER*, February 1983, p.11.
44) 例えば、馬如龍、前掲、「『皇馬掛』与『特殊工人』――深圳特区的工人問題」、18頁を参照。
45) Otlley & Lewis, ibid., p.12。
46) 合弁企業の設立手続きについては、朱剣如「論深圳市行政体制与投資環境」、同編、前掲書、1 - 9 頁。
47) 同上。
48) 同上、5 - 7 頁。この改革の後でさえ、深圳特区に投資をする外商は、深圳経済特区発展公司、中国銀行、対外経済工作処、税関、規劃局、環境保全辦公室、深圳経済特区建設公司、労働服務公司、税務局などと交渉しなければならなかった。
49) 文群思「深圳醞醸新的経済転型」、『鏡報』1985年4月、15-16頁。なお、"China: An Inside Job." *The Economist*, March 22, 1986によると、工事総額は香港ドルで3億6400万ドル（米ドルで4700万ドル）に相当した。
50) 丹牧「深圳海関第二線啓用以後……」、『鏡報』1983年第12期、22-23頁。鄧樹雄「談

208

第 5 章　深圳経済特区発展の功罪

深圳特区的評価与問題」、『廣角鏡』1985年第 5 期、64-69頁。
51) 前述の "China: An Inside Job." *The Economist* によると、管理線の運用後 1 年 2 カ月の間に1000人以上の職員が税関業務と治安維持のために動員された。
52) 封馬牛「趙紫陽責『官僚資本』中共用鉄腕煞歪風」、『鏡報』1985年 4 月、12-15頁。文群思、前掲、「深圳醞醸新的経済転型」を参照。
53) 許子祥「特区貨幣可以発,但目前缺乏条件発」、『廣角鏡』1985年第 5 期、49頁参照。
54) 同上。
55) 封馬牛、前掲、「趙紫陽責『官僚資本』中共用鉄腕煞歪風」。文群思、前掲、「深圳醞醸新的経済転型」。
56) 陳文鴻、前掲、「深圳的問題在那裡?」、53頁。
57) 南遊子「混乱的貨幣兌換」、『争鳴』1982年第 4 期、12頁。これによると、福建省では 1 米ドル当たり 5 ～ 8 元が相場であったという。
58) 蛇口工業区など一部の地域では、管轄当局の規定により、香港ドルでの決算が義務づけられていたことも外貨需要を増幅させた。
59) "……And A New Currency ?" *EAER*, May 1985, pp.4-5.
60) 許子祥、前掲、「特区貨幣可以発,但目前缺乏条件発」参照。
61) 「経済特区に独自通貨も検討」、『日本経済新聞』1984年 3 月25日。
62) 「米から小型兵器購入」、『日本経済新聞』1984年 6 月14日。
63) 梁筱菊、前掲、「深圳経済特区年表（1979～89年 8 月）」99頁。
64) 「広東省が独自の高額 "通貨" 発行、政府の遅れにいらだつ?」、『日本経済新聞』1985年 2 月 6 日。
65) 許子祥、前掲、「特区貨幣可以発,但目前缺乏条件発」、46頁。
66) 同上。
67) 同上。
68) 「日本貿易会代表団長植村光雄氏」、『日経産業新聞』1985年 4 月 1 日。1985年春、日本貿易会訪中代表団の植村光雄団長は深圳の当局者から「近く特区通貨を発行する予定である」と告げられた。
69) 「深圳の特区貨幣、発行大幅に延期」、『日本経済新聞』1985年 5 月23日。
70) 梁前「経済改革中出了甚麽問題?」、『争鳴』1985年第 5 期、45頁。
71) 深圳市史志辦公室編『中国経済特区的建立与発展（深圳巻）』、中共党史出版社、1997年、225-227頁。
72) 「特区貨幣、深圳以外でも検討」、『日本経済新聞』1986年 1 月 8 日。
73) 「特区將継続発展横向経済聯係深圳三種類貨幣流通準備改革」、『特区経済導報』1986年第 2 期、44-45頁。
74) 何椿霖の1985年 4 月 1 日の発言。許子祥、前掲、「特区貨幣可以発,但目前缺乏条件発」参照。
75) 朱剣如、「特区貨幣与貨幣投機」、同編、前掲書、参照。
76) 許子祥、前掲、「特区貨幣可以発,但目前缺乏条件発」参照。

77)「深圳將更多地吸収外資」、『深圳特区報』1985年9月21日。
78) 高同星・胡徳・方真主編、前掲、『中国経済特区大辞典』、185頁。
79) 藍靖中「趙総理視察粤蘇的報告（上）」、『文匯報』（香港）1985年1月16日、藍靖中「趙総理視察粤蘇的報告（下）」1985年1月17日参照。
80) 李通波「謙虚謹慎做特区建設的"孺子牛"」、『南方日報』1985年2月10日。
81) 中国対外経済貿易年鑑編輯委員会『中国対外経済貿易年鑑1986』、中国展望出版社、1986年、34-36頁。
82) 梁前、前掲、「経済改革中出了甚麼問題？」、44頁。
83) この他、銀行融資が36％、深圳の自己調達資金は27.5％であったという。羅氷「深圳『地震』与党内闘争」、『争鳴』1985年第8期、13頁。
84) 許行「深圳的震盪──初論深圳経験」、『争鳴』1985年第8期、24頁。
85)「做好政協工作　為四化和改革貢献力量」、『人民日報』1985年4月2日。
86) 王廉、前掲書、183-186頁。
87)「鄧主任"釈明"、開放策の変更を否定」、『日本経済新聞』1985年7月16日。
88)「中国、特区建設投資を圧縮」、『日本経済新聞』1985年7月14日。
89) 許行、前掲、「深圳的震盪──初論深圳経験」、27頁。「上海・天津など4都市に重点、開放都市で谷牧氏表明」、『日本経済新聞』1985年7月11日。
90) 田中明彦『日中関係1945－1990』、東京大学出版会、1991年、134-137頁参照。
91)「カゴの鳥、中国開放経済──西側と思惑違い目立つ」、『日本経済新聞』1985年7月15日、「谷牧氏、日中不均衡是正で輸入求め会談」、同1985年7月30日夕刊。
92)「対中投資の促進を」、『日本経済新聞』1985年7月31日。「安倍外相、中国に総合商社設立提案」、同1985年8月1日。
93)「海南島大量進口和倒売汽車事件真相大白」、『人民日報』1985年8月1日。
94)「以海南島事件為鏡子総結経験振奮精神端正経済工作指導思想促進開放和改革」、『深圳特区報』1985年8月17日。
95)「審議通過梁湘光省長等辞職請求」、『深圳特区報』1985年8月30日。
96)「広東省政府任命李灝為深圳市市長」、『深圳特区報』1985年9月1日。深圳市長の任命は公式には広東省の管轄であったが、同市の重要事項の決定については中央の関与があったと考えるのが妥当であろう。
97) 中居良文「対外経済関係における中央と地方」、天児慧編『現代中国の構造変動4　政治──中央と地方の構図』、東京大学出版会、2000年、第3章、108頁参照。
98) 劉国光「深圳特区的発展戦略目標」、『人民日報』1985年8月9日、劉国光「深圳特区発展面臨新的戦略階段」、『人民日報』1985年8月12日。
99) 劉国光、前掲論文。
100) 王琢「関於経済特区若干問題的探討」、『人民日報』1985年10月7日。
101)「辦好特区需要全国的支持──訪国家科委顧問楊浚」、『深圳特区報』1985年11月11日。
102) 前掲、「特区將継続発展横向経済聯系深圳三種類貨幣流通準備改革」、44-45頁。
103) 文群思、前掲、「深圳醞醸新的経済転型」。

104) 陳宣浩「加速把深圳建成外向型経済特区」、『深圳特区報』1985年11月11日。陳宣浩「全国支持特区　特区服務全国」、『深圳特区報』1985年11月14日。
105)「従特区会議看深圳的前景」、『経済導報』（香港）1986年2月3日、11頁。
106) 深圳市史志辦公室編、前掲書、199頁。
107) 深圳市史志辦公室編、前掲書、200-202頁。
108) ここでいう生産業種とは、工業・交通運輸業・農業・林業・牧畜業などを指す。経緯「外向型経済を確立」、『北京週報』1989年第36号、26-27頁参照。
109) 深圳市史志辦公室編、前掲書、273頁。

第6章　投資環境整備の政治過程
　　　——直接投資誘致競争の勝者を目指して

　深圳経済特区が経済発展目標として定めた「三資企業の誘致と輸出振興による外貨獲得」は、ほどなく全国の対外開放地域にも拡大することになった。1984～1985年にかけての対日貿易赤字の拡大とプラザ合意による円高がその引き金を引いたのである。中央対外開放派は、対日貿易赤字の解決策を日本企業の対中進出に求めたが、そのためには周辺諸国・地域との直接投資誘致競争を勝ち抜かねばならないというジレンマに直面した。やがて日本との外交交渉では問題を解決できないことを知った中央対外開放派は、三資企業の誘致を目指して投資環境整備に着手した。ただし、すべての外資系企業を対象としたわけではなく、この時点で中国の経済発展に必要であった製品輸出企業と先進技術移転企業に対象を絞って優遇措置の拡大に踏み切ったのである。1986年、中国は、これら２種類の外資系企業に対して、合弁期間の延長、外貨バランスに関する規定、外国企業法、外商投資奨励規定（22ヵ条）を相次いで制定した。これらの法令を通じて、対外開放派は、外国企業に対しては対中投資の魅力と利点を訴え、地方政府に対しては積極的な外国企業誘致と投資環境改善の実現を求めた。結論からいえば、幾つかの問題を抱えながらも、中央対外開放派は基本的に目的を達成し、直接投資導入政策を広範な地域に定着させることができた。

　本章では、1986年に制定された一連の投資環境整備政策の成立過程についてふり返り、対外開放派がどのように投資環境の改善を進めたのか、外国企業の要望はどの程度新たな優遇措置に反映されたのか、また、地方政府は中央対外開放派の要請にどのように応じたのかについて検討する。第１節では、投資環境整備に着手する直接的な契機となった対日貿易赤字の拡大と中国政府の対応について論じる。ここでは、対日貿易赤字の解消法として、中央対外開放派が

日本企業誘致に力点を置くことになった経緯について説明する。第2節では、合弁期間の延長、外貨バランスに関する規定、外資企業法、外商投資奨励規定の制定への経緯と内容について紹介する。その過程で、中央対外開放派・地方政府・外国企業がそれぞれ投資環境の改善にどのように役割を果たしてきたのかについて考察する。第3節では、本章の議論をまとめ、幾つかの問題を内包しながらも、中央対外開放派が直接投資導入政策の定着に成功したことを評価し、本章のまとめとする。

第1節　対外開放の弊害——対日貿易赤字の拡大

14沿海都市の対外開放後、中国では地方への経済権限委譲と全国規模の消費ブームが重なって製品輸入が急増した。[1]地方政府・中央主管部門・国営企業は次々と貿易公司を設立し、貿易ビジネスに進出した。恒常的なモノ不足の状態にあった中国では輸入が急速に増え、中でも日本からの家電製品や自動車の輸入が急増して、1984年末には12億5900万ドルの対日貿易赤字を記録した。[2]さらに1985年1～9月には、輸出総額535.1億元（182.2億米ドルに相当；前年同期比1.8％増）に対して、輸入総額は831.5億元（283.1億米ドルに相当；同80.2％増）に上り、この期間だけで296.4億元（100.9億米ドル）の赤字となった。[3]この時期、中国の輸入の87％以上が工業製品であり、その内訳は鋼材や有色金属の他、カラーテレビ（同426.9％増）、ラジオやテープレコーダー（同235％増）、自動車（同205％増）などの消費財であった。同時期の最大の貿易相手は日本（貿易総額426.4億元、米ドル換算で約145.2億ドルに相当し、前年同期比60.4％増加）であり、中国の貿易総額の30％以上を占めていた。

　このような大量の輸入を引き起こした要因のひとつは、対外開放拡大とともに進展した地方への経済権限委譲であった。1984年に貿易に関する権限委譲が実現した結果、中央政府の保有する外貨は全体の20％程度に落ち込み、地方政府や主管部門の保有する外貨が急増した。[4]余剰外貨と経済権限を手にした地方政府は、内外価格差を利用して手早く収益を上げることができる製品輸入に殺

第 6 章　投資環境整備の政治過程

到した。こうした状況は、対外開放派・計画経済主導派を問わず、中央指導部の懸念するところとなった。1985年 6 月12日、対外開放派の万里政治局員兼国務院副総理は、地方幹部との会議で、同年 1 ～ 5 月までの輸出は前年同期比で1.7％しか伸びていないのに輸入は60％も増加し、外貨準備高が減少し続けている問題を大きく取り上げた。彼は、その原因のひとつは地方による盲目的な輸入と無駄な海外視察の増加にあると指摘し、地方政府に自重を促した。また、計画経済主導派の姚依林政治局員兼国務院副総理は、日本のアジア経済研究所視察団（小林進団長）と会見した際、地方への権限委譲が進んだ結果、国家建設などの面で中央の統治能力に限界がみられると率直に表明した。

　本来、外資を利用して製品輸出と先進技術の移転を図るために行われた地方政府への権限委譲は、中央対外開放派の思惑を逸れて、下級機関の輸入ビジネスへの参入を促し、貿易収支の不均衡拡大という結果をもたらした。これまでも外貨準備高の減少に対しては過敏に反応してきた中国政府は貿易赤字を放置することは容認できなかったが、地方への権限委譲が一定程度進んだ状況下では中央政府の輸入規制に限界があることも明白であった。中央対外開放派は、対外開放の速度を緩めることなく貿易赤字を解消し、権限委譲の本来の目的である外向型経済の構築に地方政府を駆り立てねばならなかった。そのためには沿海都市で国際競争力のある製品を生産することが前提となるが、中国が自力でこれを成し遂げることは非常に困難であった。こうした状況において、対外開放の実務的な総責任者を務めてきた谷牧国務委員は、最大の貿易赤字を記録していた日本と外交交渉を進める一方、日本企業を誘致して製品を生産させて輸出させれば外貨獲得につながり、中国の貿易赤字解消と三資企業の誘致にも貢献すると考えた。1985年 7 月30日、東京で開催された日中閣僚会議で、谷牧国務委員は、大幅な対日赤字が日中経済関係の発展を阻害する要因となっていると指摘して日本政府に貿易赤字の是正を求める一方、中国側には投資環境の改善、合弁企業の利潤送金手続の簡素化、投資保護協定の締結について検討する用意があると伝え、日本企業の対中進出と対中投資の拡大を訴えた。日中間の貿易不均衡をめぐる協議は秋に入っても継続し、同年 9 月 9 日には村田敬次郎通産大臣（当時）が訪中して鄭拓彬対外経済貿易部部長と会談した。この会

215

談で、鄭拓彬は、収まる気配のない対日貿易赤字の拡大について単年度でも貿易収支の均衡をとるべきであると主張したが、村田通産大臣はこれを受け入れず、代わりに、中長期的な日中貿易の拡大と中国の輸出支援のための4つの方策（①大型経済使節団による輸出振興策の助言、②農業関連施設の建設を経済的に援助し、その建設費用を農産品で受け取ること、③輸出検査への協力、④日本貿易振興会による中国製品の輸出支援）を提示した。また、趙紫陽総理は村田通産大臣との会見で、対日貿易赤字が1984年で20億米ドル、1985年上半期には23億米ドルに達したことに懸念を表明する一方、日本企業に対する投資環境改善策として中日投資保護協定の締結を提案した。[9] しかし、会談翌日の鄭拓彬の発言から判断すると、日本側は長期的な投資保護協定の締結よりも現時点における投資環境の問題点を解消するように中国側に求めたと推察される。[10] 鄭拓彬は、日本企業の間で利潤の外貨送金規制の緩和を求める声が強いことに触れ、「国内販売で得た利益の一部についても外貨送金を認めるようにしたい」と述べて、外国企業の要望には柔軟に対応する姿勢を示した。

　対外的には日本政府との外交交渉を通じて貿易赤字の解決と対中投資拡大を図る一方、中央対外開放派は、国内では輸入抑制と輸出促進を提唱した。1985年9月23日に中国共産党全国代表会議が採択した「中共中央の国民経済と社会発展第7次五カ年計画を制定することに関する建議」は、輸出による外貨獲得の重要性を説き、その実現のためには輸出製品の構成、国際市場の開拓、輸出商品の生産といった面において国際市場の要求と中国の国情に合致する正しい戦略を取らねばならないと主張した。[11] この建議は、盲目的な輸入は外貨収支の均衡を崩し、民族工業の発展にも不利であると戒め、輸入部品を段階的に国産化する必要があると述べた。しかし、輸入部品の国産化には国内への技術移転と、技術移転に貢献する外国企業の誘致が不可欠であった。技術移転、部品や製品の輸入抑制、製品輸出の促進はそれぞれ切り離すことのできない経済目標であり、これらを実現する鍵は先進技術の移転や製品輸出に貢献する外国企業をどれだけ多く誘致できるかにかかっていた。こうした状況において、計画経済の根幹ともいうべき国家計画委員会の内部でも外国企業誘致のための投資環境改善を強く支持する意見が現れた。国家計画委員会副主任の甘子玉は、中国

第 6 章　投資環境整備の政治過程

経済の成長を妨げてきた主因のひとつは企業家や専門家を信用せず、差別してきた政治的環境であったと述べ、こうした環境を改善することで経済成長が望めるという考えを表明した。[12] 彼は、対中投資リスクのうち、政治的リスクは減少しつつあり、鄧小平が引退しても後戻りはしないであろうとの考えを示した。甘子玉の見解は、市場経済の必要性と中国の対外開放が最早引き返せないものであることを計画経済中枢部の人々でさえ認めていたことを示唆している。

　1985年後半、中央政府は貿易収支の不均衡問題を優先的に解決しようとしたが、外交交渉を重ねたり国内で輸出振興を鼓舞するだけでは対日貿易赤字に歯止めはかからなかった。対日貿易赤字の累積に加え、プラザ合意（1985年9月）がもたらした急激な円高は日本製品の輸入価格を押し上げる圧力となり、円借款の返済額も膨張する見通しとなった。1985年11月12日の『日本経済新聞』は、日本側の通関統計として、1985年1～9月の日中貿易は中国側の赤字が44億ドルに上り、年間では60億ドルを超える見通しであったこと、貿易赤字の急増で中国側の外貨繰りが苦しくなっていたことを伝えた。[13] かつて中南米諸国が累積債務に陥ったことを反面教師として学習していた中国は、貿易赤字拡大と円借款返済負担の増加により、自らも国際収支上の危機に陥ろうとしていることを容易に認識できたのではあるまいか。いずれにせよ、このような事態に直面して、中央対外開放派は、外国企業誘致のための行動を起こしたのである。

　その決意の一端は、1985年11月25日から30日まで大阪で開催された中国投資貿易コンベンションに表れていた。[14] 中国側は、このコンベンションのために合弁、合作、技術協力などの投資とその関連貿易に限った総額1200億円の商談計画を用意し、対外経済貿易部の魏玉明副部長を団長として中信公司など中央政府機関の他、大連・天津・上海など14沿海開放都市の経済技術開発区や経済特区の担当者を含む総勢170名を送り出した。また、コンベンションの開催期間中、別ルートで来日した鄭拓彬対外経済貿易部部長も参加して特別講演を行った。鄭拓彬部長は、外国企業による利潤の国外送金の保証など、中国の投資環境を改善する努力を継続すると表明し、日本企業に対中投資と生産・管理技術の移転を強く訴えた。[15] また、魏玉明副部長は国内市場の開放について、「外国投資家の提供するものが中国の必要とする先進技術であったり、あるいはその

製品が中国が長期にわたって輸入しなくてはならない製品であれば、国内市場の一部を提供することもできるし、場合によってはその製品すべてを国内市場で販売することもできる」と述べ、「中国市場」カードをちらつかせながら日本企業の対中投資への関心を高めようと努めた。また、中国へ進出した外国企業は減免税や企業自主権の面で国営企業には与えられていない優遇待遇を受けていると述べ、対中進出には多くの利点があることを強調した。この後も中国政府は日本での広報活動に力を入れ、1986年7月には、24省・自治区・直轄市から111社が参加する大規模な輸出商品展覧会を日本で開催した。中央対外開放派は、貿易赤字を対外経済関係の拡大と深化によって緩和するため、外国企業の誘致に力を入れることになった。このような事情により、対外開放初期の経済特区のようにいかなる外資も歓迎するのではなく、製品輸出と技術移転に貢献する直接投資を重点的に導入する必要があったのである。

第2節　投資環境法整備——政策決定過程とその成果

　中国政府が外国企業誘致のための投資環境改善策を成立させることができたのは、1986年に入ってからのことであった。1月、国務院は合弁企業の期間延長と外貨バランス規定の成立を決定し、4月には100％外国資本企業を認める外資企業法を制定した。さらに、10月には投資環境の改善と充実を約束した外商投資奨励規定（22カ条）を公布した。この時期に制定された投資環境改善策は、2つの点において過去の外資優遇策とは異なっていた。第1に、新たな優遇措置は、製品輸出と先進技術移転に貢献する外資系企業だけを対象としており、中国の望む直接投資を選別的に誘致しようとする傾向が強かったことである。また、これまでの対外開放の地域的拡大と土地開発中心の投資環境整備から脱却して、より包括的な投資環境の改善に重点が移ったという意味でも特徴的であった。第2に、中央対外開放派は、外国企業の要望や評価をこれまで以上に重要視して政策に反映させ、同時に、政策運営の事実上の主役となる地方政府の自主性を引き出そうと努めた。経済特区を除き、対外開放派は中央主導

で対外開放を進めてきたが、ここに至って地方が積極的に投資誘致に邁進することを奨励したのである。本節では、4つの投資環境改善策が成立するまでの経緯と内容についてふり返り、中央対外開放派の意図や外国企業側の希望はどこまで政策に反映されたのか、新たな投資環境改善策に対して地方政府はどのように反応したのかといった点について考察する。

1　合弁期間の延長

　外国企業との合弁期間については、合弁法（1979年）および広東省経済特区条例（1980年）は具体的に明記しておらず、蛇口工業区の蛇口規定が平均25年と定めていたにすぎない。そのため、中国進出企業は、中国側の見解、合弁契約の交渉過程、他社の先例といったものから判断して、10～30年が限度であろうと推測してきた。しかし、進出する業種によっては、あるいは将来的に中国市場への進出を目指していた外国企業は、10年ないし30年という期間では短すぎると考えており、また、契約期間終了後の更新の可能性についても不透明であることを懸念していた。合弁期間の問題は現地での生産計画や設備投資計画に直接関わる問題でもあったため、一部の日本企業は日本政府や経済団体を通じて合弁期間を延長するよう中国側に要請していた。

　一方、中国側にとっては、合弁期間延長は比較的容易に対処できる問題であった。既に1985年1月、14沿海開放都市の大連市が「大連経済技術開発区の優遇待遇に関する規定」を公布して先例をつくっていたからである。同規定は、合弁期間を最長50年とすることや、それ以上の延長も可能であることを明記しており、事実上、合弁期間の制限を撤廃するに等しかった[18]。これ以後に制定された他の経済技術開発区の規定もほぼ大連の規定に準じた内容となっており、合弁期間に制限をつけない地域が地方レベルでは複数出現していた。こうした地方の実態を踏まえて、1985年7月31日、東京で開かれた日中会談で、谷牧国務委員は、安倍晋一郎外務大臣（当時）に合弁企業の期間を30～50年へ延長することを検討していると伝えた[19]。9月20日、谷牧国務委員は日中経済協会訪中団の稲山嘉寛団長に「近い内に合弁期間を原則10～30年とした現行の合弁法を改正する」と表明した[20]。

しかし、「近い内」の約束はなかなか実現しなかった。合弁期間延長問題の解決に弾みがついたのは、おそらく11月末の中国投資貿易コンベンション（大阪で開催；本章第1節参照）が契機ではなかったかと考えられる。1985年12月初め、谷牧国務委員と鄭拓彬対外経済貿易部部長は桜内義雄（当時、日本国際貿易促進協会会長）と会見し、外国との合弁期間を無期限にすることも認めると述べた。1986年1月15日、国務院は、漸く合弁法実施細則第100条（1983年）の修正にこぎつけ、①投資額が大きく、建設期間が長く、資金の利潤率が低いプロジェクト、②外国側パートナーが先進技術もしくは重要な技術を提供して先端的な製品を生産するプロジェクト、③国際的に競争力のある製品のプロジェクトに限り、合弁期間を最長50年とすること、また、国務院の承認を受ければ50年以上のプロジェクトも可能であることを正式に決定したのである。

2　外貨バランス

中国進出企業にとって、外貨バランスの問題は、進出後に直面する最も深刻かつ解決の難しい問題であった。1980年代前半に中国の製造業部門への進出を果たした外国企業の多くは、品質上の問題から中国製部品を使用することができず、国際市場に通用する製品を現地生産するには部品や原材料を輸入しなければならなかった。原材料・部品・設備の輸入に限らず、中国駐在の外国人社員の住居費も外貨建てで支払わねばならず、外国企業の外貨需要は高まる一方であった。中国市場に製品を販売した場合、通常は人民元で代金を受け取っていたため、必要な外貨を調達するには輸出販売を伸ばす以外に方法はなかった。当時、合弁企業は自社製品を輸出して外貨調達することが建前であったが、実際には、多くの企業が複数の方法を組み合わせて外貨の調達に奔走していた。企業の自助努力の範囲でいえば、自社製品の輸出の他、国内販売する製品を外貨で決済したり、人民元で中国製品を購入して輸出したり、あるいは企業間で外貨を融通し合うケースもあった。企業レベルで解決できない場合は、合弁法実施細則第75条および第78条（1983年）に基づいて、銀行融資や政府の調整を利用した。政府の調整とは、例えば、進出地域を管轄する地方政府やその業種を管轄する国務院主管部門が保有する外貨で調整したり、対外経済貿易部と国

第6章　投資環境整備の政治過程

家計画委員会が当該合弁事業を計画に組み込むこと（一般的には、外貨不足の状態にある合弁企業の製品の中から、国家が必要とする製品を外貨で買い取る方法）を指した。しかし、これらの方法によっても外国企業の抱える外貨収支不均衡の問題を十分に解決することはできなかった。その原因のひとつは、中国政府が外貨管理に関しては一貫した厳しい姿勢を崩さなかったことである。他の投資環境整備の問題とは異なり、外貨に関しては、政府は外国企業の不満に耳を傾けるどころか外貨管理規定を強化し、1985年4月からは違反者に罰金や押収を含む罰則規定を施行した。[25] こうした中国側の厳しい外貨管理と慢性的な外貨不足が合弁企業の外貨調達を困難にした。しかしこのことは、他方では、外貨の闇取引を活発化させる原因となっていた。1985年12月、深圳経済特区には外貨調整センターが設置されたが、このセンター自体が試行錯誤の段階にあり、本格的な運用には至っていなかった。やがて外貨バランス問題が中国の投資環境の悪さを代表する問題点として外国メディアでも報道されるようになると、中国政府も対応を先延ばしにすることはできなくなった。

　1986年1月15日、国務院は「合弁企業の外貨バランス問題に関する規定」を公布し、輸出で外貨収支を均衡させることができない合弁企業に対して他の手段による外貨問題解決を認めた（2月1日施行）。[26] これにより、外貨不足の合弁企業は中央または地方の主管部門や地方政府の許可を受けて、以下の措置を取ることが正式に認められた。例えば、①該当する合弁企業の設立を認可した機関がその留保する外貨を用いて調整する方法（本規定第3条）、②該当する合弁企業が先進技術を提供したり、国際競争力のある製品を生産する場合は、需要に応じて国内販売の比率を引き上げ、国内販売期間に関して優遇を与える、または、長期あるいは単年度の外貨計画に組み込む方法（同第4条）、③中国が長期的あるいは緊急に輸入する必要がある製品を生産する合弁企業の場合は、中央または地方の主管部門の許可を経て輸入代替を行う、その場合は国際価格での取引とし、その費用を中央または地方の計画委員会が長期あるいは単年度の輸入用外貨計画に組み込む方法（同第5条）、④該当する合弁企業が国内で中国製品を購入して輸出する方法（同第6条）、⑤該当する合弁企業が、対外開放地域以外の場所で外貨支払い能力のある国内企業に外貨建てで製品を販売する方

221

法（同第8条）、⑥同一の外国投資家が中国国内で経営する複数の合弁企業の間で外貨バランスを調整する方法（同第9条）、⑦他の企業に人民元で投資を行い、その企業が獲得した外貨を受け取る方法（同第10条）といった手段による外貨調達が合法化された。

　しかし、本規定が定めた外貨調達方法の大半は、既に多くの合弁企業が非公式に実施してきたものであり、この問題が解決に向けて大きく前進したと感じた外国企業は比較的少なかった[27]。また、本規定が定めた手段を採用する場合、どの政府機関の許可が必要であるのか、調整の際にどの為替レートが適用されるのかといった点について具体的な記述がなかったことも外国企業側を苛立たせた[28]。

　そして予想通り、外貨バランス規定は問題の根本的な解決には至らなかった。その理由は、第1に下級機関への経済権限委譲により、外貨の大半は地方政府や主管部門に分散していたことである。中央対外開放派が外貨バランス問題に取り組もうとしても、実際の外貨の大半は地方政府や主管部門が保有しており、これらの下級機関が必ずしも中央対外開放派の思い通りに動かなかった可能性が高い。第2に、中国政府には必ずしもすべての外国企業に対して外貨バランスの問題を解決する意図がなかったことである。外国企業との良好な関係構築に励む一方で、中国政府は、自国の経済発展に必要な外国企業を選別し始めていた。中国が必要としたのは製品輸出企業と先進技術企業であり、これらの分野で大型投資を行う外国企業を特に歓迎した。ただし、いずれの場合においても、最終的には外資系企業は「輸出によって外貨バランスをとる」という原則に従うべきであり、現状では輸入で調達している部品や原材料を国産化することによって外貨を節約するべきであると中国側は考えていた[29]。

　しかし、本規定の制定後間もなく、米国企業との大型合弁プロジェクトであった北京ジープ社が外貨バランスの問題を解決できずに操業停止に追い込まれた。この事件により、中央対外開放派は外資系企業の経営環境が予想以上に厳しいことを改めて認識させられた。1台のチェロキーを生産するのに90％以上の部品を輸入していた北京ジープ社では、外貨不足で部品を輸入できなかったために生産ラインが止まった。その上、国内販売した製品の代金を回収できな

かったため、合弁企業の運転資金が外貨も人民元もともに尽きてしまった[30]。同社の経営危機は外貨問題だけではなく、中国側の官僚主義に起因する損失、中国人幹部の給与や北京駐在の米国人社員の住居費が予想以上に高額であったこと、国内市場への参入の難しさ、投資資金が適切に保証されなかったこと、中国人従業員への住宅の提供が求められたこと、事前通告なしに徴収される「新しい税・諸料金・規制」など、幾つかの要因が複雑に絡み合った結果であった[31]。しかし、1986年春に同社が操業停止に追い込まれた直接的な契機は外貨不足であり、外国側出資者であるアメリカン・モーターズの幹部が内情を報道機関に公表したことから問題は国際的に知られるところとなった。米国人ジャーナリスト、ジム・マンが指摘したように、北京ジープの外国人パートナーは、合弁相手である中国側パートナーとの協議をあきらめ、国家級プロジェクトに相当する北京ジープの困窮を内外に知らせ、投資環境改善の緊急性について中央対外開放派に直接メッセージを送ったのである[32]。

中央対外開放派は迅速に行動した。5月には趙紫陽総理の指示を受けた朱鎔基国家経済委員会副主任が北京ジープ社と中米双方の出資企業幹部を交えた協議を開催し、北京ジープの国内販売価格の大部分を米ドルで支払うことで決着をつけた[33]。この時期、とりわけ国家級プロジェクトに対して中央対外開放派は特別の注意を払った。同じく自動車産業に進出した上海フォルクス・ワーゲンは、中央政府と上海市政府の支援を取りつけて5年間に総額2億ドルの外貨割当を受けることになっただけではなく、先進技術企業の認定を獲得し、全製品（サンタナ）を外貨決済で国内販売する権利を獲得したのである[34]。

中国側には手痛い教訓となった北京ジープの件は、中国の直接投資導入政策が新たな段階に入ったことを示唆するエピソードでもあった。直接投資導入政策をめぐって、中央対外開放派が計画経済主導派を懐柔することに腐心する時代は終わった。いまや中央対外開放派が交渉すべき相手は先進国に拠点を置く大企業であり、彼らに対中投資を決断させるためには何をすべきかについて考える段階に入っていた。投資環境の改善は、計画経済主導派の意向よりも外国企業の評価に左右されるようになったのである。

3　100％外資の承認

　国務院が1986年4月に制定・施行した「外資企業法」は、地域的制限を設けず100％外国資本企業（以下、100％外資企業）の設立を合法化した法律であった。直接投資導入以来、外資系企業に対する管理の観点から、外国企業側の出資比率が中国側のそれを上回ることは望ましくないとする意見が根強く、ましてや外国企業側が全額出資をすることについては計画経済主導派ならずとも抵抗感を示す人々が少なくなかった。中国政府は、外国企業が全額出資をした場合、中国側が経営・生産活動への管理・監督や労働者の権利の擁護をすることができなくなるとして、100％外資企業の設立を厳しく制限していた。そのため、外国企業法の制定以前は、100％外資企業は経済特区でしか認められず、合弁・合作企業の場合でさえ中国側が51％以上を出資して経営権を握る場合が多かった。中国は、外国の生産・経営管理技術の移転を望む一方、個々の企業レベルにおいて外国側に経営権を譲り渡すことには非常に慎重に対処してきたのである。

　こうした状況から一転して100％外資企業の容認へと方向転換した背景には、外国企業側の強い要望と中国側の財政事情があったと考えられる。中国進出後、合弁企業の経営をめぐって中国側パートナーと様々なトラブルを経験してきた外国企業の間では、経営方針や生産計画において中国側の干渉を避けるため、全額出資で事業を行いたいと望む声が高まっていた。外国側の単独出資となると、現地政府との交渉や部品および原材料の国内調達など、合弁企業では主に中国側パートナーが担当してきた面倒な交渉を自ら解決しなくてはならない。それにもかかわらず、外国企業は生産と経営の完全な自主権を求めた。他方、中国でも、100％外資企業を許可すれば中国側の財政負担は減少し、リスクを負う必要もないといった理由から、100％外資企業の設立を支持する意見が出始めていた。中央では1983年頃から外資経営企業法の起草が始まったが、議論が急速に進展したのは1985年末になってからのことであった。この頃、100％外資企業は全国にわずか120社しかなく、三資企業全体の2％にすぎなかった。[35][36]合法的に100％外資企業が認められていた地域は経済特区だけであり、しかも事実上、特区として機能していたのは深圳だけであったことから、120社の多

第6章　投資環境整備の政治過程

くは深圳特区に設立されたものと推定できる。しかし、それ以外の対外開放地域でも、法的根拠を確立しないまま、地方政府もしくは中央政府の裁量によって100％外資企業が設立されていたのである。

　1985年12月3日、趙紫陽総理は副総理と国務委員レベルの閣僚が参加する国務院常務会議を開催し、100％外資企業の問題を取り上げた。同会議は、実際に直接投資誘致に携わっていた担当者や専門家を招いて議論を重ね、外資企業法の草案を承認した[37]。1986年1月11日、趙紫陽総理は「外資経営企業法（草案）の議案」を全国人民代表大会常務委員会に提出して審議にかけた[38]。全国人民代表大会常務委員会は第14回および第15回会議で草案を検討の上、修正を施し、第6期全国人民代表大会第4回会議に提出することを決定した。4月2日、第6期全国人民代表大会第4回会議で鄭拓彬対外経済貿易部部長が草案について説明し、100％外資企業の設立条件や期限の問題が議論の焦点であったことを紹介した。この時の説明によると、100％外資企業の設立が認められるのは、当該企業が中国で不足している製品を生産する場合、あるいは、製品のすべてまたは大部分を輸出する場合に限るとする意見が大勢であった[39]。また、期限については、中国の経済発展状況に応じて国家が必要とする外国企業の業種も変化する可能性があるため、100％外資企業の設立には一定の期限を設定すべきであるという意見があった[40]。しかし、議論を重ねた結果、期限を法律で強制的に定めることは必ずしも適切ではないという結論に至り、外資企業法第19条には「外資企業の経営期限は外国投資家の申請により、審査批准機関が批准する。満期後に延長したい場合は、期限の180日前までに審査批准機関に申請する」と明記することになったという。

　こうした過程を経て、1986年4月12日、第6期全国人民代表大会第4回会議は中華人民共和国外資企業法を承認した[41]。外資企業法は、その第3条で「中国国民経済の発展に役立ち、先進的な技術・設備を採用するか、製品のすべてもしくは大部分を輸出する」場合に100％外国資本企業の設立を認めた[42]。ただし、この条文には、国務院の規定により、将来的に業種を制限する可能性を示唆する一文が続いていた。また、詳細は明記しなかったが、所得税の減免措置があること、設立の申請時に一定の期限を設けるが満期後は延長も可能であること、

中国への投資、獲得した利潤、その他の合法的利益は法的に保護されること、合法的な利潤とその他の収入および事業清算後の資金の国外送金を認めることを盛り込んだ。一方で、同法は、法律法規の遵守を義務づけたこと以外に、工商行政管理機関による検査と監督、財務・税務関連機関による会計帳簿の検査、労働組合による管理監督を定め、100％外資企業に対する国家の一定の関与も合法化したのである。

4　外商投資奨励規定

これまで紹介したように、中国政府は、合弁企業の期間延長、外貨バランス規定、100％外資企業の合法化と、たて続けに投資関連法整備に取り組んできた。それにもかかわらず、同年春に北京ジープが操業停止に追い込まれ、中央対外開放派は外資系企業が抱える生産・経営上の問題を早急に解決する必要性を改めて認識した。国務院所属の経済学者である季崇威によると、中国の投資環境に対して外国企業側からは、甚だしい官僚主義により審査批准手続きが煩雑で時間がかかる、外貨バランスがとれない、土地使用費、水道代、電気代が高すぎる、中国人従業員の賃金が同種の国営企業より割高である、銀行融資を受けることが難しい、外資系企業に対する偏見や差別が残っている、法令や規定の実施が徹底されていないといった苦情が出ていた[43]。こうした問題を解決するには、これまでインフラ整備中心であった中国の投資環境整備のやり方を見直し、直接投資受入現場の意識改革を進める必要があると、季崇威は主張した。彼は、投資環境の充実には、外商投資企業を「よその家の子」あるいは「外国資本家による搾取」とみなす旧い思想を改め、外国企業と中国との関係は平等互恵であり、外国企業が提供する資本や技術や管理経験は中国の近代化に役立つことを中国人幹部や従業員が正しく理解する必要があると論じた。

対外開放の成否を三資企業の誘致に賭けた中央対外開放派にとって、外国企業の苦情を放置しておくことはできなかったが、それ以上に、急速な円高という国際的な変化への対応策としても投資環境の充実が喫緊の課題となりつつあった。1985年9月22日にプラザ合意が成立した直後から日本円は米ドルに対して急速に上昇し、1986年7月31日には東京外為市場で1ドル＝153.8円を記録

第6章　投資環境整備の政治過程

した。これは、プラザ合意後、円が約50％切り上げられたことを意味した。急速な円高は世界経済に様々な影響を及ぼしたが、米ドルに人民元をペッグさせていた中国もその例外ではなかった。日中貿易においては、円高は中国の輸出条件を改善したが、日本製品の輸入価格は上昇した。また、中国が大量に導入していた円借款の返済負担も大幅に増加する見通しとなった。

　円高の影響と対応策について中国で広く議論されるようになったのは、1986年半ばのことである。とりわけ注目を集めたのは日本の製造業の動向であった。日本の製造業企業は、円高によってドル換算での生産コストが急上昇したため、生産コストの低下を求めてアジアへ進出し始めた。中央対外開放派は、こうした国際環境の変化に強い関心を抱き、円高が対外開放推進への追い風になると判断した。対外経済貿易部副部長の王品清は、「円高は日本企業の対外直接投資を促進するので、中国が日本の資金と技術を吸収すれば、中国での輸出製品の生産を促し、輸出を拡大することができる」と述べ、日本企業誘致によって円高の悪影響を克服できるという考えを示した。同様の議論は、対外経済貿易部所属の国際貿易研究所が発行する経済専門誌『国際貿易』が1986年8月に掲載した張曉民論文にも見受けられた。こうして、日本企業の誘致と輸出振興によって中国が抱える対日貿易赤字と円高の悪影響を克服するという見解が主流になると、中央対外開放派はその実現を目指して外交や内政の場において積極的に行動を開始した。

　北京ジープの問題を解決して間もない1986年6月6日、国務院所属の経済学者であった季崇威は、北京で中外合弁企業25社の社長を含む40名以上を招いて中国工業経済学会座談会を開催した。座談会では、合弁各社が互いの経験について語り合い、問題点とその解決方法について討論し、中央政府に建議を提出したという。この座談会の要旨を香港紙『大公報』に発表した季崇威は、合弁事業の問題点として、①外貨バランスの問題、②外国側パートナーの技術移転による輸入代替製品への保護（例えば同類製品の輸入制限や価格補助）が不十分であること、③中国側パートナー企業を管轄する上級機関（地方政府や主管部門など）が、合弁企業取締役会の決定に干渉しすぎること、④賃金や社会保険制度など国営企業との制度的相違から生じる不都合を指摘した。中央への建議の詳

227

細については十分にわかっていないが、季崇威の職務や地位から推察して、上記4つの問題は少なくとも国務院の担当者には伝達された可能性が高い。

　6月10日、鄧小平は中央の経済担当者に対し、「外貨不足や対外貿易赤字の発生は、我々の足を引っ張ることになろうか。中国には輸出できるものがたくさんある。香港・東南アジア・日本の市場を切り開くことを含めて、多くの方面を研究し、国際市場を切り開かねばならない」と、輸出振興によって外貨不足や貿易赤字の問題を解決するように指示を出した。6月28日、万里副総理は、中央国家機関の模範共産党員業績報告団と会見した際、「中国は外国企業にとって将来有望な投資先となる可能性を秘めながらも、官僚主義や投資環境の悪さがその実現を妨げている」と指摘し、官僚主義を克服して国家機関も対外開放時代の需要に応じた思想や体制を整える必要があるという認識を示した。この時期、中央では国家計画委員会における官僚主義の弊害が厳しく批判されていたことを考慮すると、万里の発言は、官僚主義の弊害と投資環境の悪さを結びつけることで、同委員会とつながりの深い計画経済主導派を牽制する役割を果たしたとも理解できよう。

　1986年7月初旬、佐治敬三（サントリー株式会社）大阪商工会議所会頭（当時）が団長を務める対中国投資促進使節団が訪中し、姚依林副総理、王震中日友好協会名誉会長、王文東対外経済貿易部部長補佐、張岐対外経済貿易部外資管理局長らと会談した。会談では、計画経済主導派の経済通である姚依林でさえ外国企業の受け入れ拡大に意欲的な姿勢を示し、対外開放政策や外国企業受入の方針は長期にわたって不変であると保証した。また、政治的には計画経済主導派に近いが親日家でもある王震は、日本の経済界による訪中を歓迎し、合弁企業の増加を望むと発言した。このように、外交の場では計画経済主導派の重鎮も外国企業誘致への強い支持を表明する中で、同年7月、国務院は「外商投資企業の管理工作を改善することに関する若干の規定」を内部発令し、また、地方政府に対して「外商投資企業の生産経営条件を一層改善することに関する国務院の通知」を公布した。

　8月から9月にかけては、事実上の最高権力者である鄧小平と国務院の長である趙紫陽総理が先頭に立って対外開放と外国企業歓迎の姿勢を国内外で強調

第 6 章　投資環境整備の政治過程

した。趙紫陽総理は 8 月 7 日に日本・アメリカ・西ドイツ・イギリスの石油化学企業や金融業界の関係者と会見し、「中国が『四つの近代化』を進めていく上で、資本不足は依然として大きな制約である。中国は各種の外国融資を歓迎し、外国企業が積極的に対中投資を行って合弁・合作・100％外資の企業を設立することを歓迎する」と述べ、先進国企業に投資を呼びかけた[54]。また、9 月に天津や青島を視察した後の座談会では、「中国は労働力をはじめ生産コストの低さという国際競争力を持っているが、対中進出の魅力を外国企業に訴えるためにはインフラ整備やサービス業の発展といった課題を克服しなければならない」という見解を表明し、沿海地方の投資環境改善を呼びかけた[55]。

　一方、鄧小平は、8 月 21 日に天津経済技術開発区を視察し、投資環境の改善状況を高く評価した。彼は、「対外開放はまだ自由化しなければならない、自由化しなければ活性化せず、引き締めの問題は存在しない」と発言して、地方レベルの対外開放を加速するように激励した[56]。また、9 月 2 日のアメリカ人記者との会見では、中国での生産コストが意外に高いことや契約交渉が難航しがちであること、様々な名目の課税、汚職収賄、官僚主義の蔓延といった中国の投資環境の問題点についての見識を問われ、鄧は次のように答えた。「こうした現象があることは承知している。西側と取引をすることは我々にとって新しいことであるため、幾つかの間違いは避けられないものである。外国投資家がこうした意見を持っていることは、私は理解できる。投資して少しも儲からないというのではいけない、それでは誰が（中国に）来たいと思おうか。我々はいま、幾つかの有効な措置をとってこの状況を変えようとしている、信頼の問題は徐々に解決できるであろう。これらの問題を解決すると、また新たな問題が生じるかもしれないが、また解決しなくてはならない」。ここでも、鄧小平は外国企業が抱える困難な問題に理解を示すと同時に、投資環境改善への意欲を力強く語ったのである[57]。9 月 5 日、人民大会堂で日本の関西財界訪中団（日向方斉住友金属社長が団長）と会見した際にも、鄧小平は「投資をしてもらいたければ、投資家に儲けさせないのはよくない、しかし、幾つかの費用が高すぎて儲けにならないという。この面で、我々は決意して解決に臨まねばならない」と述べた[58]。

対外開放派指導部の応援を得て、経済官僚レベルでは具体的な優遇措置の制定について議論が進んでいた。詳細な政策決定過程は不明であるが、例えば、1986年9月26日には、谷牧国務委員が日中経済協会訪中団に対して、外国企業誘致を促すための新たな優遇措置を10月に制定する予定であると表明した[59]。10月9日、国務院は外国投資工作領導小組を正式に設置し、谷牧国務委員を組長に任命した[60]。同小組は、国家計画委員会、国家経済委員会、対外経済貿易部と協力して外商投資の総合管理工作を行う組織と位置づけられた。その任務は、外資利用に関する重大な方針・政策・計画の研究、国務院への建議提出、各地区や部門の外国投資に関する工作の検査と勧告、外国投資に関連する重大問題についての意見取りまとめ・仲裁・解決、外資利用に関する関連部門へのマクロ的な指導、渉外経済立法と司法工作の推進など多岐にわたっていた[61]。小組の設立にともない、外資系企業が集中した沿海部の省・市政府もそれぞれ外商投資工作領導小組や外国投資工作委員会を結成して、外資に対する審査批准や管理を統一し、事務手続きの簡素化を図るとともに外資系企業が直面する問題の解決に当たることになった[62]。これら地方レベルの組織は、後述する外商投資奨励規定の制定後、その実施細則の立案過程にも参画し、上海・広東・福建などに進出した外資系企業から意見を聴取して政策に反映させる役割を担った[63]。

　10月10日、朱鎔基国家経済委員会副主任は、翌日公布予定の外商投資奨励規定について記者会見を行った。朱鎔基は、輸出による外貨獲得を促進するため、政府は製品輸出企業と先進技術企業に対し、税や費用の面で特別な優遇を与えること、これらの外資系企業の中国における生産コストを周辺諸国・地域よりも低くして企業の国際競争力を強化するように取り計らうことを表明した。朱鎔基の発言は、中国が東南アジアなど周辺諸国との直接投資誘致競争の渦中にあることを強く意識したものであった。彼は中国の投資環境について、「最近、我々は外国の友人たちとの議論の中から、外商投資企業の自主権が十分保証されておらず、費用が多く、事務効率が悪いといった訴えに耳を傾けてきた。こうした問題に対して、中国政府は有効な規定を策定し、外商投資企業が十分に生産経営自主権を持てるように保証し、国際的にみても妥当な経営管理方法で事業を進めることができるように努力する。契約の範囲内で、(外国)企業は

第6章　投資環境整備の政治過程

自主的に生産経営計画を決定し、運用資金を調達し、原材料を購入して製品を販売し、従業員の招聘、解雇、賃金、賞与、補助金を決めることができる」と述べた。また、「外商が対中投資を行う上で遭遇する幾つかの『麻煩』(手間のかかる面倒な諸問題)については、双方の話し合いと努力を通じて解決方法を見出すこともできよう」と発言し、外資系企業が抱える問題解決に取り組む姿勢を明らかにした[64]。

1986年10月11日、国務院は「外商投資を奨励することに関する規定(外商投資奨励規定、以下、22カ条)」を公布し、即日施行した[65]。22カ条第1条は、本規定の目的が、さらなる外商投資の誘致、先進技術の導入、製品の品質向上、輸出による外貨獲得の拡大のために投資環境を改善することにあると明記した。第2条は、製品輸出企業と先進技術企業に限って特別な優遇を与えると明記し、第3条〜第15条までは外資系企業に対する特別優遇について説明した。また、第15条〜第17条は、外資系企業への優遇措置を実行するための地方政府・下級機関へ向けた指示であった。第2条で定めた2種類の外資系企業への特別優遇としては、保険・福利・住居手当を除く中国人従業員に対する各種手当の免除(第3条)、土地使用費の明示(第4条)、生産に必要な水や電気などのインフラ料金の引き下げ(第5条)、中国銀行による優先的な融資の提供(第6条)、利潤送金にかかる所得税の免除(第7条)、製品の70%以上を輸出した場合の所得税減税や先進技術企業の所得税減税期間の延長(第8、9条)、利潤を再投資した場合の免税措置(第10条)、外資系企業が輸出する製品の工商統一税の免除(第11条)、輸出製品生産のために必要な物資や設備の輸入手続きの簡素化(第13条)、外資系企業間の外貨バランスの調整(第14条)、外資系企業の自主権の保証(第15条)などが明示された。また、地方政府や下級機関に対しては、外資系企業の生産経営活動に対する過度な干渉を行わないこと(第15条)、税や諸料金を口実としたむやみな費用徴収をしないこと(第16条)、外資系企業の審査批准手続きの効率化(第17条)といった項目を遵守するように求めた。また、第16条に基づいて、地方政府からの悪質な攤派(税や諸料金の口実を設けてむやみに費用を徴収する行為)を受けた外国企業は、現地の経済委員会を通じて中央の国家経済委員会に訴えることもできるようになった[66]。

実際には、22カ条が提示した優遇措置は、公布施行の日からすべてが実現されたわけではなく、詳細は後回しという従来のパターンが繰り返されたことは否定できない。しかし、ここで定めたすべての優遇措置を実現しようとした外国投資工作領導小組の意気込みは、それまでになく強いものであった。1986年11月4日、青島で複数の外資系企業の代表者と会見した谷牧組長は、外商投資奨励規定の実施時期について、年内か遅くとも1987年3月までにはすべての措置を実行すると断言した[67]。谷牧の発言を裏づけるかのように、22カ条の内容を補う関連規定も次々と制定された。11月10日には労働人事部が「外商投資企業の雇用自主権と労働者の賃金・保険福利費用に関する規定」を公布し、外資系企業が自ら従業員を募集・試験・採用・解雇する権利を保証し、中国側パートナーが外資系企業に派遣する幹部は適切な能力を備えた人物でなくてはならないことや、中国人従業員の元の職場は従業員の移動を妨げてはならないことを定めた。また、この規定では、外資系企業で働く従業員の福利・保険は国営企業並みを保証し、その費用は企業の生産コストとして処理すること、従業員の賃金は同種の国営企業における賃金の120％を基準とすることも定められた[68]。11月24日には税関が「外商投資企業の製品輸出に対する必要な輸入原材料の税関管理暫行規定」を公布し、外資系企業が輸入原材料を中国で加工して再輸出し、外貨獲得に貢献することを奨励した（12月1日施行）[69]。1987年1月27日には、対外経済貿易部が「外資系製品輸出企業および先進技術企業の確認や審査に関する実施暫定規定」を公布し、外資系企業の優遇対象を決定する基準を示した[70]。このように、万全の体制ではなかったとはいえ、中央対外開放派は22カ条の制定によって外資系企業と地方政府に強いメッセージを投げかけたのである。

5　地方政府の対応

　1986年に中央対外開放派が推進した一連の投資環境整備は、地方レベルにおける外国企業の待遇改善に一定の効果をもたらした。従来、各対外開放地域が個別に制定した規定によると、外商への優遇措置は税と土地使用費の減免に集中していた。例えば、大連市経済技術開発区の外商優遇措置（1984年10月15日公布）では、全30条のうち、約3分の2に相当する19条が税の減免措置に関する

第 6 章　投資環境整備の政治過程

ものであった。また、大連経済技術開発区土地使用管理暫定規定（同じく1984年10月15日公布）によると、工業用地の土地使用費は 1 m²当たり年間 1 ～1.3元と低く抑えてあったが、この価格は土地そのものの使用料であったにすぎない。1980年代の中国においては、外資系企業が使用地を自費で整備することは一般的であった。使用地内の道路敷設、電気・水・ガス・排水などの配管工事、通信設備の工事をはじめ、使用地外の各種配管までの接続工事も企業の自己負担で行い、廃水や廃棄物は有料で処理を請う状況であった。また、地方レベルの外商優遇規定には、優遇措置だけが盛り込まれていたわけではなく、地方政府の承認事項や罰則規定も少なくなかった。例えば、雇用契約に関しては、山東省・天津市・大連市では市または開発区の労働部門の承認を受けることを義務づけており、天津の場合は外国籍・香港マカオ籍の社員を雇用する場合も開発区管理委員会の審査と承認が必要であると定めていた。また、山東省や天津市の規定では、外資系企業が社会労働保険基金（国に納める25％分）を滞納した場合、納入期限後 1 日単位で納入額の 1 ％を滞納金として付加することを定めていた。こうした事情を鑑みれば、沿海部における対外開放の地域的拡大は必ずしも内実をともなっていなかった様子がうかがえる。

　1986年の一連の投資環境整備は、このような状況を改善する第一歩となった。中央対外開放派の勢いを見て取った一部の対外開放都市は、政策のゆれ戻しがないことを確信し、中央対外開放派の意向に漸進的ながら応え始めた。例えば、大連市では市長が率先して官僚主義の克服を目指し、1986年 6 月には事務手続きの簡素化によって事務処理日数を大幅に短縮することに成功した。天津市では、天津市外国経済貿易委員会が外資企業管理処を設置し、29部門の担当者が集まって合弁企業の抱える問題の解決方法を探った。上海市では、1986年10月、外商投資の便宜を図るために上海外資企業外貨調整センターを開業し、外商投資サービスセンターと外商投資企業物資サービスセンターの設立準備を始めた。

　また、22カ条の立案・制定以降、幾つかの対外開放地域で、中央の方針に従い、場合によってはそれ以上の優遇措置を打ち出して外資誘致競争に勝ち抜こうとする地方政府が出現した。例えば、22カ条第15条（外資系企業の経営自主

権の保証）に基づいて浙江・遼寧・山東の各省がそれぞれ公布した規定では、各主管部門は外資系企業の人事や賃金水準に干渉してはならないと定められた。また、22カ条第8・9・10条（税制上の優遇）については、福建省・遼寧省・北京市が地方所得税や利潤の外貨送金にかかる所得税の減免措置を具体化した。さらに、外資系企業への物資供給ルートの改善策として、北京市・福建省・浙江省では外国投資企業物資設備供給公司（あるいは服務公司）を設立し、国営企業と同じ価格で外資系企業に物資を供給することを決定した。労賃については、湖南省が労働服務費を20〜30％割引した他、大連では労働者1人当たり50元の補助金を支給することを決定した。

　また、以前は外国企業が土地使用費に関する情報を入手することは困難であったが、22カ条第4条（土地1m^{2}当たりの年間使用価格は製品輸出企業と先進技術企業の場合で5〜20元程度）に従って、山東省・遼寧省・寧波市が1m^{2}当たり年間5元に設定した他、深圳（1〜1.6元）や珠海（0.5〜1元）はさらに安い価格を提示した。遠隔地への投資、土地使用費の一括払い、外国投資企業自身による土地開発を行う場合については、中央の規定に従って地方政府もさらに安い土地使用価格を提示した。その他、天津市が外資系企業の管理に関する行政権限を外国投資行政サービスセンターに集中させて効率化を図ったり、福州市が市協調領導小組を設立して外資系企業の問題解決を支援したり、北京市が対外経済商談会を企画するなど、地方政府はそれまで以上に積極的に外資系企業の便宜を図る姿勢を明確にしたのである。

　このように、各地方政府が競って外資系企業に様々な優遇措置を提示した結果、地方政府間の外商投資誘致合戦は一層激しくなり、中には実現不可能な優遇措置を投資家に約束してしまう場合もあった。とりわけ、銀行融資や外貨調整など地方政府が金を出さねばならない事柄に関しては、口約束ばかりで何も行動を起こさない地方政府も多かった。[77]また、地方レベルでは22カ条の運営について少なからぬ混乱が生じた。例えば、同規定の定める税の減免には地方税も含まれるのかといった問題や、合弁企業への減免税措置を合作企業や100％外資企業にも適用できるのかどうかといった点については、中央が明確な指示を出していなかった。また、22カ条の適用対象となる製品輸出企業の認定は輸

は基本的に解決されたという見解を表明した[82]。こうした努力の結果、1986年末には、合弁企業3210社、合作企業4390社、100％外資企業138社の合計7738社が中国で操業していたのである。外資系企業の90％は広東・福建・北京・天津・上海など沿海の都市部に集中し、直接投資の提供国・地域は50カ所を超えた[83]。また、4経済特区が1986年に導入した直接投資のうち、工業プロジェクトは全体の80％に達し、深圳特区では非生産的プロジェクトの比率が大きく減少した[84]。当初から中央主導型で進んできた14沿海開放都市でも、生産的プロジェクトの直接投資導入は金額ベースで前年比2.3％上昇した。こうした成果を基に、中央対外開放派は、1986年の直接投資導入は健全かつ着実な歩みを記したと肯定的に評価したのである。

　一方、国務院特区辦公室主任の何椿霖は、当面の直接投資導入政策の狙いについて、規模の拡大よりも投資環境の充実に努力する意向を語った[85]。1986年の直接投資導入実績は、14沿海都市に設置された経済技術開発区では契約数で前年比75％増加し、契約額では同70％増加した。その一方、何椿霖は、経済技術開発区の間で外資誘致競争が発生していることを認め、これらの地域において投資規模が拡大する傾向にあると指摘した。こうした状況を踏まえて、彼は、第7次五カ年計画の間は、経済技術開発区の面積は現状（約15km^2）を維持し、拡張の予定はないと述べた。その理由は、第1に、中央政府の財政的事情により、当面これらの経済技術開発区に多額の開発資金を提供してインフラ整備を行うことは難しいと判断されたことであった。第2に、地方政府の能力的限界により、資金不足、インフラ面のボトルネック、外資系企業への管理不行届き、効率の低さといった問題が未解決のまま残されていることであった。何椿霖は、中央・地方双方の能力的限界により、少なくとも数年間は、経済技術開発区の規模拡張よりも既に開発に着手した地域の投資環境を充実させるべきであるという見解を示したのである。

第6章 投資環境整備の政治過程

出比率を基準とするが、その基準は地域ごとに異なっていた[78]。22カ条第8条では、輸出企業の認定基準は製品輸出比率70％以上と決まっていたが、対外経済貿易部の実施規定では「製品輸出企業の認定には製品輸出比率50％が必要であり、税制上の優遇を受けるには同70％以上が必要」となっていた。中央対外開放派の大元締めである対外経済貿易部が統一基準を用意できなかったため、地方の規定も様々であり、江蘇省では製品輸出比率50％で製品輸出企業と認定したが、大連市では同60％で土地使用費を免除し、同70％で製品輸出企業と認定するという具合であった。

22カ条の運営は多くの混乱をともなった。しかし、沿海部の地方政府は「三資企業をより多く誘致せよ」という中央対外開放派のメッセージを的確にとらえ、投資誘致競争に身を投じていった。足並みは不揃いながらも、中央対外開放派は、投資環境整備の事実上の鍵を握る地方政府の自主性を引き出すことに成功し、地方を直接投資導入政策の主役に仕立て上げていったのである。

6　1986年の投資環境法整備に対する評価

1986年の直接投資額は、契約ベースでは1498件、28.34億米ドルであり、これは金額でみると前年比で52％の減少であった。しかし、実行ベースでみると、18.74億米ドルであり、前年比13％の増加であった[79]。中央対外開放派は、直接投資実行額の増加を投資環境改善の成果として高く評価した一方、契約額の減少については投資構造を調整した結果であると説明した。対外経済貿易部外資局によると、ホテルやサービス施設に集中した1979～1985年の対中投資傾向を是正するため、政府は1986年からエネルギー・交通・機械・電子・鋼材・化学工業などの生産的な産業部門における外商投資を奨励し、優遇措置を与えた。その結果、1986年の直接投資に占める生産的な企業は76％となり、大中型プロジェクトも1985年より増加した[80]。また、1986年の外資導入方針では、生産的企業に大型投資を誘致することを表明した。この点についても、同年12月に日中間でカラーテレビ・ブラウン管の設計・製造に関する大規模プロジェクトをはじめ一定の成果を上げたという[81]。この他、中国政府は、上海フォルクスワーゲンや北京ジープなど大型プロジェクトが抱えていた難題（外貨バランス問題など）

235

第6章　投資環境整備の政治過程

第3節　本章のまとめ

　本章では、1986年に成立した主要な投資環境改善措置についてその成立過程と内容を紹介し、中央対外開放派・地方政府・外国企業という対外開放時代の主役たちが果たした役割について考察してきた。対外開放の進展は地方政府への経済権限の委譲を推進したが、経済活性化と引き換えに貿易収支の赤字を拡大させた。中央対外開放派は、最大の貿易赤字を記録した対日経済関係に注目し、日本製品の輸入から日本企業の誘致へと発想を転換させた。当初、中央対外開放派は、外交交渉によってこの問題を乗り切ろうとしたが、貿易収支の赤字に歯止めがかからない状況に危機感を抱き、早急に投資環境整備に着手することになった。外国企業の到来を待つのではなく、積極的に誘致する姿勢へと転換したのである。中央対外開放派は、外貨バランス問題で外国企業に大きく譲歩することはできなかったが、より包括的な投資環境の改善を22カ条の制定に託し、その実現可能性を高めるために地方政府の自主性を引き出そうとした。

　1986年に成立した投資環境整備には、製品輸出企業と先進技術企業に限って優遇措置を拡大するという、中国側の選択的な姿勢が明白に表れていた。それは、計画経済主導派に対する政治的な配慮ではなく、中央対外開放派の経済発展戦略に基づいた結果であった。換言すれば、直接投資導入政策の土俵は、国内の権力闘争ゲームから国際的な投資誘致ゲームに移っていたのである。中央対外開放派は、中国が周辺諸国との外資誘致競争にさらされていることを強く意識し、この競争を勝ち抜くことが経済発展と近代化達成の鍵であると考えた。彼らは、中国の投資環境に対する国際的な評価を重視し、外国企業の要望と自国の経済発展を結びつける努力を始めた。それゆえ、経済発展に必要な先進国企業が中国でビジネスに行き詰まることがあってはならなかったのである。

　22カ条の中で、国務院は、外国企業への優遇措置とともに、地方政府に投資環境を改善するよう求める指示を盛り込んだ。対外開放にゆれ戻しがこないことを確信した沿海部の地方政府は、積極的に外国企業を誘致し、外国企業との

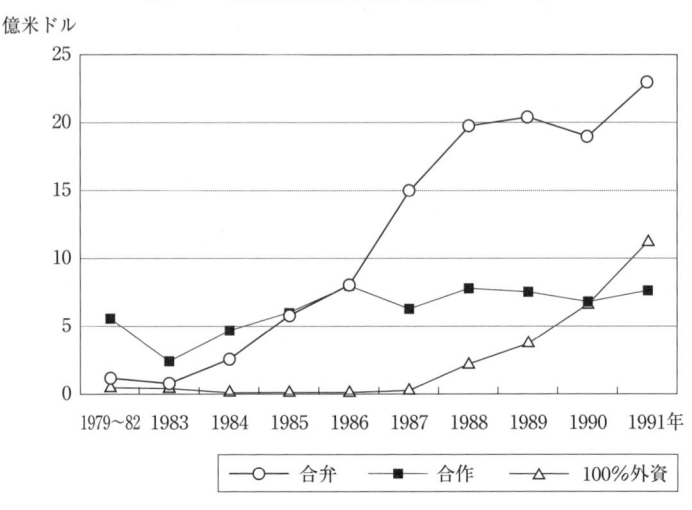

図6-1　直接投資導入実績（実行額ベース）

（出所）国家統計局貿易物資司編『1979-1991中国対外経済統計大全』、中国統計信息諮詢服務中心出版、1992年、332頁より作成。

関係を深めようと努力した。そのような地方政府の変化を示すエピソードがある。1979年の天津市では、同市の合弁企業第1号に対して「喪権辱国（主権と国威を失い、国を辱められる）」という言葉が投げつけられた。しかし、1986年には、租界時代の洋館を修復し、外国人の郷愁に訴えて企業誘致に結びつけようという現象さえ現れた。中央対外開放派は、直接投資の現場となる地方政府の自主性を引き出すことにも成功したのである。政策運営上の混乱や投資誘致競争の激化といった問題点を抱えながらも、直接投資導入政策は、中央対外開放派が外国企業とのパートナーシップを構築し、地方政府の自主性を引き出したことによって、確実に中国に定着したのである。

1) 丸山伸郎「対外開放の経済メカニズム——内向型から外向型への移行形態」、岡部達味・毛里和子編『改革・開放時代の中国』、日本国際問題研究所、1991年、249-251頁。
2) 「貿易相が表明、中国、輸入調整を継続」、『日本経済新聞』1985年9月11日。
3) 海関総署関税統計司統計処「1985年1—3季度我国対外貿易簡況」、『国際貿易』1986年第1期、58-59頁。ただし、米ドル表示は、1985年の年平均為替レート（国家統計局貿

第 6 章　投資環境整備の政治過程

易物資司編『1979-1991中国対外経済統計大全』、中国統計信息諮詢服務中心出版、1992年、423頁）を参考にして筆者が換算した。
4) 丸山伸郎、前掲論文、250頁。
5) 万里「密切注意当前経済工作中的問題」(1985年6月12日、一部の省長・市長会議で行った講話)、『万里文選』、人民出版社、1995年、431頁。
6) 「姚依林副総理談　中国経済発展的幾個問題」、『瞭望』1986年第16期、8-10頁。
7) 「対中投資の促進を」、『日本経済新聞』1985年7月31日。
8) 「投資保護協定早期に　趙首相、通産相会談で表明」、『朝日新聞』1985年9月10日。
9) 「省市機関増購七百多輛高級小汽車」、『人民日報』1985年9月10日。
10) 前掲、「貿易相が表明、中国、輸入調整を継続」。
11) 「中共中央関於制定国民経済和社会発展第七個五年計画的建議」、『人民日報』1985年9月26日。
12) Gordon Bennett, "The New Risk Equation In China." *EAER*, October 1985, p.9.
13) 「中国貿易相、石油・石炭輸入拡大を」、『日本経済新聞』1985年11月12日夕刊。
14) 「大商発表、中国投資コンベンションで商談は208件・1200億円に」、『日本経済新聞』1985年11月16日（地方経済面・近畿B）。「対外貿易相講演、中国投資コンベンション開く」、『日本経済新聞』1985年11月25日夕刊など参照。
15) 「中国投資コンベンション開幕」、『日経産業新聞』1985年11月26日。
16) 魏玉明「中国利用外資的有関政策」、『国際貿易』1986年第1期、36頁。
17) 中国対外経済貿易年鑑編輯委員会『中国対外経済貿易年鑑』、中国展望出版社、1987年、413頁。
18) 「大連市、合弁期間を50年」、『日本経済新聞』1986年1月4日。前掲、『中国対外経済貿易年鑑』、165-166頁。
19) 「安倍外相、中国に総合商社設立提案」、『日本経済新聞』1985年8月1日。
20) 「合弁期間30年以上に、中国、近く法改正」、『日本経済新聞』1985年9月21日。
21) 「中国・鄧主任、桜内氏に要請、日本は輸入拡大を」、『日本経済新聞』1985年12月4日。
22) 『国務院公報』1986年第3号、68頁。
23) ジム・マン著、田畑光永訳『北京ジープ』、ジャパンタイムズ、1990年、212頁。
24) 林樹衆「関於上海中外合営企業外匯平衡問題的幾点意見」、『世界経済情況』1985年第12期、3-5頁。
25) "New Penalties For Foreign Exchange Violations." *EAER*, May 1985, p.5.
26) 『国務院公報』1986年第3号、66-68頁。
27) Ta-kuang Chang, "Foreign Exchange Balancing Provisions For Joint Ventures." *EAER*, February 1986, p.8.
28) 同上、p.9。他にもR. Barry Spaulding, "Structuring A Joint Venture: The Foreign Exchange Factor." *EAER*, May 1986, pp.13-14が解説。
29) 季崇威『中国利用外資的歴程』、中国経済出版社、1999年、91頁。
30) ジム・マン、前掲書、218-219頁、および Tod O.Clare, "Joint Venturing In China: The

AMC Experience." *EAER*, November1986によると、1980年代前半にアメリカン・モータースが北京で起業した自動車製造の合弁企業、北京ジープは、外貨不足から部品を輸入できず、ジープ・チェロキーの生産ラインが停止した。北京ジープの資金不足の原因は、外貨建てで政府機関に納入したチェロキーの代金を回収できなかったこと、また、旧型ジープを生産して人民元建てで政府機関に納入していたところ、その代金も回収できなかったため、外貨も人民元も尽きてしまったことであった。

31) ジム・マン、同上書、239-241、255-256頁。
32) 同上書、272-273頁。
33) "China: Relief for Investors' Problems?" *EAER*, August 1986, pp.4-6. Clare, ibid. 稲垣清『中国の投資環境──NICsを越えられるか？』、蒼蒼社、1988年、88-90頁。チェロキーの国内販売先は大部分が政府機関であり、購入価格の大部分を外貨で支払うことになった。1985年まではチェロキー1台1万9000ドルのうち1万1000ドルが米ドル、残りは人民元払いであったが、協定後は1万2000ドル以上がドル払いとなり、北京ジープは部品輸入が可能となった。
34) 稲垣清、同上書、90-92頁。
35) 「作関於中華人民共和国外資経営企業法草案説明」、『人民日報』1986年1月14日。
36) 『国務院公報』1986年第12号、411-417頁。前掲『1979-1991中国対外経済統計大全』369頁は1984、1985年の100％外資企業の契約件数・契約額・実行額を示したが、契約件数において突出していたのは深圳特区であった。
37) 同上、『国務院公報』。
38) 同上。
39) 「関於≪中華人民共和国外資企業法（草案）≫的説明」、『人民日報』1986年4月18日。
40) 『中華人民共和国全国人民代表大会常務委員会公報』1986年第4号、47頁。
41) 『国務院公報』1986年第12号、411-413頁。
42) なお、1990年の外資法実施細則では、公共事業、交通運輸、不動産、信託投資、リース業における外資企業の設立を制限していたため、これらの分野に進出するには対外貿易経済合作部（対外経済貿易部の後身組織）の承認を必要とした（李嵐清主編『中国利用外資基礎知識』、中共中央党校出版社・中国対外経済貿易部出版社、1995年、109-110頁）。
43) 季崇威、前掲書、92-103頁。ここに掲載された論文は、1986年10月17日に第2回中米経済関係討論会で発表されたものである。
44) 孫東民「日元昇値与日本経済対策」、『人民日報』1986年8月1日。
45) 例えば、「国際資本流動対世界経済的重大影響」、『人民日報』1986年8月13日。
46) 「対外経貿部副部長縦談我国対外貿易形勢」、『瞭望』1986年第43期、10-12頁。
47) 張暁民「対日元昇値、油価下跌的浅析」、『国際貿易』1986年第8期、26-29頁。張論文は、日中貿易において、中国は60億ドルに上る対日貿易赤字（1985年）を抱える一方、対日輸出の56％を占める石油・石油製品の価格が下落しており、非常に不利な状態に置かれていると警告した。彼は、この状況で対日輸出を拡大するには、日本への販売活動を強化し、製造業製品の輸出を促し、日本との合弁・合作事業を拡大して資本や技術を

第 6 章　投資環境整備の政治過程

さらに導入しなければならないと説いた。
48) 季崇威、前掲書、77-91頁。
49) 中央の責任者が当面の経済状況について行った報告を聞いた際の鄧小平の談話、「在听取経済情況匯報時的談話」、『鄧小平文選』第3巻、人民出版社、1993年、159-160頁。
50) 1986年6月28日、万里が中央国家機関の模範共産党員業績報告団と会見した際の講話、「共産党員要帯頭反対官僚主義」、前掲、『万里文選』、513頁。
51) 上海国際友人研究会・大阪編集協力委員会編『日中友好に貢献した人びと――大阪地区著名人士の事績』、日経事業出版社、2001年、492-494頁。
52) 同上書、494頁。
53) 「外商賛我開放工作運転加快」、『人民日報』1986年11月15日。「我国対外開放格局已初歩形成――谷牧与本刊記者的談話」、『瞭望』1986年第51期、11-14頁。
54) 「1986年8月份対外経済貿易大事記」、『国際貿易』1986年第10期、61頁。
55) 「要為外商提供更好投資環境　沿海應着重発展外向型経済」、『人民日報』1986年9月12日。
56) 1986年8月19日から21日まで天津を訪問した際の話、「視察天津時的談話」、前掲『鄧小平文選』、165頁。「鄧小平視察天津時強調　対外開放還是要放」、『人民日報』1986年8月22日。
57) 1986年9月2日、「答美国記者邁克・華莱士問」、前掲『鄧小平文選』、171頁。
58) 「要大胆使用外資還要会使用外資」、『人民日報』1986年9月6日。前掲、『中国対外経済貿易年鑑』、414頁。
59) 「中国の谷牧委員表明、外国企業に新たな優遇措置法律化へ」、『日本経済新聞』1986年9月27日。
60) Jamie P. Horsley, "More Foreign Investment Regulations?" *EAER*, November 1986, p.7と照らし合わせると、この小組は、1986年初めに設置されたと考えられる外国投資工作組が発展した組織という可能性もある。この工作組の構成員は、谷牧国務委員を頭に、国家計画委員会・国家経済委員会・経済特区辦公室・対外経済貿易部・都市農村建設と環境保護部・労働人事部・中国人民銀行・中国銀行・税関・外貨管理局・国家工商局の代表であったことが報告されており、中国の投資環境に対する外国投資家の不満・批判に答えることを目的としていた。設立時期や任務から判断して、10月に設置された外国投資工作領導小組と強い関連を持つ組織であったと考えられる。
61) 前掲、『中国対外経済貿易年鑑』、415頁。季崇威、前掲書、151頁。
62) 季崇威、同上。
63) 「外商賛我開放工作運転加快」、『人民日報』1986年11月15日。
64) 「外商興辦産品出口和先進企業税収費用等給予特別優恵待遇」、『人民日報』1986年10月11日。
65) 『国務院公報』1986年第26号、757-759頁。
66) 謝明「認真貫徹対外開放的方針，努力做好利用外資企業財務工作」、『広東財会』1987年第3期、0-4頁。

67）「国務院鼓励外商投資規定最遅明年一季度全部兌現」、『人民日報』1986年11月7日。
68）『国務院公報』1986年第32号、959-960頁。
69）同上、960-962頁。税関の規定の正式名称は「中華人民共和国海関対外商投資企業履行産品出口合同所需進口料件管理辦法」であるが、本章では意訳した。
70）稲垣清、前掲書、100-102頁。Timothy A. Gelatt, "Foreign Investment Provisions: Four More Sets of National Implementing Rules Issued." *EAER*, February 1987, p.11. 対外経済貿易部の実施暫行規定の運用に関しては、外国企業からの申請をベースに行われた。ただし、輸出企業認定条件のひとつである輸出比率の基準が地域ごとに異なっていたため、実際には進出先の地方政府の裁量が中央の規定に優先されがちであったことが報告されている（Stephanie J. Mitchell, "Local Foreign Investment Regulations: Shopping For The Right Location in China." *EAER*, February 1987, p.14）。
71）前掲、『中国対外経済貿易年鑑』、165-173頁。
72）同上、165-173、179-180、183頁。
73）季崇威、前掲書、112-113頁を参照。以前は数ヵ月かかった事務処理が数日から十数日で終えることができるようになったという。
74）李元浦「辦好合資企業首先要解決認識問題——訪天津市対外経済貿易委員会主任張昭若」、『瞭望』1986年第42期、12頁。
75）季崇威、前掲書、112-113頁。
76）「改善投資環境更多吸引外資」、『人民日報』1986年10月25日。Mitchell, ibid., pp.15-19.
77）Mitchell, ibid., p.13.
78）同上、pp.13-14。稲垣清、前掲書、100-102頁。
79）国家統計局国民経済綜合統計司編『新中国五十年統計資料匯編』、中国統計出版社、1999年、63頁。
80）梅敏慧「中外合資企業在穏歩発展」、『瞭望』1987年第11期、11頁。
81）前掲、『中国対外経済貿易年鑑』、418頁。中国技術輸入総公司・中国電子器件工業総公司・上海市投資信託公司・上海市計器電子輸出入公司・南京華東電子管廠と、東芝・三井物産・ニチメンとの間で調印された。案件の内容は、カラーテレビ・ブラウン管工程プロジェクトの総協議、陝西カラーテレビ・ブラウン管・プラント契約、上海カラーテレビ・ブラウン管プロジェクト協議書、合弁で華東カラーテレビ・ブラウン管プロジェクトを建設する商談を継続する意向書が取り交わされた。
82）「我去年新増外商投資企業千余家」、『人民日報』1987年1月24日。
83）特に、香港、アメリカ、日本、イギリス、フランス、西ドイツ、イタリア、シンガポールが多い。梅敏慧、前掲、「中外合資企業在穏歩発展」、10頁。
84）柳孝華「應当怎様看外商投資的下降」、『瞭望』1987年第18期、25頁。
85）胡俊凱・梅敏慧「経済技術開発区建設要量力而行——訪国務院特区辦公室主任何椿霖」、『瞭望』1987年第17期、18-19頁。
86）李元浦、前掲、「辦好合資企業首先要解決認識問題——訪天津市対外経済貿易委員会主任張昭若」、12頁。

終章　直接投資導入政策を成功に導いた政治的要因

　なぜ中国は1970年代末に直接投資導入政策を開始し、経済体制やイデオロギー的な矛盾を乗り越えてそれを定着させ拡大させることができたのか。そして世界一の投資受入国への道を歩むことができたのか。本書は政治的側面を重視しながらこの設問を解くための議論を重ねてきた。本章では、第1、2節でこれまでの議論を整理し要点を確認する。第3節では同政策の定着過程以降、計画経済主導派がなぜ影響力を低下させてきたのかについて論じ、直接投資導入政策成功の政治的要因をまとめる。

第1節　直接投資導入政策開始の政治経済学

　1970年代後半、文革の混乱により、疲弊しきった経済と社会を抱えていた共産党指導部は、国内の安定と経済建設を優先させる路線を選択した。しかし、毛沢東時代の経済路線継承という枠組みを破ることができないまま策定された華国鋒の十カ年計画は、深刻な財政危機を引き起こした。鄧小平はこの経済失策を発端として華国鋒の指導者としての正統性を問い、かねてより華国鋒の野心的な経済政策に批判的であった陳雲ら計画経済の信奉者と協力して、華国鋒の失脚を図った。やがて、鄧小平体制の確立に貢献した計画経済主導派は経済運営の実権を握り、経済調整（計画の強化）に着手した。しかし、計画経済の維持よりも、生産力の発展と近代化に重きを置いた鄧小平は、対外開放の実現に関しては陳雲に譲らず、谷牧副総理ら改革開放を支持する経済官僚にその準備を委ねたのである。
　では、対外開放派はなぜ直接投資導入や経済特区建設という手法を選択した

のか。それまで帝国主義の手先と呼ばれていた外国企業の誘致は、なぜ実現できたのか。その答えのひとつは、共産党指導部が周辺諸国の高度成長と自国の後進性に強い衝撃を受け、既存の計画経済体制の見直しを迫られたからに他ならない。いまひとつの考えられる回答は、当時、中国の有識者たちの間で交わされた自由主義経済に関する議論にあった。彼らは、東アジアNIEsの高度成長を範にとり、経済成長における輸出加工区や直接投資の利弊について幅広く議論していた。後に中国が経済特区を設置し、直接投資を導入し、輸出振興を目指した事実と照合すれば、こうした学術的な議論が対外開放派の政策論議に一定の影響を与えた可能性を指摘することができよう。

　しかし、直接投資導入や輸出加工区設置が経済成長に有効であることを理解することと、それを実行に移すこととは別の問題であった。直接投資導入を実現させるためには、最初に、既存の経済方針やイデオロギーに重要な変更を加える必要があった。対外開放派指導部は、硬直した社会主義イデオロギーとの理論的な調整を図るため、自力更生の概念を再解釈し、また、レーニン・毛沢東など社会主義体制下で絶対的な権威をまとっていた指導者の言葉を引用して、対外開放や外資導入を正当化したのである。次に、対外開放派は、資本主義的な要素を段階的に容認する作業に着手した。これにより、かつては迫害の対象ですらあった民族資本家も対外開放の水先案内人となった。また、経済調整や権力闘争といった当時の主要問題の背後で、対外開放派経済官僚は実務的な準備を積み重ねて合弁法を制定した。しかし合弁法は、計画経済主導派の外国企業に対する懐疑と外資導入への消極的姿勢という制約により、また、部分的には中国側の経験不足により、曖昧な内容の法規とならざるを得なかった。対外開放派は、後に修正や補完が可能な内容の充実よりも、直接投資導入を制度化することを優先させたのである。こうした経緯より、直接投資導入政策の鍵は当初、外国企業と中国との交渉ではなく、計画経済主導派と対外開放派との政策をめぐる対立と妥協にあったことは明らかである。

　一方、中央での合弁法制定や、蛇口工業区の開発に触発された広東省は、華僑・華人との密接な関係を利用して自らの経済発展を遂げる好機が到来しつつあることを敏感にかぎとっていた。計画経済下での処遇に強い不満を抱いてい

終　章　直接投資導入政策を成功に導いた政治的要因

た広東省は、習仲勲省第一書記が鄧小平に直談判したことにより、経済政策と財政面で他地域よりも大きな地方自主権を獲得した。広東の自主権拡大とともに、鄧小平は谷牧を中央からの指南役として広東に派遣し、省幹部と密接な関係を築かせた。やがて、本格的に対外開放に着手したいと願っていた中央対外開放派と、地方経済の豊かさを追求しようとした広東省幹部の思惑が一致し、深圳経済特区が誕生した。経済特区の成立と発展は、中央対外開放派と広東省の双方が切望していたことであり、両者は特区に反対する計画経済主導派に対しては協調して対処する必要があった。その一方で、広東は中央に地方自主権のさらなる拡大を要求し続けた。中央対外開放派と広東省幹部が、時には計画経済主導派に対して互いに協力し、時には互いの主張を譲らなかったことは、両者の利害が常に一致していたわけではないことを示していた。立場の異なる中央対外開放派と広東省との利害調整を行ったのは、谷牧など中央の対外開放派経済官僚であり、習仲勲、任仲夷といった広東省委第一書記たちであった。

　以上から、経済特区の設置過程においては3つの要因が重要な役割を果たしたといえる。第1に、最高権力者による強力な支持である。特区政策を全面的に支持し、政治的な擁護を与えたのは鄧小平自身であった。国内の経済運営を握っていた陳雲が対外開放について非常に懐疑的であった点を考慮すると、鄧小平の政治的後押しがなければ、経済特区が実現する可能性は低かったか、あるいは実現の時期が大きく遅れた可能性がある。第2に、地方幹部の自主性と指導力である。とりわけ、中央から任命されながらも広東省の省益を最大限追求することに尽力した習仲勲第一書記は、中央指導部の対外開放派に訴えて対外開放と広東の利益を結びつける役割を果たした。第3に、中央と地方との調整役となった対外開放派経済官僚たちである。省の立場から中央・地方間の調整役を果たした広東の第一書記とは異なり、中央の対外開放派経済官僚は、より大局的な見地から対外開放を考え、実行する責任を担っていた。鄧小平から対外開放の実務を一任された谷牧は、経済特区実現のために頻繁に広東に出向いて省幹部と緊密な関係を構築した。谷牧ら対外開放派経済官僚の役割とは、対外開放の推進と同時に、中央政府と広東省との政策調整あるいは利害調整であった。これら3人の人物に代表されるように、強力な政治的

庇護、地方幹部の自主性と指導力、中央と地方との政策調整という3つの要因が揃って漸く経済特区は実現可能となったのである。

第2節　直接投資導入政策定着の政治経済学

　しかしながら、その後は1984年に至るまで、中央対外開放派は、各種の投資関連法の整備、国務院改革による行政権限の集中化、地方レベルでの対外開放への支持拡大、香港返還交渉の進行といった有利な条件を揃えながらも、対外開放の拡大に踏み出すことはできなかった。対外開放進展の障害となっていたのは、計画経済主導派が展開した政治的キャンペーンや整党活動であった。イデオロギー的主張と道徳観の入り混じった計画経済主導派の整党活動は、対外開放に戸惑い、かつての社会主義的規律に郷愁を感じていた人々の支持を得て、全国的に拡大していった。また、地方レベルで基本建設投資が急増し、中央による計画遂行が困難になる状況が生じていたことから、均衡財政と計画の貫徹を支持した計画経済主導派指導部はさらなる地方への権限委譲に対して消極的であった。こうした状況の下で、対外開放派は、政治的配慮と慎重な政策運営により、対外開放や外国企業の経済活動は非常に限られた地域における特例にすぎないと主張し、資本主義的な側面を過小評価することで計画経済主導派の批判をかわそうとした。

　事態を一転させ、対外開放の突破口を開く契機となったのは、計画経済主導派が巻き起こした精神汚染反対キャンペーンであった。このキャンペーンが対外開放を停滞させただけではなく、大衆レベルに及んで社会的混乱を引き起こした結果、計画経済主導派は自らの手でキャンペーンの幕引きをせざるを得なくなった。他方、鄧小平はこの好機を逃さず、深圳を訪問して対外開放に勢いをつけ、14沿海都市の開放を一挙に進展させた。実際の沿海都市開放は、中央の財政的制約や計画経済主導派への政治的配慮といった要因により漸進的に進めざるを得なかったが、対外開放熱は沿海部を中心に急速に国内に広まっていった。また、対外開放地域の拡大が中国と外国企業との対話の機会や経路を増

終　章　直接投資導入政策を成功に導いた政治的要因

やした結果、対外開放派官僚は外国企業の視点から中国の投資環境を見直すようになった。やがて、対外経済貿易部など一部の経済官僚は、外国企業誘致には投資環境整備の充実が必要であることを認め、外国企業の不満を真剣に受けとめて改善を検討するようになったのである。

　一方、対外開放の先端を走っていた深圳特区では、設立後間もない時期から、外資よりも国内資本の進出が中心であり、製造業よりも不動産業が伸び、しかも巨額の貿易赤字を抱えるといった問題点が現れていた。中央対外開放派は1980年代初期からこの問題に注目していたが、深圳が対外開放のパイロット・モデルであった以上、また計画経済主導派が絶えずイデオロギー的な批判を繰り返していた関係上、即座に深圳の経済構造の歪みを取り上げて改善を迫ることは難しかった。

　中央対外開放派が深圳の問題点を是正することに着手したのは、対外開放地域が増加して、深圳特区の重要性が相対化し始めた後のことである。深圳特区を外向型経済へ転換させようと図った中央対外開放派は、管理線の設置・運用には成功したが、特区通貨の導入を実現することはできなかった。中央の行動に対し、深圳市側は自らの権限を強化する試み（独自通貨発行権の獲得）については積極的に反応したが、特区の経済運営に対する中央の干渉（管理線の導入）に対しては消極的な反応しか示さなかった。地域の利益に固執して対外開放派の提唱する国益の実現に踏み出そうとしない深圳に対し、中央対外開放派は、計画経済主導派の批判さえも利用して特区の経済構造の問題点を是正し、外向型経済の確立を急ぐために圧力をかけ続けた。やがて管理線の導入や沿海部の対外開放によって次第に追い込まれていった深圳特区は、最終的に外向型経済へ転換せざるを得なくなった。これより後、深圳は、外向型経済を確立するために、従来の華人資本頼みの直接投資導入から脱却して非華人資本の誘致に重点を置き、製造業への大規模な投資、技術移転、産業構造の高度化を促進するという課題に取り組むことになった。特区設立から5年を経て、谷牧ら中央対外開放派は、ついに深圳特区を外向型経済の構築へと誘導することができたのである。

　一方、1980年代半ばに中国は沿海部を中心として経済過熱期を迎えていた。

経済権限の委譲をともなった対外開放地域の拡大は、沿海部の経済活性化と引き換えに貿易赤字の拡大をもたらした。中央対外開放派は、過去最大の貿易赤字を記録していた対日経済関係に注目し、日本製品の輸入から日本企業の誘致へと発想を転換させ、これを中国の経済発展目標であった輸出振興と三資企業の誘致に結びつけようと考えた。門戸を開いただけでは外国企業の誘致に直結しないことを学習していた中央対外開放派は、外国企業の到来を待つのではなく、積極的に誘致する戦略に切り替えたのである。そうした戦略転換が制度として確立されたのは1986年のことであった。中国政府は、合弁期間の延長、外貨バランス規定、外資企業法の制定（100％外国資本企業の容認）、外商投資奨励規定と、相次いで投資環境改善策を打ち出し、対中投資を呼びかけた。中央対外開放派は、外貨バランス問題で外国企業に大きな譲歩をすることはできなかったが、より包括的な投資環境の改善を外商投資奨励規定に託した。この規定の狙いは、ひとつは外国企業への優遇措置であったが、いまひとつは地方政府の積極的な政策関与を引き出すことにあった。もはや対外開放にゆり戻しがないことを確信した沿海省市は、躊躇することなく外国企業との関係構築に邁進していった。その結果、政策運営上の混乱や投資誘致競争の激化といった新たな問題が発生することになったが、中央対外開放派の目論見通り、直接投資導入政策は地方レベルにおいてしっかりと定着し、今日の直接投資受入大国としての基礎を築き上げたのである。

　なお、1986年に実現した投資環境法整備には、製品輸出企業と先進技術企業に限って優遇措置を拡大するという、中国側の選択的な姿勢が明白に表れていた。それは、計画経済主導派に対する政治的な配慮ではなく、中央対外開放派の経済発展戦略に基づいた選択であった。中央対外開放派は、中国が周辺諸国との外資誘致競争にさらされており、この競争を勝ち抜くことが経済発展と近代化の達成に結びつくと考えた。そうした発想から、「100％外資企業の中国進出が少ない原因は、中央政府も地方政府も必要な法整備を怠ってきたことにある」という意見や、「中国で外国人ビジネスマンが商売に行き詰まっていることが表沙汰になると、直接投資の誘致に不利になる」という認識が中央政府関係者の間に広がった[1]。中央対外開放派は、中国の投資環境に対する国際的な評

終　章　直接投資導入政策を成功に導いた政治的要因

価に少なからぬ関心を払い、外国企業の要望と自国の経済発展を結びつける努力を始めた。直接投資導入政策の主たる構図は、正しく、国内の権力闘争ゲーム（政治ゲーム）から国際的な投資誘致ゲーム（経済ゲーム）へ移行したのである。

　政策開始の場合と同様、定着過程においても、実質的な最高権力者による対外開放への強力な支持、地方幹部による積極的な政策への関与、および中央の対外開放派経済官僚による中央地方間の政策調整が重要な役割を果たしてきたことは明らかである。中でも、中央の対外開放派経済官僚の役割は政策の進展とともに益々重要性を増していった。とりわけ谷牧のような高級経済官僚は、全国レベルの戦略や政策を考案する立場にあっただけではなく、海外視察や外交交渉を通じて資本主義経済や国際的なルールを直接見聞する機会を得ており、また、地方視察によって現場での政策執行状況を確認することができた。また、鄧小平はじめ中央の党幹部にも近く、党指導部の意向や合意形成の可能性についても比較的状況を察知し易い立場にあったと考えられる。特区通貨構想ではやや勇み足となったが、強い信念の下に輸出振興型の経済特区をつくり上げようと真摯に取り組んだ谷牧をはじめ、少なからぬ経済官僚が国際化の重要性と必要性を喫緊の課題として受け止め、その政治的実行可能性を追求してきたと考えられよう。

第3節　計画経済主導派の退場

　本書では、第2章で紹介した計画経済主導派と対外開放派の関係、中央地方関係、中国の外国企業観という3つの視点から、直接投資導入政策の開始と定着の過程について論じてきた。これらの観点が、1986年時点においても本政策の動向を左右する要諦であったことに変わりはなかった。しかしながら、1986年段階に関して本論で議論し残した点がある。それは、外資導入政策における計画経済主導派の影響力の低下に関する疑問である。

　1980年代初め、計画経済主導派指導部はイデオロギー的な資本主義批判を展

開し、経済特区の経済過熱や経済犯罪の増加に対して容赦なく批判を浴びせた。計画経済主導派の計画への執着や硬直した社会主義イデオロギー的発想は、時として対外開放を停滞させるほどの影響を及ぼした。ところが、1986年の投資環境法整備は、計画経済主導派の妨害をほとんど受けることなく順調に進展した。計画経済主導派は直接投資導入に関してはすっかり目立たない存在になってしまったかのようである。いったい何が計画経済主導派と対外開放派とのバランスを変えてしまったのであろうか。

　その理由は、第1に、計画経済主導派の対外開放に対する批判が次第に現実離れしていったことにあった。計画経済主導派の中心的存在であった陳雲は、1980年代半ばになっても対外開放に厳しい目を向け、批判を続けていた。1985年9月24日、中共中央規律検査委員会第6回全体会議において書面で講話を発表した陳雲は、「対外開放は、資本主義の腐敗した思想と作風の侵入を避けることはできない。これは我々の社会主義事業にとって直接的な危害である」と述べた。資本主義そのものを悪とみなした陳雲は、その悪影響に対抗する手段として共産主義思想を中核とする教育の強化を提唱し、この問題については党員、とりわけ老幹部の認識が重要であると主張した。彼は、共産主義だけが資本主義の腐敗した思想と作風の侵蝕を食い止めることができると主張する一方、自らを含む老幹部の存在意義を強調し、政治の主要舞台にとどまろうとした。また、陳雲は党員の規律の乱れを嘆いて、「対外開放、対内活性化といえば、一部の党・政・軍機関や党・政・軍幹部や幹部の子女はすぐに商売に殺到する」と非難し、「『拝金主義』という資本主義の腐敗した思想が、我々の党風と社会の気風を深刻に蝕みつつある」と糾弾した。[2)]対外開放の名の下で、一部の高級幹部やその子弟が特権を乱用して暴利を貪っていたことは事実である。他方、様々な問題を抱えながらも、過去数年の対外開放は、中国経済に活気をもたらし、人々の生活を豊かにし、また市場原理に基づいた合理的な企業経営や生産方法をもたらしたことも事実であった。しかし、陳雲は、対外開放で合法的に利益を得た人々を正当に評価することなく、対外開放とは資本主義であり、資本主義とは共産党の風紀を乱す腐敗した思想の根源であると断定した。豊かさよりも社会の規律を重視し、市場経済の利点を認めようとしなかった陳

終　章　直接投資導入政策を成功に導いた政治的要因

雲の頑なな対外開放批判は、時としてその強い正義感のあまり感情的な発言となり、次第に人心や現実から乖離していったといえよう。

　一方で、薄一波のように、対外開放の弊害を認識しながらも対外開放自体を否定することはせず、むしろ平和な環境が長く続いたために党員の規律が緩んだことが拝金主義や官僚主義の蔓延を許し、党の威信を損なったと嘆く幹部もいた。陳雲のように対外開放そのものを資本主義へつながる道として切り捨てた幹部にせよ、薄一波のように対外開放の経済的功績は認めながらも政治的にはなお保守的にならざるを得なかった幹部にせよ、計画経済主導派の主張が次第に懐古的になっていったことは否定できない。[3]

　計画経済主導派の影響力低下をもたらした第2の理由は、本政策における主役が、当初の対外開放派と計画経済主導派から、中央対外開放派、地方政府、外国企業の3者に移ったことであった。直接投資導入政策が始まった当初は、鄧小平の政治的基盤の確立と経済再建のために計画経済主導派の協力が必要であり、そうした事情が対外開放に一定の制約を課していた。当時、対外開放の受益者は福建・広東の2省とそこに設置された4経済特区（この時期に実質的に機能していたのは深圳）に限られていた。その後、相次ぐ対外開放地域の制定により、対外開放派の勢力基盤は急速に拡大した。ただし、中央主導の対外開放は政治的・財政的制約が大きく、地方政府は思い切った対外開放に踏み切れなかった。しかし、1986年に中央対外開放派がこれまでになく投資環境の改善に執着する様子を目の当たりにし、沿海地方政府は挙って三資企業の誘致に取り組んだ。外商投資奨励規定は、外国企業への優遇措置を拡大するとともに、地方政府を投資環境の改善に駆り立て、彼らを対外開放の主役の座につけたという意味で、従来の直接投資導入政策とは一線を画すものとなった。同時に、それは、かつて直接投資の導入を阻む勢力として準主役を演じてきた計画経済主導派を、本政策の主要舞台から遠ざけることにもなったのである。

　また、行政レベルでも計画部門の変化と対外経済貿易部の勢力拡大という要因が計画経済主導派の退場を促していた。1970年代末に外資導入を決定して以来、外国資本は計画部門にも徐々に浸透しつつあった。例えば、第7次五カ年計画（1986～1990年）の草案には、50～70億ドルの直接投資と230～250億ド

251

の外国融資の利用が組み込まれており、市場志向型経済と分権化（地方政府への行政権限の委譲、ビジネスと工業に対する政府の管理の縮小）の継続が盛り込まれていた。[4] また、1980年代半ばには、計画部門の中枢である国家計画委員会の内部でさえ、外国企業誘致の必要性を公言し、投資環境を整備しなければならないと考える甘子玉のような幹部が現れた。計画だけで国家経済を運営できる時代は終わったのである。さらに、国家計画委員会の官僚主義的体質に対する内部批判が露呈したことは、計画部門に大きな打撃を与えた。1986年5月28日の『人民日報』は、国家計画委員会の官僚主義的体質と効率の低さを糾弾する内部批判を掲載したが、これを契機として中央では官僚主義批判が湧き起こった。[5] 対外開放の障害のひとつは、既存の計画経済体制とそれを支えてきた計画部門、あるいは計画下で優遇されてきた重工業部門など変革を嫌う組織や人々の存在であった。こうした文脈において、計画経済の根幹を握る国家計画委員会が批判にさらされたことは、同委員会と関係の深い計画経済主導派にとっても打撃となり、計画経済主導派と計画部門の影響力は相対的に低下せざるを得なかったといえよう。

　一方で、対外経済貿易部は国務院内部で組織として拡大の一途をたどっていた。直接投資導入政策に関する議論は、内容が技術的になればなるほど、中央指導部の手を離れて、対外経済貿易部の経済官僚に委ねられるようになった。1984年にバーネットが行った聞き取り調査によると、当時、対外経済関係に関する事項については対外経済貿易部が最も大きな影響力を持っており、政治的重要性がそれほど高くない経済問題や技術的な問題については、党ではなく国務院で決定または処理されていた。[6] 1980年代半ばに中国が直面していた直接投資導入政策の課題とは、外国企業の生産経営活動に関わる各種法整備や三資企業誘致・輸出振興のための具体的措置といった専門性の高い問題であった。本政策は、党の指導者による抽象的な議論や政治的決断よりも、投資受入現場の責任者や中央の経済官僚による政策立案や運営能力が問われる段階に入っていたのである。

　1985年9月の党人事において、谷牧が中央書記処書記を解任されたことも、直接投資導入政策の進展を制約することにはなり得なかった。[7] 解任の理由は公

終　章　直接投資導入政策を成功に導いた政治的要因

表されなかったために詳細は不明であるが、1985年春に摘発された海南島大量密輸事件が谷牧の進める対外開放の失敗とみなされて、党の人事に何らかの影響を及ぼした可能性も否定できない。しかし、直接投資導入政策の総責任者が党中枢を離れても、事実上、政策は後退しなかったばかりか、その後の1年余りを経て中国の投資環境は着実に改善した。このことは、直接投資導入政策が経済官僚の手で一層実務的に処理されるようになったことを示していた。

　最後に、対外開放派の提示した新たな国際政治経済観の普及が、毛沢東時代の極めてイデオロギー的な資本主義観・外国企業観を変化させ、対外開放を正当化したことが挙げられよう。鄧小平は近代化を実現するために生産力の発展と国際市場への積極的な関与を奨励した。彼は、毛沢東時代の閉鎖的な経済体制を正当化する「自力更生」の概念を否定し、たとえ資本主義的なものであれ、外国の資本、技術、経営管理の知識を導入することこそ中国の「自力更生」の実現につながると主張した。鄧小平の主張を理論的に支えたのは、宦郷の「1つの統一市場論」であった。宦郷は、「世界は資本主義が優勢な1つの統一市場である」と主張し、「中国もその統一市場の一部を構成しており、そこから離脱することはできない。離脱できないからこそ、中国は積極的に市場経済に参加することで自国の影響力を拡大すべきである」と説いた。このような宦郷の世界認識は、中央対外開放派が対外開放を正当化する際の拠り所となった。当時の中国では極めて国際感覚に富む高官の1人であった谷牧は、「現代の世界は開放の世界である」と各地で力説し、この信念の下に直接投資導入政策を遂行し、輸出振興と三資企業の誘致に尽力した。また、中国政府を代表する立場にあった趙紫陽総理も、アジア太平洋地域の経済発展と国際競争に参加することが中国の国力強化につながるという認識を表明していた。

　対外開放派が提示した開放的な国際政治経済観は、資本主義との共存を説き、外国企業に対する偏見を改める上で大きな役割を果たした。鄧小平が「中国に投資をしてもらいたければ、投資家に儲けさせなくてはならない」と発言したように、外資を利用するにはまず外資を中国に来させなければならない、そのためには外国企業の要望を一定程度聞き入れて中国も国際的なビジネス慣行に従い、周辺諸国との投資誘致競争に勝ち抜かねばならないと考える人が増えて

253

いった[11]。

　また、地方レベルでも外国企業に対する認識の変化が起こっていた。天津市の対外開放の担当者であった張昭若対外経済貿易委員会主任は、天津の7年間の変化について次のように語った。1979年に天津市で合弁企業第1号（中法葡萄酒廠）が設立された時、「なぜ外国人に得をさせるのか」、あるいは「なぜ外国人にこんな優遇条件を与えるのか」と、外国企業の進出を疎ましく思う人々が多く、中には合弁企業を指して「喪権辱国（主権と国威を失い、国を辱められる）」と揶揄する人もいた。しかし、対外開放が進んだ1986年の段階では、天津市は外国企業誘致に邁進し、飛行場、宿泊施設、インフラ整備の他、租界時代の洋館を修復して外国人の郷愁を誘うことさえ厭わない風潮となった。さらに、張昭若は、「プラザ合意後、日本企業の誘致をめぐって西太平洋地域の多くの国が優遇措置を拡大している」と述べ、天津市も国際的な直接投資誘致競争に参加する意気込みを見せた[12]。このエピソードが示すように、沿海都市部でも対外開放は地方の経済的豊かさを増幅するという見識が広まった。それは、地方レベルにおける「国際派」の養成にもつながったのである。

　以上のように、計画経済主導派の主張が現実離れしていったこと、沿海部の地方政府、外国企業、対外経済貿易部といった市場経済化にともなって影響力を増したアクターが本政策の主役として台頭してきたこと、そして対外開放的な国際政治経済観が普及したことという3つの要因が、直接投資導入の定着過程という舞台において、政策遂行上の最大の政治的難関であった陳雲ら計画経済主導派を次第に脇役へと追いやり、緩やかな対外開放派連合の形成および拡大を可能としたのである。

　本書では、毛沢東時代から鄧小平時代への政治的移行期に直接投資導入政策という斬新な政策がなぜ実現可能となったのか、また、なぜ本政策を一時的措置に終わらせることなく定着させることができたのかについて検討してきた。繰り返しになるが、政策の開始と定着を実現するためには、鄧小平の力量だけでは十分ではなかった。最高権力者の政治的な擁護はもちろん必要であったが、それに地方幹部の積極的関与や中央経済官僚による調整と政策推進が組み合わ

終　章　直接投資導入政策を成功に導いた政治的要因

さってこそ、直接投資導入政策は実現可能となった。中でも重要な役割を果たしたのは谷牧であった。1970年代末より諸外国の経済発展状況を研究・視察し、経済特区設立のために広東と北京の間を何度も往復し、また、中国沿海部を熱心に視察して次なる対外開放地域の戦略を練った谷牧は、正に対外開放を象徴する人物であった。同時に、本章で論じたように、計画経済主導派の影響力が次第に低下していったことは、直接投資導入政策の阻害要因を取り除くことにつながったといえよう。

本書には十分に議論し尽くせなかった点も幾つか残されている。例えば、政策の実施現場である地方レベルの動向については、おそらく個別の調査研究が必要となろう。また、本政策に関わる行政組織の役割および各組織内部の見解についてもさらなる調査・研究を重ねてより精緻な議論を展開する必要があろう。そうした課題を残すとしても、本書の議論は、直接投資という経済行為の容認あるいは推進が中国においては極めて政治的な問題であったことを示せたのではなかろうか。

1)　蔣恩慈「発展外資独資企業很有前途」、『世界経済導報』1985年4月22日や、ジム・マン著、田畑光永訳『北京ジープ』、ジャパンタイムズ、1990年、242-243頁を参照。また董輔礽主編『中華人民共和国経済史』（下巻）、経済科学出版社、1999年、105頁では、「中国は人脈が幅を利かす特殊な社会であり、香港マカオ資本の天下である」と外国人投資家がみなしていることに対して、こうした評判を覆し、非華人資本の誘致に結びつける必要があると示唆した。
2)　1985年9月24日、陳雲が中共中央規律検査委員会第6回全体会議において書面で述べた講話。「必須糾正忽視精神文明建設的現象」、『陳雲文選』（第3巻）、人民出版社、1995年、354-357頁。
3)　1985年7月30日、薄一波が山東省煙台市で整党工作を検査した際の講話。「関於整党和党的建設的幾個問題」、『薄一波文選（一九三七－一九九二年）』、人民出版社、1992年、427-437頁。
4)　John Strermer, "Can China Make Its New Five Year Plan Work?" *EAER*, April 1986, pp.9-11.
5)　「六名党員批評国家計委辦文拖拉」、『人民日報』1986年5月28日。官僚主義批判に関する経緯については、国分良成『現代中国の政治と官僚制』、慶應義塾大学出版会、2004年、199-204頁を参照。また、「官僚主義与高度集権的管理体制」、『人民日報』1986年9月12

Pearson, Margaret M., *Joint Ventures in the People's Republic of China*. Princeton: Princeton University Press, 1991.

Shirk, Susan L., *How China Opened Its Door: The Political Success of the PRC's Foreign Trade and Investment Reforms*. Washington, D. C.: The Brookings Institution, 1994.

Wong, Kwan Yiu (ed.), *Shenzhen Special Economic Zone: China's Experiment in Modernization*. Hong Kong: Hong Kong Geographical Association, 1982.

Yang, Dali L., *Calamity and Reform in China: State, Rural Society, and Institutional Change Since the Great Leap Famine*. Stanford: Stanford University Press,1996.

Yeung, Y.M. and David K.Y. Chu (eds.), *Guangdong: Survey of a Province Undergoing Rapid Change*. Second Edition, Hong Kong: The Chinese University Press of Hong Kong, 1998.

(論 文)

Abrahams, Charles, "Partnerships In Zhongguo." *East Asian Executive Review* (以下、*EAER*と略), March 1982.

Alford, William P. & Michael J.Moser, "Current Trends In Chinese Shipping." *EAER*, September 1979.

Alpe, Ron, "Foreign Banks Allowed To Open Branches In SEZs." *EAER*, May 1985.

Bennett, Gordon, "The New Risk Equation In China." *EAER*, October 1985.

Chang, Ta-kuang, "Foreign Exchange Balancing Provisions For Joint Ventures." *EAER,* February 1986.

Clare, Tod O., "Joint Venturing In China: The AMC Experience." *EAER*, November1986.

Fewsmith, Joseph, "Institutions, Informal Politics, and Political Transition in China." *Asian Survey*, Vol.36, No.3, 1996.

Gelatt, Timothy A., "Foreign Investment Provisions: Four More Sets of National Implementing Rules Issued." *EAER*, February 1987.

Gelatt. Timothy A. & Richard D.Pomp, "Foreign Enterprise Income Tax Law Adopted." *EAER*, January 1982.

Horsley, Jamie P., "More Foreign Investment Regulations?" *EAER*, November 1986.

Lee, Chyungly, "Foreign Direct Investment in China: Do State Policies Matter?" *Issues and Studies*, Vol.33, No.7, 1997.

Mitchell, Stephanie J., "Local Foreign Investment Regulations: Shopping For The Right Location in China." *EAER*, February 1987.

Otlley, Bruce L. & John Bruce Lewis, "Labor Law In The SEZ's: Moving Toward Western Norms." *EAER*, February 1983.

Spaulding, R. Barry, "Structuring A Joint Venture: The Foreign Exchange Factor." *EAER*, May 1986.

Strermer, John, "Can China Make Its New Five Year Plan Work?" *EAER*, April 1986.

Wethington, Olin L., "Regulations On Special Economic Zones In Guangdong Province." *EAER*,

参考文献一覧

January 1981.

【日本語文献】
（資料・事典）
天児慧・石原享一・朱建栄・辻康吾・菱田雅晴・村田雄二郎編『岩波現代中国事典』、岩波書店、1999年。
太田勝洪・小島晋治・高橋満・毛里和子編『中国共産党最新資料集』、勁草書房、1986年。
s原典中国現代史』第二巻、政治（下）、岩波書店、1995年。
小林弘二編『中国の世界認識と開発戦略関係資料集』、アジア経済研究所、1989年。
梁筱菊「深圳経済特区年表(1979～89年8月)」、『中国研究』1989年第17号。

（回想録）
許家屯（青木まさこ・小須田秀幸・趙宏偉訳）『香港回収工作』上巻、筑摩書房、1996年。
上海国際友人研究会・大阪編集協力委員会編『日中友好に貢献した人びと――大阪地区著名人士の事績』、日経事業出版社、2001年。
蕭向前（竹内実訳）『永遠の隣国として』、サイマル出版会、1994年。
リー・クアンユー（田中恭子訳）『中国・香港を語る』、穂高書店、1993年。

（新聞・雑誌）
『日本経済新聞』
『日経産業新聞』
『朝日新聞』
『北京周報』

（著　作）
青樹明子『日中ビジネス摩擦』、新潮新書、2003年。
天児慧『中華人民共和国史』、岩波新書、1999年。
―――編『現代中国の構造変動　4　政治――中央と地方の構図』、東京大学出版会、2000年。
石原享一『中国経済の国際化と東アジア』、アジア経済研究所、1997年。
―――編『中国経済と外資』、アジア経済研究所、1998年。
稲垣清『中国の投資環境――NICsを越えられるか？』、蒼蒼社、1988年。
上原一慶『中国の経済改革と開放政策――開放体制下の社会主義』、青木書店、1987年。
ヴォーゲル、エズラ・F（中嶋嶺雄監訳）『中国の実験――改革下の広東』、日本経済新聞社、1991年（原著：Vogel, Ezra F., *One Step Ahead in China: Guangdong under Reform.* Cambridge: Harvard University Press, 1989.）。
江頭数馬『七〇年代政変期の中国』、霞山会、1979年。
―――『中国の経済革命と現実』、学文社、1990年。
海老名誠・伊東信悟・馬成三『WTO加盟で中国経済が変わる』、東洋経済新報社、2002年（第

2刷)。

岡部達味・佐藤経明・毛里和子編『中国社会主義の再検討』、日本国際問題研究所、1986年。
岡部達味・毛里和子編『改革・開放時代の中国』、日本国際問題研究所、1991年。
筧武雄編・赤松弥太郎著『日中合弁企業奮闘記──中国進出と撤退のドラマ』、蒼蒼社、1999年。
加藤弘之『シリーズ現代中国経済 6 地域の発展』、名古屋大学出版会、2003年。
古賀圭三『中国ビジネスの実際と進出の手引き』、日本実業出版社、1994年。
国分良成『中国政治と民主化:改革・開放政策の実証分析』、サイマル出版会、1992年。
─── 『現代中国の政治と官僚制』、慶應義塾大学出版会、2004年。
小林弘二編『中国の世界認識と開発戦略──視座の転換と開発の課題──』、アジア経済研究所、1990年。
スタッドウェル、ジョー (鬼澤忍・伊東奈美子訳)『チャイナ・ドリーム』(上・下巻)、早川書房、2003年 (原著: Studwell, Joe, *The China Dream: The Elusive Quest for the Greatest Untapped Market on Earth*. London: Profile Books Ltd., 2002)。
田中明彦『日中関係1945-1990』、東京大学出版会、1991年。
唐亮『現代中国の党政関係』、慶應義塾大学出版会、1997年。
中兼和津次『中国経済発展論』、有斐閣、1999年。
─── 『シリーズ現代中国経済 1 経済発展と体制移行』、名古屋大学出版会、2002年。
バーネット、A.ドーク (伊豆見元・田中明彦共訳)『現代中国の外交──政策決定の構造とプロセス──』、教育社、1986年 (原著:Barnett, A. Doak, *The Making of Foreign Policy in China: Structure and Process*. Boulder: Westview Press, 1985)。
橋本嘉文『中国・経済特区 深圳の挑戦』、にっかん書房、1990年。
朴貞東『経済特区の総括』、新評論、1996年。
マン、ジム (田畑光永訳)『北京ジープ』、ジャパンタイムズ、1990年 (原著:Mann, Jim, *Beijing Jeep: a case study of Western business in China*. Boulder: Westview Press, 1997)。
三井田圭右『中国・深圳経済特区』、大明堂、1992年。
毛里和子『現代中国政治』、名古屋大学出版会、1993年。
─── 『新版 現代中国政治』、名古屋大学出版会、2004年。
矢吹晋『中国のペレストロイカ [民主改革の旗手たち]』、蒼蒼社、1988年。
─── 『保守派 VS. 改革派──中国の権力闘争』、蒼蒼社、1991年。
─── 『鄧小平』、講談社現代新書、1993年。

(論 文)

下野寿子「1986年における中国政府の投資環境整備──外資導入による既得権益構造の変容」、『広島平和科学』第20号、1997年。
─── 「中国の対外開放政策に関する先行研究ノート──直接投資導入に注目して」、『立命館大学国際関係論集』2001年。
─── 「対外開放政策決定期における経済発展モデルの探求──資本主義的要素の選択と正

当化」、『中国研究論叢』第 2 号、2002 年。
——「中国における外国直接投資導入政策の始まりに関する一考察」、『立命館国際地域研究』第22号、2004年。
丸山勝「中国"精神汚染キャンペーン"始末記」、『THIS IS 読売』1984 年 4 月号。
梁文森著、小島末夫訳「深圳経済特区の経済発展とその経験」、『中国研究』1989年第17号。

(ウェブサイト)
蛇口工業区に関しては、http://shekou.com/の蛇口檔案を参照。
中国経済のデータに関しては、以下を参照。
　在広州日本国総領事館
　　http://www.guangzhou.cn.emb-japan.go.jp/basicinfo/gd_data.htm
　日本貿易振興機構(JETRO)
　　http://www.jetro.go.jp/
　JETRO(上海)
　　http://minyou.com/special_report/050114/050114.html
　世界貿易機関(WTO)
　　http://www.wto.org/english/res_3/statis_e/its 2006_e/section1_e/i05.xls

あとがき

　本書は、2005年3月に立命館大学より博士号を取得した学位論文「対外開放後の中国における直接投資導入政策——開始と定着の政治経済学——」を加筆修正したものである。

　中国の外資導入、とりわけ直接投資導入政策は経済発展を実現させるための正しい選択であった。しかし、経済発展は正しい経済政策の選択だけでは実現できない。正しい選択は実行に移されねばならない。社会主義国家の建設以来、事実上禁止されてきた直接投資を解禁するには政治的決断が不可欠であり、その決断にはイデオロギーの再解釈や中央地方間の政策・利害調整など多くの政治的調整を必要とした。そうした政治的調整こそ、新政策の政治的実行可能性を高めるための真髄であった。

　本書は、対外開放の実現に向けた政治的調整というブラックボックスの一端を解明しようと試みた研究である。拙稿であることは承知しながらも、博士論文提出からあまりに時間が経ち過ぎることを懸念し、まずは多くの方々からのご意見やご批判をいただいて今後の糧にするべく、思い切って公刊に踏み切った次第である。

　本書の構想の原点は、修士課程に入学した頃に感じた素朴な疑問にある。経済学者の語る「目覚ましく経済発展する中国」と政治学者の語る「天安門事件後の民主化が停滞した中国」はそれぞれ全く異なる中国像を提示しており、両者の接点を見出すことさえ困難であった。一方で、1990年代の日本の新聞は、ほぼ毎日のように対中進出する企業のニュースを掲載していた。共産党一党独裁の国家とそこへ向かう先進国企業の大量の資金という奇妙な組み合わせをどのように解釈すればよいのか。また、対中投資の問題点は進出企業の立場から語られることが多かったが、外国企業を受け入れる立場からみれば事態はどのように映っているのか。こうした関心を研究対象にまで発展させる手がかりを

与えてくれたのは、アジアの経済開発に重点を置いていた広島大学大学院国際協力研究科の学際的な研究環境であったように思う。改革開放の中国と同時代に生きる私の世代にとって政治と経済の関連づけは自然なことであり、またゼミ指導のおかげもあって、早い段階から政治経済学を学ばねばならないと気づいた。

　幸運にも私はアメリカと中国にそれぞれ留学する機会を得た。これらの体験を通じて研究の関心は次第に中国内部の直接投資導入政策をめぐる政治過程へと移っていった。同じ頃、時代の変化に応じて変われる人々（本書では対外開放派）と変われない人々（同、計画経済主導派）がいることを確信するようになり、両者の分岐点に対する関心が高まった。この頃から「なぜ中国は変われたのか」を常に意識しながら調査を進めるようになった。資料的制約もあり、研究は決して容易には進まなかったが、現地調査や文献調査を重ねるうちに、少しずつ政策決定までの紆余曲折が見え始めた。

　本書では、そうした紆余曲折の政治過程や個人の葛藤を資料に基づいてできるだけ再現したいと努めてきたが、決して十分とはいえない。故・小島朋之先生が仰った「中国研究はdetail（細部）が大切」というお言葉を噛みしめながら今後の努力目標としたい。

　実証研究を整理しながら何度も立ち返ったのは第2章の分析枠組みの設定であった。試行錯誤の末、理論的な枠組みにとらわれるよりも、実態に即して最も重要な3つの観点を提示することに決めた。この点に関しても様々な方面からのご意見やご批判を謙虚に拝聴したい。

　外国直接投資の導入それ自体が中国の経済発展のキーストーン（要石）となったが、国内に外資受入の土台（対外開放的な思想の普及と積極的な外国企業誘致政策）をつくり上げた対外開放派の努力こそ真の要石ではなかったか。本書のタイトルにはそのような意味を込めたつもりである。

　本書は、直接投資導入という経済合理性を追求するために数々の政治的障害を対外開放派が乗り越えてきたという意味で、ひとつの成功物語である。しかしながら、直接投資導入政策が中国で定着・拡大していったことは経済発展過程の一側面にすぎない。本書の時代設定や趣旨を超える問題については今回は

あとがき

十分に議論することができなかったが、いずれ対外開放の変化や問題点についても真摯に検討したいと考えている。

　本書は多くの方々のご指導やご支援なしには完成しなかった。広島大学総合科学部の頃からお世話になった立命館大学の中逵啓示先生は、歴史の面白さと政治経済学の重要性を熱心に説いて下さった。「外国を知らずして国際関係を理解することはできない」というのが先生の口癖で、留学を強く勧めて下さった。直接投資という政治学者が見向きもしなかったテーマにこだわり続けた私を、長年温かく見守って下さった中逵先生には、その忍耐強さと厳しいご指導に心から感謝している。

　広島大学大学院国際協力研究科の先生方、とりわけ社会動態論講座の諸先生方には、修士課程入学の時から大変お世話になった。留学先のカリフォルニア大学サンディエゴ校大学院 (IR/PS) では、アカデミック・アドバイザーを引き受けて下さったバリー・ノートン教授から中国研究に関する幾つもの貴重なアドバイスをいただいた。また、中国人民大学経済学院留学中は、胡霞副教授が公私にわたって面倒を見て下さった。立命館大学大学院国際関係研究科博士後期課程では、再び中逵先生のご指導の下、博士論文作成に励んだ。同時に、松下冽先生、松野周治先生（経済学部）はじめ多くの先生方や院生から学問的刺激を受けた。同大学院の様々な研究助成制度は研究生活を経済的に支えてくれた。

　これまでの研究生活で最も達成感を感じたのは博士号取得の時であった。博士論文審査で特にお世話になった立命館大学の中逵啓示先生、高橋伸彰先生、論文作成過程で様々なアドバイスを下さった中川涼司先生に感謝申し上げたい。また、博士論文の学外審査員をお引き受けいただいた慶應義塾大学の小島朋之先生には、今後中国研究を進める上での指針ともいえる貴重なアドバイスをいただいた。残念ながら今月、小島先生ご逝去の訃報が届き、本書を携えてのご挨拶はかなわなかったが、いただいた助言はしっかりと胸に刻み、今後の精進に励みたい。

　大学関係者以外の方々も惜しみない励ましやご支援を下さった。中でも広島

269

大学大学院時代に出会った羅顥氏は、私の中国理解を助け、常に励まし続けてくれた無二の親友である。
　そのほか、すべての方々のお名前を記することはかなわないが、多くの人々が直接・間接のご支援をして下さった。アメリカ留学を実現させてくれたロータリー財団と中国留学をかなえてくれた財団法人霞山会には、感謝の言葉も見つからない。日本学術振興会からは特別研究員（2001～2002年度）に採用していただき、北京市や広東省での現地調査を実現することができた。
　博士論文の完成後、それほど時を経ずして近畿大学経済学部より就職内定をいただいたことは大変幸運であった。現在は縁あって北九州市立大学外国語学部国際関係学科に勤めているが、このような順調な滑り出しはすべて周囲の方々のご配慮とご厚意のおかげである。
　こうした人々の励ましやご指導があればこそ、本書は完成にこぎつけることができた。もちろん、本書の内容に関する一切の責任は私にある。
　本書の公刊へ向けて、最後の叱咤激励を下さったのは法律文化社の小西英央氏である。今回、厳しく締め切りを設定して下さらなかったら、原稿は今も未完のまま手元に残っていたことであろう。校正作業では瀧本佳代氏に多大な労を執っていただいた。両氏にはこの場を借りて改めてお礼を申し上げたい。

＊　　　＊　　　＊

　長年、温かく私を見守り続けてくれた両親に本書を捧げる。

　　2008年3月14日

下野　寿子

事項・人名索引

【あ 行】

アジアNIEs（新興工業経済地域） 11, 14, 22, 23, 50, 69, 77, 89, 120, 139, 206, 244
アジアNICs（新興工業国） 50, 77, 120
天児慧 20
ウー（Mingyuan Wu） 27
ウォール（David Wall） 27
栄毅仁 91-94
袁 庚 91, 98, 196
王光英 92, 145
王 震 41, 149, 150, 228
王 琢 200, 201
汪道涵 79, 80
大平正芳 106
岡部達味 16
オクセンバーグ（Michel Oksenberg） 24-26

【か 行】

改革開放 1, 13-16, 18-22, 81, 160
外貨調整センター 192, 221, 233
外貨バランス問題に関する規定（外貨バランス規定） 214, 218, 221, 222, 226, 248
外向型経済 23, 53, 169, 191, 194, 196, 197, 200, 202-205, 247
外国投資工作領導小組 230, 232, 241
外資企業法 214, 218, 224, 225, 248
外商投資奨励規定（22カ条） 6-8, 55, 213, 214, 218, 226, 230-235, 237, 248, 251
海南島（の）大量密輸事件 182, 197, 199, 253
郭崇道 74
華国鋒 59, 61-63, 65-67, 84, 85, 87, 88, 106, 117, 140, 243
何新浩 76, 77
何椿霖 127, 191, 193, 236
甘子玉 216, 217
広東省経済特区条例（特区条例） 60, 69, 86, 97, 103, 105, 107-109, 111, 112, 115, 127
季崇威 37, 114, 139, 140, 226-228
共産主義者連合 21, 22
許滌新 106, 151, 192
啓 元 17, 18
経済技術開発区 53, 127, 152-154, 204, 217, 219, 229, 232, 233, 237
経済調整（再調整） 14, 68, 102, 117, 128, 129, 181, 190, 243
経済特区管理委員会 105, 109-112, 118
「経済の鳥籠論」 131
光大実業公司 92, 145
合弁期間（の）延長 214, 218-220, 226, 248
胡喬木 42, 133, 134, 150, 195
谷 牧 17, 38-40, 48, 56, 73, 74, 91, 93, 98, 99, 101, 102, 105-108, 117, 141, 149, 152, 154, 155, 187, 191-193, 195, 197, 199, 201, 205, 215, 219, 220, 230, 232, 241, 243, 245, 247, 249, 252, 253, 255
国民経済発展十カ年計画（十カ年計画） 14, 51, 59, 62, 64-69, 72, 84, 85, 87, 117, 128, 243
国務院外国投資工作領導小組 39
国務院特区辦公室（経済特区辦公室） 74, 127, 141, 152, 191, 193, 202, 236
呉慶瑞 152
国家外国投資管理委員会 40, 93, 140
国家計画委員会 15, 25, 40, 42, 73, 130, 132, 137, 146, 152, 216, 220, 228, 230, 241, 252
国家経済委員会 98, 147, 152, 223, 230, 231, 241
国家輸出入管理委員会 40, 93, 103, 140

271

胡耀邦　36, 37, 39, 55, 56, 68, 88, 105, 140, 150, 151, 190

【さ　行】

三資企業　6, 139, 155, 175, 178, 194, 203, 206, 213, 215, 224, 226, 235, 248, 251, 252

三線建設　47, 61

三反・五反運動　92

思想の解放　90, 106, 141

シャーク（Susan L. Shirk）　20, 21

蛇口規定　60, 86, 99, 111, 112, 219

蛇口工業区　8, 60, 86, 91, 99, 107, 111, 112, 141, 150, 151, 180, 184, 196, 219, 244

車茂宏　78, 83

周恩来　4, 20, 35, 67

習仲勳　17, 46, 47, 56, 101, 103, 105, 107, 108, 118, 245

14沿海開放都市（14沿海都市）　8, 127, 128, 145, 148, 152-158, 160, 169, 182, 186, 190, 194-196, 198, 204, 214, 217, 219, 236, 246

朱鎔基　223, 230

筱玖　76

招商局　60, 91, 98-100, 107, 112, 123

初保泰　135, 136

自力更生　51, 62, 80, 82, 83, 85, 142, 244, 253

深圳経済特区（深圳特区）　8, 42, 45, 47, 53, 86, 87, 97, 98, 105, 107, 111, 112, 115, 116, 118, 119, 130, 132, 138, 139, 141, 142, 146, 150, 152, 154-156, 160, 169, 170, 173, 175, 177-180, 182-198, 200-202, 204, 205, 213, 221, 225, 236, 245, 247

シンガポール　51, 52, 61, 77, 78, 90, 91, 152

真理基準闘争　66, 67

スターリン（Iosif V. Stalin）　13, 82

精神汚染反対キャンペーン　41-43, 148-150, 154, 194, 246

整党　43, 143, 144, 149, 246

薛暮橋　137

全国人民代表大会

　　第5期——常務委員会第15回会議　69, 105

　　第5期——常務委員会第22回会議　144

　　第5期——第1回会議　62

　　第5期——第2回会議　86, 102

　　第5期——第5回会議　131

　　第6期——第4回会議　225

全国特区工作会議　192, 194, 202

全国利用外資工作会議

　　第1回——　147

銭俊瑞　82, 106, 190

銭文宝　77, 78

先富論　47, 146

租界　16, 49, 50, 89, 96, 131, 132, 136, 254

ソ連　20, 76, 79, 82

【た　行】

中央委員会

　　第11期——第3回全体会議（第11期3中全会）　1, 5, 17, 68, 81, 100, 141

　　第12期——第2回全体会議（第12期2中全会）　131, 145, 148, 150

　　第2国境線（管理線）　146, 170, 180, 186, 187, 189, 197, 204, 205, 247

対外経済貿易部　40, 93, 137, 140, 146-148, 152, 215, 217, 220, 225, 227, 230, 232, 235, 241, 251, 252, 254

中外合資経営企業法（合弁法）　6, 8, 40, 59, 60, 62, 77, 80, 84, 86, 87, 93, 94, 96, 97, 108, 111-113, 117, 118, 127, 146, 244

　　——実施条例　145

中国共産党中央規律検査委員会　43, 143, 144, 160, 199, 250

中国国際信託投資公司（中信公司）　40, 86, 92-94, 123, 145, 152, 217

中国人民銀行　42, 152, 190-193

趙宏偉　38, 46

趙紫陽　22, 36, 37, 56, 67, 88, 108, 129, 140, 152, 195, 216, 223, 225, 228, 229, 253

陳雲　14, 15, 39, 40, 42, 43, 49, 56, 64, 66-68, 88, 89, 92, 94, 102, 106-108, 117, 120, 122, 125,

272

事項・人名索引

128, 130-132, 141, 143, 145, 243, 245, 250, 251, 254
陳慕華　　91, 191
鄭拓彬　　215-217, 220, 225
鄧小平　　4, 7, 13-17, 19-22, 28, 35-37, 40, 41, 44, 47, 53, 56, 59, 66-68, 72, 81-85, 87, 88, 90-98, 101, 103, 105-108, 117, 118, 121, 129, 138, 140-142, 146, 148-152, 154-156, 159, 160, 197, 198, 217, 228, 229, 243, 245, 246, 249, 253, 254
董輔礽　　18, 129
鄧力群　　39, 41, 56, 150
特区通貨　　151, 170, 186, 189-193, 197, 205, 247, 249

【な　行】

中兼和津次　　3, 12
中曽根康弘　　151, 190, 199
日中長期貿易取り決め　　64
任仲夷　　46, 47, 92, 105, 108, 139, 180-182, 197, 200, 245
ノートン（Barry Naughton）　　13

【は　行】

バーネット（A. Doak Barnett）　　39, 40, 252
万里　　36, 56, 105, 108, 152, 154, 195, 215, 228
ピアソン（Margaret M. Pearson）　　23-25
「1つの統一市場」　　53, 253
宦郷　　37, 53, 70, 84, 138, 160, 190, 253
深作喜一郎（Kiichiro Fukasaku）　　27
「二つのすべて」　　56, 62, 66, 67, 87
フュースミス（Joseph Fewsmith）　　15
プラザ合意　　22, 213, 217, 226, 227
プラント契約破棄　　65, 128
プラント輸入（購入）　　52, 62-66
文化大革命（文革）　　4, 5, 19, 38, 49, 56, 60-62, 66-68, 75, 86, 88, 92, 98, 100, 113, 116, 119, 122, 124, 128, 136, 140, 144, 243
北京ジープ　　222, 223, 226, 227, 235, 240
薄一波　　107, 125, 195, 251
方曉丘　　135

香港返還　　142, 159, 246

【ま　行】

馬成三　　3
松下幸之助　　91
マルクス・レーニン主義　　5, 41, 48, 49, 106, 142
丸山伸郎　　22
民族資本家　　40, 92-94, 145, 244
村田敬次郎　　215, 216
毛沢東思想　　142, 143
毛里和子　　16, 44

【や　行】

ヤン（Dali L. Yang）　　18
ユーゴスラビア（ユーゴ）　　69-71, 85
姚依林　　39, 41, 105, 187, 196, 215, 228
葉飛　　91, 98
「4つの窓口」　　194, 202
「四つの基本原則」　　106
「四つの近代化」　　42, 81-84, 89, 90, 100, 101, 105, 151, 152, 229

【ら　行】

ラーディ（Nicholas R. Lardy）　　28
雷宇　　182, 197, 200
リー・クアンユー（Lee Kuan Yew）　　90
リーバソール（Kenneth G. Lieberthal）　　24-26
李先念　　14, 41, 43, 94, 99, 102, 105, 132, 150
李鵬　　154, 195
劉国光　　200, 201
劉田夫　　98, 100, 101, 105, 106, 181
梁魂光　　182
梁湘　　57, 182, 191, 196, 200, 202
ルーマニア　　69-71, 85
厲以寧　　72, 73
レーニン（Vladimir I. Lenin）　　51, 82, 85, 244

273

■著者紹介

下野　寿子（しもの・ひさこ）

広島大学大学院、カリフォルニア大学サンディエゴ校大学院で修士号取得
2005年3月、立命館大学で博士号（国際関係学）取得
現在、北九州市立大学外国語学部准教授

専門：現代中国政治
著作：『地域社会と国際化──そのイメージと現実』共著（中国新聞社、1998年）
　　　『途上国社会の現在──国家・開発・市民社会』共著（法律文化社、2006年）

2008年7月20日　初版第1刷発行

中国外資導入の政治過程
─対外開放のキーストーン─

著　者　下野寿子
発行者　秋山　泰

発行所　株式会社　法律文化社

〒603-8053　京都市北区上賀茂岩ヶ垣内町71
電話 075（791）7131　FAX 075（721）8400
URL:http://www.hou-bun.co.jp/

© 2008　Hisako Shimono　Printed in Japan
印刷：㈱太洋社／製本：㈱藤沢製本
装幀：前田俊平
ISBN978-4-589-03107-5

松下洌編

途上国社会の現在
―国家・開発・市民社会―

A5判・298頁・2625円

途上国社会の現状と諸問題が包括的・構造的にわかる教科書。国家・開発・市民社会の3つをキータームに据え、グローバル化の展開によって変容したこれらの相互関連性の枠組みをとらえる。

西村幸次郎編［ＮＪ叢書］

現代中国法講義〔第3版〕

A5判・276頁・3045円

第2版刊行（05年1月）以降の中国法の重要な立法・法改正（物権法・商法など）をふまえて改訂。グローバル化の影響を受けながら展開する中国法制の全般的動向を理解するうえで最適の書。

北川秀樹編著

中国の環境問題と法・政策
―東アジアの持続可能な発展に向けて―

A5判・446頁・6090円

経済・社会の急速な発展にともない環境汚染や環境破壊の進行が懸念されている今日の中国。転換期にある中国の環境問題の各分野に精通した日中の研究者による3年間にわたる共同研究の集大成。

高田和夫編

新時代の国際関係論
―グローバル化のなかの「場」と「主体」―

A5判・284頁・2835円

21世紀に入って混迷の度を深める国際関係論。その歴史と理論をふり返りながら、多様なアクターの登場などによって国家中心の国際関係が揺れ動くさまを、情報化や地域主義、国際機構の動きなどから具体的に分析する。

中谷義和編

グローバル化理論の視座
―プロブレマティーク＆パースペクティブ―

A5判・272頁・3360円

「グローバル化」状況の動態とインパクトを理論的・実証的に解明するとともに、「グローバル民主政」をめぐる課題と展望を考察する。ヘルド、カニンガムなど代表的論者たちが理論的到達点と新しい地平を拓くための視座を提起。

――― 法律文化社 ―――

表示価格は定価（税込価格）です